JN014661

卓球コーチング教本 改訂版

TABLE TENNIS

公益財団法人 **日本卓球協会**——編

大 修 館 書 店

ま え が き

公益財団法人日本卓球協会は，2021年に創立90周年を迎えました。それを機に，100周年に向けた「JTTA PROJECT 100」を作成し，以下のミッション・ビジョンおよび卓球ファミリーの皆様とともに歩むアクションプランを策定いたしました。する・みる・支えるなど，様々な形で卓球に関わる方々と，卓球を愛する思いを共有して，この「PROJECT 100」を推進していきたいと考えています。

ミッション　「日本卓球協会は卓球を通して，人々の健康と幸福 (well-being life) に貢献し人々の心をつなげ，社会の調和を目指す」

ビジョン1　強化育成　　　　　　「世界ナンバーワンになる」
　　　　2　卓球人支援　　　　　「豊かな卓球人生をサポートする」
　　　　3　普及　　　　　　　　「国民的スポーツに育てる」
　　　　4　事業　　　　　　　　「社会における事業価値を高める」
　　　　5　競技運営　　　　　　「全国の競技大会を統括管理する」
　　　　6　組織　　　　　　　　「進化する組織であり続ける」

これから卓球がさらに発展していくために「強化」と「普及」は両輪であり，指導者の役割は極めて重要です。この教本は，トップから初心者まで，様々なレベルで指導・教育に当たられる指導者の皆さんにとって必須の教材といえます。
卓球が日本に伝わったのは，今から120年ほど前の1902年（明治35年）頃と言

われています。その後，老若男女を問わず手軽にできるスポーツとして普及し，3歳から90歳以上まで楽しめる生涯スポーツとして，国内でひろく認知されています。また同時に，厳しいトレーニングでレベルを向上させ，相手と競い合う競技としても発展し，そこでは心・技・体・知のすべてを磨きあげた人間力が必要とされます。さらに，心身に障がいをもった方たちにも取り組みやすいスポーツとしても存在感を見せています。

　他方，卓球人口の増加や競技としての発展とともに，選手のケガや故障が次第に増え，日本卓球協会にとっての課題ともなりました。そのような背景から，指導に携わるためには，卓球の技術はもちろんのこと，トレーニング科学，心理学，栄養学，医学などの幅広い知識を身につけることが必須と考えられるようになってきました。また，スポーツ界全体でも，指導者養成に対する社会的要請の高まりへの対応が求められるようになっています。そこで現在，日本スポーツ協会と各中央競技団体が協力して認定しているのが，競技別指導者資格です。

　日本卓球協会では，指導者養成委員会が中心となり，スポーツ医・科学委員会等の協力のもと，本書を発刊いたしました。卓球の進化とともに，新たな技術，戦術，指導方法，練習方法が生み出され，新しい科学的知見の発見やルールの改定などもなされています。その中で，スポーツ・インテグリティといった新たな視点にも立ち，一貫した見解や指針を示した本書が，卓球のさらなる強化，普及，発展に寄与することを確信しています。

終わりに，今回は日本卓球協会強化本部，同指導者養成委員会，同スポーツ医・科学委員会を中心とする多くのメンバーに，執筆に尽力していただきました。また，大修館書店編集部には多大なご支援をいただきました。その他にも，本書の制作には多くの方々にご協力いただいています。すべての皆様に心から御礼を申し上げます。

2023年8月

公益財団法人　日本卓球協会

会長　河田正也

●●●●●
目　次

第 1 章

卓球の特性と歴史

1. 卓球の特性

　卓球競技は100年以上の歴史を誇り，日本での登録者数はおよそ30.3万人（2022年度）である。また，年1回以上の実施人口は581万人，週1回以上の競技人口は104万人と，スポーツの全競技種目の中で常にトップクラスにある（2018年）。世界でも国際卓球連盟（ITTF）に加盟している国・地域は227（2023年7月現在）で，国際オリンピック委員会（IOC）に加盟している競技団体の中では最も多い。

●1…競技の特徴と内在的な価値

　他の球技と比較した際に，卓球は以下のような特徴を有していることが，広く普及している一因として考えられる。
①プレーをする戦型によっては，「走る」「投げる」「跳ぶ」といった体力的要素よりも技術的要素が優位であり，年齢や性別などのハードルが低いこと。
②用具（ラケットや卓球台など）が，比較的安価であること。
③基本的なルールは簡単で，広く一般に知られていること。
④コンパクトなスペースで他者と交流しながら楽しめること。

　これらのことを踏まえると，一般社会において卓球には，老若男女が1つの空間で和気あいあいとした体験を共有できる，いわば「調和のスポーツ」という価値が内在していると考えられる。もともと食卓という，親しい者同士が集まる「テーブル」から始まったというユニークな歴史に，その源流を見ることができる。

　卓球界には，「ピンポン外交」という世界平和への貢献の実績がある。また，ネットインやエッジボールの際には過度に喜びを表現せず，軽く手を上げるジェスチャーを示す習慣，さらに相手の得点となるような場合にも審判へ自己申告する文化があることなど，フェアプレーの精神にも，その証拠を求めることができる。

仲間と喜びを分かち合う

●2…卓球の競技特性と必要な能力

卓球競技に必要な能力を，以下に挙げる。それぞれの能力を高める方法は，第4～5章で説明する。

1 敏捷性・瞬発力

飛来するボールに対する瞬間的な体全体の反応と判断の速さが要求される。相手プレーヤーとは，わずか2.74mの卓球台をはさむだけの大変近い距離で向かい合うことができる。ボールの球速は最大で時速97.8km（初速），回転数は毎秒137回（スピードドライブの場合）に達するという報告がある。ボールを正確に打ち返すためには，素早く体が反応できる能力が必要である。

2 予測能力

前述の調査報告によれば，相手プレーヤーからの打球の到達時間は，トップレベル男子の試合の平均値で0.5～0.7秒，ノータッチをする場合は0.3秒とされている。どの地点に，どのようなスピードで，どのような回転のボールが飛んでくるのか予測できないと対応はできない。一流選手が対応できる要因は，長年にわたって培ったハイレベルな予測能力の高さにあると言える。

3 動きの正確さ

わずかな時間の中で，打球時に全身のすべての力をコントロールして集中させて打たねばならない。瞬間的に大きな力を発揮するだけでなく，相手の打球によっては，小さな力をコンビネーションよく発揮しなければならない。イメージ通りのコース，スピード，回転，タイミングで打球できるかがポイントであり，さらに再現性の高さが求められる。

4 調整力

ゲーム中には，1プレーごとに異なる状況（打球のコース，スピード，回転，タイミングなど）に対応しなければならない。この急激な種々の変化に対応して，打球が可能なように身体の姿勢を瞬間的に準備できるバランス感覚（平衡感覚）や，打法に合わせて打球タイミングを整えるリズム感覚が要求される。幼少期から遊び感覚でこの能力を鍛えるためのコーディネーショントレーニングが考案され，実施されている。

5 持久力

瞬発力を要求されながら，その一方で持久力も要求される。大きく激しい動きも必要とされるが，その一方で繊細で微妙な力の調整が必要な技術も要求される。疲労困憊で微妙な力加減がコントロールできずにゲーム後半で逆転負けというケースもまま見られる。また，後半に息切れして身体の切れが悪くなってスピードが出なくなり，チャンスボールを決められずに負けにつながるケースも見られる。

動きの速さ，強さ，正確さをゲームの最後まで持続できるように，持久力を鍛える必要がある。

6 集中力

ゲーム中に，相手のプレーを予測しながら，正確に対応し続けるためには，高い集中力を持続させる必要がある。ラリーを制するまでには，相手の打球に対して，正確な対応を何回も繰り返すことが要求される。

また，相手から受ける様々なプレッシャーに対して集中力を切らしてはならない。相手との距離が近く1秒にも満たない短時間の中で返球する試合条件では，相手の息遣いも聞こえ，表情などの変化を読みとることも可能である。お互いの心理状態，精神

正確に対応し続けるためには，高い集中力を持続させる必要がある

状態そのものがゲームの流れを決定づける大きな要因となりうると言える。戦術を変化させて相手を攪乱するなど，心理面の駆け引きも重要である。

2. 卓球の歴史

19世紀に発売されたラケット（ゴシマ）

●1…世界における卓球のはじまり

■1 卓球の誕生

卓球の原型と言えるものがいつ，どのような形式でスタートしたかは定かでないが，卓球の研究家やITTFの見解では，1880年代頃と推定されている。イギリスでローン・テニス（芝生で行うテニスをいう）を楽しんでいた貴族らが，そこからヒントを得たという。

葉巻の入った箱のふたなどを用いて，ダイニングルームのテーブル，つまり食卓でコルクをボールとして用いて楽しんだのが，卓球の始まりだと言われている。

■2 競技としての「卓球」のスタート

1891（明治24）年に，「ゴシマ」という名称で，ラケット，ボール，ネット一式が，ゲームを楽しむ

方法の記載されたパンフレットとともに販売された。室内の狭いスペースでも実施可能な新しい遊戯として紹介されていた。

この遊戯は後に「ピンポン」という名称に変更され，この名称がその後のピンポン協会に結びつき，競技化されていった。ラケットは中が空洞で表面に皮が張ってあり，柄は長いものであった。ボールは当初コルクで，後にゴム製となった。

■3 近代卓球のはじまり

1899（明治32）年，イギリス人のジェームス・ギッブ氏がおもちゃとして使われていたセルロイド製のボールをアメリカから持ち帰り，友人のスポーツ用品会社にピンポン用として製品化させてから，この競技の面白さが格段に改善され，一躍普及につな

ピンポンを楽しむ人たち

1938（昭和13）年に行われた日本対ハンガリーの交流試合の様子（左）。
1950年代には，荻村伊智朗選手（右）をはじめ日本人選手が世界を席巻。

がったと言われている。そして，イギリス以外の欧州の国々にも広がっていった。このようにセルロイドボールの使用が近代卓球の発展につながった。

❹ 当初の競技ルール

前述の「ゴシマ」に入っていた「ルールと説明」の原文によると，卓球台の規格（大きさ）は，長さが約6フィート（182.9cm）から8フィート（243.8cm），幅はその半分（卓球台の台上の高さの規定はなかった）であった。ネットの高さは6〜8インチとなっており，初期の競技ルールの原案となったと考えられる。一方，1926（大正15）年のITTF創立当時のネットの高さは，6インチ4分の3（17.1cm）であり，現在の6インチ（15.25cm）よりも2cm近く高かった。また得点計算は，テニス方式でも21ポイント制でもかまわないとされていた。一対一でプレーし，最初にボールを打つ人はサーバー，受ける人はストライカーアウトと呼ばれていた。サービスは1本交替で，相手打球を直接ラケットに当てるボレーはミスとされ，この点はテニスとの大きな違いである。

●2…日本における普及・発展

❶ 1930年代〜1950年代：黎明期

日本には20世紀初め頃に伝わり，初期には卓球はスポーツではなくあくまで遊戯であるという風潮や，複数の全国的な団体が並存し互いに争うなどの混乱も見られたが，第3回明治神宮体育大会等での競技実施を契機に，晴れてスポーツとしての歩みを始める。1938（昭和13）年には，当時強豪であったハンガリー選手の来日による交流試合を契機に，戦型や用具の研究が急速に進んだ。

❷ 1950年代〜1960年代：日本の黄金期

1950年代，荻村伊智朗選手を筆頭に日本人選手が世界を席巻し，6度の世界選手権の全42タイトルのうち，24タイトルを獲得するなど，卓球ニッポンの黄金時代を迎える。また，世界での日本人選手の活躍を背景に，国内でも空前の卓球ブームが到来し，1956（昭和31）年の世界選手権東京大会では，東京体育館は連日超満員となった。

しかし，1960年代に入ると，中国の台頭により日本一強時代に転機が訪れる。1961（昭和36）年の世界選手権北京大会において，新しい戦術と技術を急速に身につけた中国選手が目覚ましい躍進を遂げた。

オリンピック・ソウル大会でプレーする星野美香選手・石田清美選手の
ペア

荻村伊智朗ITTF会長（左から2人目）

その後，中国の文化大革命の影響下でスポーツ活動は中断され，中国の卓球選手も国際舞台から一時期は姿を消すことになる。一方，国内では中国の隆盛を受けて強化対策本部設置が図られ，初めての全国中学大会や当時は少なかった社会人の活躍の場を増やすという趣旨で，全日本社会人選手権が設立された。

❸ 1970年代〜1980年代：外圧を伴う変革期

　1970年代に入ると，日本は引き続き世界屈指の強豪であり続けたものの，欧州勢が躍進したことなどで，競争環境は一層厳しさを増した。なお，競技とは別の側面で特筆すべきは「ピンポン外交」である。1971（昭和46）年名古屋世界大会の最高責任者であった後藤鉀二氏（当時日本卓球協会［JTTA］会長）が，中国チームの国際舞台への復帰に尽力し，これを実現させた。さらに，大会最終日に中国代表団のバスに誤って米国選手が乗ってしまったことをきっかけに，米国選手団が名古屋大会から直接，国交のなかった北京を訪問することとなり，その後当時のアメリカ大統領補佐官・キッシンジャー氏の極秘訪中を経て，ニクソン大統領の中国訪問が実現し，それが1979（昭和54）年のアメリカと中国との国交樹立に結びついたと言われている。なお，1972（昭和

47）年には日本・中国が中心となってアジア卓球連合を結成，1976（昭和51）年，JTTAの創立45周年には宿願であった財団法人化が達成されている。

　また，夏のインターハイとは別に全国高校選抜，公認コーチ講習会，日本リーグ，全国家庭婦人大会（現在の全国レディース）が開始され，さらに登録会員制度，段位制などが発足した。

　1980年代は，日本の卓球界が競技・普及の両面で大きな変革期を迎えた時期であった。競技面では，中国が1981（昭和56）年の世界選手権ノビサド大会で7種目完全制覇を成し遂げ，その地位を確固たるものとした。また，1988（昭和63）年のオリンピック・ソウル大会において卓球が初めて競技として採用された。

　普及面では，当時非常に強い影響力をもっていたタレントが，テレビ番組において卓球に対するネガティブな発言を行い，それが世の中の共感を生んだことで卓球競技のイメージダウンが起きた。これに対し，JTTA専務理事であった荻村伊智朗氏は卓球のイメージ調査やマーケティング専門家の抜擢などを実施して「卓球発展計画プロジェクト」を発足させた。「リッチ・ライト・ファッショナブル」のコンセプトのもと，用具のカラー化やファッションの

変革，屋外向けの「ウインドピンポン」や，一般向けに回転量とスピードを減少させた「ラージボール」の考案，フランス料理のフルコースを堪能しながら一流選手のプレーを鑑賞するディナーショー「ザ・卓球」の開催等，卓球のメジャー化へ向けた各種施策が展開された。

その他，当時は学生と実業団が中心であった卓球界において，ヨーロッパのクラブチーム型の強化を目指した全日本クラブ選手権（後に地域の卓球愛好者の集う場となる）を創設したのであった。

④ 1990年代〜2000年代：各競技層の成熟期

1990年代は強化・育成・普及が日本全体に浸透していった時期である。カラーボール，ブルーの卓球台の導入などメジャー化へ向けた各種施策が実施されたと同時に，世界選手権千葉大会での統一チーム「コリア」の結成や，地球ユース大会でのイスラエル・パレスチナ両国代表選手共同での選手宣誓など，卓球を通じた草の根的な平和貢献活動が行われた。ドイツのブンデスリーガ参戦や海外への卓球留学など，選手活動の幅が広がっていった。また，各国が独自に開催していた国際オープン大会を，ITTFが組織化したいわゆるワールドツアー等の大規模な卓球イ

ベントが開催され出した時期でもある。

2000年代も卓球界の成熟が進んだ時期であり，軟式卓球の終焉，小学生のナショナルチーム創設，公認コーチ養成の推進，海外拠点での強化活動の他，ナショナルトレーニングセンター（NTC）の竣工などハード面での整備も図られた。

特に，各指導者の自己流の指導方法が新しい技術革新へ乗り遅れた側面への反省から，プレースタイルの世界標準化を目指して一貫指導システムの開発に取り組んだ。大会運営能力も成熟した結果，国内における3回の世界選手権大会開催が実現した。また，普及という側面からは，観客，メディア，スポンサー等を意識した大会の興行化が進められ，全日本大会演出プロジェクトチームの発足や，2005（平成17）年の世界選手権上海大会からライブ放送をふんだんに取り入れたテレビ東京による国内放映が開始された。

⑤ 現在

JTTAの登録人口は，2022（令和4）年度におよそ30.3万人となっている。また，年に1回以上卓球をプレーする推計人口は581万人（2018年）と，調査対象となった全競技種目の中でサッカーやバドミ

東京2020オリンピックの混合ダブルス決勝（左）と表彰式の様子（水谷隼選手・伊藤美誠選手）

ントンなどを抑えてトップを記録した。また，スポーツでありながら，公園，温泉，飲食店，娯楽施設など人々が日常的に行き交う場所に卓球台やラケットなどの用具が設置されていることも珍しくなく，これは日本のみならず米国，英国，中国をはじめ世界中の各都市においても同様である。これらのことから卓球は，一般人が自らプレーして楽しむ，いわゆる「DOスポーツ」として極めて成熟しているということができる。トップクラスの競技場面においても，日本代表はオリンピックの2012（平成24）年ロンドン大会，2016（平成28）年リオ大会においてメダルを獲得している。

さらに，2021（令和3）年の東京大会の混合ダブルスにおいて水谷隼選手・伊藤美誠選手のペアが金メダルを獲得し，男女団体，女子シングルスでもメダルを獲得するなど，世界のトップクラスの力を示した。数十年という単位での戦略的な強化育成の結果，幼少期よりその実力とキャラクターによって日本中で大きな知名度を誇ってきた福原愛選手，また近年は，引退した水谷選手や平野早矢香選手だけではなく，石川佳純選手，伊藤美誠選手，平野美宇選手，張本智和選手，吉村真晴選手，丹羽孝希選手らのオリンピックメダリストを輩出するなど，選手層は一層厚みを増している。

これらのトップ選手は，若くして民間企業などからスポンサーシップを受けていることも稀ではなく，2018（平成30）年からスタートした卓球リーグ（Tリーグ）での活躍やメディアでの露出増加と相まって，選手のプロ化はますます進んでいる。卓球は，神経系の発達度合いが競技能力に強く影響する傾向がある。そのためトップクラスの選手層が他競技と比較して非常に若いという特徴がある。

3. 日本卓球界における強化への取り組みの歴史

●1…現在のスポーツ界をとりまく諸要素

今後の時代環境が急速に変化していく中で，卓球が社会に必要とされる存在になり繁栄していくために，まず現在のスポーツ界を取り巻く諸要素を分析する。

1 社会・経済の成熟

衣食住には困らないという成熟社会では，物質的な豊かさを獲得する価値観よりも，社会的目的の達成のために何らかの活動に没頭する価値観が台頭してきており，多くの人々の共感や熱狂を得ることが難しくなってきている。

2 娯楽の多様化・個別化

スマートフォンの普及に代表される急速なIT技術の発展によって一つのことに集中する時間も短くなってきており，あらゆるコンテンツが人々の可処分時間を奪い合っている。

3 人口の少子高齢化

ファンの高齢化の中，新規ファンの獲得が必要とされる。中学校部活動の部員数減少による新規登録者数の漸減も予想される。

4 スポーツのプロ化

海外での野球やサッカーのプロ報酬は増加の一途を辿っており，スポーツの興行化の進展に伴い，メディアでの露出も拡大している。スポンサー資金，メディア放映権料で，プロ選手に対して等価の価値還元が必要である。

5 オリンピック後の景気の不透明感

東京2020オリンピック以降のスポンサーシップ投資や，国庫からの助成金は減少することが予想される。

スポーツ団体は，財政悪化の前に，自立して稼ぐことができる体制（収益源の創出・確保・分散）がこれまで以上に求められる。

6 メディアの環境と急速な変化

インターネットがメディアとしての存在感を強めており，プロ野球やサッカーなどにおいてもインターネット配信事業者のサービスを通して起こった変化が見られる。将来的に生まれてくるチャネルを含めたメディア戦略の最適化が必要である。

●2…日本卓球界復活への取り組み

過去20年間のJTTAが実施してきた施策として，競技者育成事業・指導者養成事業の変遷とその成果，JTTAが注力してきた主な活動を以下に挙げる。

1 日本スポーツ協会公認スポーツ指導者専門科目の内容の充実

2000（平成12）年より公認コーチ指導者講習会専門科目の講師として，その時代の最先端の知識と豊富な経験を有する人材の選定を行っている。講義内容の確認と講習会の進め方に至るまで，委員会スタッフがミーティングを重ね，改善・改良を加えながら受講者にとって学びの多い時間となるように工夫されている。

2 小学生のナショナルチームの誕生

既存のナショナルチーム（NT），ジュニアナショナルチーム（JNT）に，2001（平成13）年よりホープスナショナルチーム（HNT）が加えられた。

このHNTの創設により，「プレースタイル」の方向性，発育発達における「フィジカルトレーニング」の方法，スポーツ選手として何をどのようにして食べていくかといった「スポーツ栄養」，競技生活を進めていく上での「心理的強さ」の必要性，「ポジティブ思考」など，卓球の技術指導だけでなく小学生年代の選手が将来成長していくために必要な「心・技・体・智」のエッセンスについて，合宿プログラ

HNTでの活動の様子

ムを通して選手の初期段階で提供し，若い選手達の心に刷り込むことができるようになった。

3 ホープス・カブ選手＋指導者研修会

日本スポーツ振興センターの助成金を活用してホープス・カブの選手とその指導者が同時に研修する合宿を定期的に開催するようになった。研修合宿には，選手だけでなく指導者とのペアで参加して，技術，フィジカル，メンタル，栄養を一緒に学習し，卓球を初期の段階で指導する指導者のスキルを上げることが第一に必要と考えたために開催したものである。

一期生には水谷隼選手，その後，松平健太選手，石川佳純選手，吉村真晴選手，丹羽孝希選手らの，後にトップ選手となるメンバーが参加していた。

この研修合宿を継続的に実施したことにより，同世代を指導する指導者および保護者の指導スキルが向上し，世界で通用するプレースタイルの育成につながっていった。

4 ドイツを拠点とした強化

1900年代終わりに，当時欧州の指導者としてナンバー1と称されていたマリオ・アミジッチ氏を日本に招聘し，ジュニアの育成に携わるように依頼した。その1年後に，「どんな資質をもった選手が日本にいても，1か月に1回の合宿の繰り返しでは決して

強くならない。思い切って，タレントをドイツに送り，育成しよう」ということとなり，選手の所属学校との調整とともに，JOCの海外研鑽活動の助成を受け，坂本竜介選手，岸川聖也選手，水谷選手らがドイツを拠点とした強化活動に参加した。

５ 競技者育成委員会の設置

2001（平成13）年度から小学生の研修合宿がスタート，2003（平成15）年度よりブロック研修合宿を立ち上げた。この２つの研修合宿では，全日本選手権大会ホープス・カブでの上位者＋指導者，各都道府県から推薦を受けた選手・指導者らを対象とし，技術，フィジカル，栄養，メンタルなどの指導を行った。また，広く第一線で指導を行っている指導者にも伝達できるようにするため，各ブロックから競技者育成委員を選出してもらい研修合宿に参加して，研修合宿で学んでもらったことを，各ブロック，地域で伝達する仕組みを構築した。

６ 全国大会の監督会議で伝達講習会を実施

2002（平成14）年度から全国ホープス大会，全国中学校大会，インターハイの初日に行われる監督会議に，ナショナルチームの活動報告・世界の動向を現場の指導者達に幅広く提供する機会が定着した。

現在もこの活動は継続しており，指導者に『よい情報が取れる場』を提供している。

７ JISS，NTCの完成

2001（平成13）年に国立スポーツ科学センター（JISS）が完成し，合宿などで使えるようになった。さらに2008（平成20）年には，味の素ナショナルトレーニングセンター（NTC）ができ，ナショナルチームが常に練習できる拠点を確保することができたことは，JTTAにとって非常に大きな追い風となった。

2001（平成13）年にはJISS内に日本アンチ・ドーピング機構（JADA）が設立され，アンチ・ドーピングも強化活動の一環として日本全体で取り組まれるようになった。JTTAでは既に世界選手権において，

NTCでの練習風景

1991（平成３）年千葉大会，2001（平成13）年大阪大会でドーピング検査の実施経験があり，JADAの要請を受けて2002（平成14）年から全日本選手権大会にドーピング検査を導入した。国内競技団体の中では，かなり早い取り組みの開始で，以後，強化部のもとで活動が継続され，これまでドーピング陽性事例は１件も出ていないという実績がある。

８ JOCエリートアカデミー

2008（平成20）年のNTCの供用開始に伴い，JOCは将来的にオリンピックなどの国際舞台で活躍できる選手を育てることを目的として，「JOCエリートアカデミー」を開校した。卓球は立ち上げ時から参加し，トップアスリートとして必要な「競技力」「知的能力」「生活力」の向上を目的とした一貫指導をNTCの機能をフル活用して行ってきた。2023（令和５）年までに37名の選手が入校し，この中から国際大会で活躍する多くの選手が輩出された。東京2020オリンピックには，エリートアカデミー出身の平野美宇（６期），張本智和（９期）の両選手が参加し，団体戦で銀，銅メダル獲得を獲得するという大きな成果が得られた。

９ 全日本選手権大会演出プロジェクトの発足

JTTAの国内大会の中で最も権威のある大会は全

全日本選手権大会での演出

日本卓球選手権大会であり，2003（平成15）年度に全日本演出プロジェクトが立ち上げられた。2004（平成16）年はオリンピックイヤーで，福原愛選手の活躍が期待される中での開催であったことから，プロジェクトチームはピンポン球を貼りつけた画期的な大会告知ポスターを制作して配布したり，開会式，表彰式，決勝戦の入場のタイミングでは，大型スクリーンに選手の映像を映し出すなどのプレゼンテーションに工夫を凝らした。また，決勝ではコートの下に集音マイクを仕掛け，観客席のスピーカーを通じて，コートエリアの音を流し，臨場感に溢れた場をつくり上げた。

10 メディアとの交流

2008（平成20）年から毎年12月に全日本選手権大会の組合せ発表のタイミングで，メディアとの交流会がNTCで開催され，新聞，雑誌，テレビ等で卓球が取り上げられる機会が増えている。

11 ITTFでの活動

JTTAはITTFとの関係強化ならびにITTF内での日本のプレゼンス向上が競技成績の持続的な向上，維持に結びつくと考え，ITTFの活動に協力するとともにITTFの意志決定機関への日本からの人材登用に努めている。

1987（昭和62）～1994（平成6）年，荻村伊智朗氏が第3代ITTF会長職を務め，2005（平成17）年から木村興治氏が，2013（平成25）年から前原正浩氏がITTF副会長として執行委員会に参加して来た。さらにはITTFがもつ9委員会で4委員会のポストを確保し（2022年現在），活動を行っている。これらのITTFとの連携強化は，JTTAの意見をITTFの運営に反映させることやITTFの情報の迅速かつ確実な入手などを通じて，選手強化に大いに役立っている。

●3…JTTAの中長期事業計画（ミッション・ビジョン・アクションプラン）

1 ミッションとは

JTTAに関わるすべての人や組織が共感・共有し，組織の存在を定義し最終的なゴールとなる存在定義である。JTTAのミッションは，「卓球を通して人々の健康と幸福（well-being life）に貢献し，人々の心をつなげ社会の調和を目指す」ことである。

2 ビジョンとは

ミッションを実現するための具体的な活動指針であり，JTTAのビジョンは，以下のとおりである。

①世界ナンバーワンになる

②豊かな卓球人生をサポートする

③国民的スポーツに育てる

④社会における事業価値を高める

⑤全国の競技大会を統括管理する

⑥進化する組織であり続ける

3 アクションプランとは

ミッションおよびビジョンを将来に向けて達成すべく，主に2020（令和2）年から100周年を迎える2031年までの11年間にわたる期間を対象にした具体的な行動計画である。今後の追加や修正もありうる。このためアクションプランは，ミッション，とりわけ先ほど示した6つのビジョンと強く結びついている。

①世界ナンバーワンになる

トップ選手の強化，全国規模での指導者育成，選手育成システムを拡充する。

②豊かな卓球人生をサポートする

選手のセカンドキャリアの支援，登録会員制度の拡充，最適化を行う。

③国民的スポーツに育てる

競技者から草の根までの練習環境を整備し，行政・民間との連携を図る。大会の興行化，象徴的な場（聖地）を創出する。

④社会における事業価値を高める

デジタルの最大活用，世界への発信（放映権ビジネス），新しい形でのスポンサーシップ・協賛を得る。

⑤全国の競技大会を統括管理する

加盟団体との連携による各大会への支援と競技場面の発展を目指す。

⑥進化する組織であり続ける

プロフェッショナル人材を登用し，IT活用等を通した業務改善，強化・育成・普及・事業のあらゆる面においてデータを活用する。

アクションプランが目指す様々なもの

第2章

選手の指導・育成とコーチ養成

1. 競技者育成プログラム

●1…「スポーツ振興基本計画」における 一貫指導システムの構築と競技者 育成プログラムの策定

　2000年に文部省（現文部科学省）によって策定された「スポーツ振興基本計画」においては，我が国の国際競技力の総合的な向上のために必要不可欠な施策として，「一貫指導システムの構築」が筆頭に挙げられた。その到達目標として，「2005年を目途に，競技団体がトップレベルの競技者を育成するために，指導理念や指導内容を示した競技者育成プログラムを作成するとともに，このプログラムに基づき競技者に対し指導を行う体制を整備する」こととなった。

　日本オリンピック委員会（JOC）では，それに先立つ1998年度から，「一貫指導システム構築のためのモデル事業」に取り組んだ。モデル事業実施競技団体として7競技9種目を選び，各競技団体が一貫指導システムを構築する際のモデルを作成すべく，JOCプロジェクト中央班と各競技団体で研究活動を展開していった。

　また，JOCでは2001年度からは，この事業の名称を「競技者育成プログラム策定のためのモデル事業」に変更し，12競技16種目に拡大し，事業を継続していった。そして卓球競技はその中に選ばれ，JOCプロジェクト中央班との連携のもと，以下の事業を実施していくこととなった。

- ・中長期的な強化指導理念，指導指針の作成
- ・指導理念，指針のコンセンサスを図る指導者連絡協議会の開催
- ・有望競技者発掘システムの確立等

　一貫指導システムを機能させるための継続的強化体制として，JOCと各競技団体が表2-1, 2-2のような活動をするとともに情報を共有化する。また，競技団体と地域における学校，企業，クラブなどの指導者が競技者育成プログラムの内容について検討を重ねることにより，意思の疎通を図る場所として，「コンソーシアム＝共同体」を創設し，競技者を育

表2－1　JOCプロジェクト中央班と競技団体の 事業活動

- ○一貫指導システムの理念，システムの構成要素の明確化と各競技団体への普及
- ○各競技団体が作成する競技者育成プログラムの内容確認
- ○競技者発掘手法の開発
- ○発掘した競技者の体力・技術情報等の共有化

＊競技者の資質・能力に関するデータに基づき，競技者の競技間の移動を可能とすること。

表2—2 競技団体の事業活動

強化策の企画・立案・評価	コーチング（トップレベルおよびジュニアへの指導）
○目標時点におけるトップチームの理想像の明確化 ○理想像に到達するため，目標時点までに発育・発達段階ごとの課題や到達レベルの設定，これに基づく強化事業の概要の設定 ○発育・発達段階を踏まえた競技者の評価手法の具体化 ○コーチンググループを担う指導者の育成手法，配置方法の具体化	○競技者育成プログラムに基づく，具体的な競技者の選考・育成・強化 ○効果的な指導を実施するため，トップレベルはもとより，地域においても競技者育成プログラムに基づく指導を行うための拠点（地域の強化拠点）の設置

成するための情報の共有を図ることも計画された。

●2…競技者育成の４つの柱

前述したように，2001年度に卓球がJOCの競技者育成プログラム策定モデル事業に認定され，日本卓球協会（JTTA）に競技者育成プログラム策定委員会（後に競技者育成委員会へと改編）が発足した。定期的な議論による協力体制が構築され，そこで現状の把握，強化指導指針の策定と見直し，各年齢別の母体間の連携など様々な検討がなされた結果，以下の４つの柱を策定し，その柱の充実と連携に努めている。

① 競技者育成
・小学生のナショナルチームを創設（2001年）し，上位カテゴリーの選手と一緒に合宿を実施

② 一貫指導カリキュラム作成
・多方面の専門家の意見を集約
・競技間の連携の重視
・JOC，文部科学省のサポートが鍵

③ 新人発掘システム
・小学生の全日本選手権（ホープス・カブ・バンビの部）の実施
（年齢別の区分けは次項の図を参照）
・上記大会の上位選手と指導者の研修を実施
・都道府県上位のU10，U15の選手と指導者の各地域ブロック別研修会参加

・新人発掘と同時に指導者への情報伝達

④ 指導者養成
・公認スポーツ指導者制度の活用
・講習内容の充実，資格取得時のレベルアップ
・ナショナルチームスタッフへの公認スポーツ指導者（コーチ）資格の義務づけ

このJOC競技者育成プログラムの一環として，第1章や第2章で取り上げる様々な競技者育成事業（ホープス・カブ選手，指導者の研修合宿やパスウェイ事業など）が，現在行われている。

2. 強化方針（指針）と強化策

●1…オリンピック・リオ大会から東京2020オリンピックに向けての強化活動

2016年に開催されたオリンピック・リオ大会の後，東京2020オリンピックにおいて複数のメダル獲得，その中でも特に金メダルを目指すために，次の事項に取り組んだ。

まず，情報分析チームの充実をさらに強化した。世界選手権とオリンピックをターゲットとし，そこに出場すると予想される外国人選手を分析する体制

を整えた。現在（2023年3月）では4名の専任スタッフが常に情報分析を行っており，パートタイムでお願いする協力者を合わせると二桁にのぼる人数のチームとなる。これほど情報分析に力を入れている国は，世界中を見ても稀である。

　具体的には，ワールドツアー等の国際大会における強豪選手の試合をデータベース化し，男女ナショナルチーム監督コーチ陣や選手が必要とする情報を抽出する。そして，そういった情報をもとに戦術を組み立て，対策を講じる。このように情報分析チームとコーチングスタッフ，選手が一丸となり，弛みない努力を続けることで，東京2020オリンピックにおける代表選手たちの活躍につなげることができた。

　また，選手強化に取り組むに当たって，現在の代表選手を鍛えることはもちろん重要であるが，ロンドン，リオデジャネイロ，東京，そしてパリへと脈々とバトンをつなぎ世界で勝ち続けるために，次世代の選手強化も同時に行わなければならない。現在では，ジュニアナショナルチームをさらに細かくカテゴリー分け（U18・U15）しており，それぞれのカテゴリーに合った強化指導を行っている。そしてこの次世代の選手たちも国際大会の経験を積み，ナショナルチームへの昇格を目指し切磋琢磨している。また，国内合宿においてもU18・U15の選手たちを

ナショナルチーム合宿に参加させ，世界トップ選手たちと練習を行うことで強化を図っている。

　さらに下の世代（ホープスナショナルチーム：HNT）はU12・U10・U8とし，それぞれの年齢に応じた強化を行い，将来のナショナルチームを目指している。HNTに選出された選手の数名は，年間数回の国際大会に参戦し，早い時期から国際的な卓球を経験するなど，世界を見据えた強化が行われている。2018年には，KODAMA国際教育財団の支援を受け，「U-7卓球選手育成事業〜未来のメダリスト〜」がHNTスタッフ主導のもと，新たな取り組みとしてスタートしている。

　このように世界の頂点を目指すためには，そしてそれを継続するためには，現在の代表選手のみを強化するのではなく，次世代，そして将来の代表選手になるであろうという選手，卓球を始めたばかりでもポテンシャルの高い選手をいち早く優秀な指導者と出会わせ，導いていくことが重要である。この理想形が現在の日本卓球界には整いつつあり，「一貫指導体制」と呼ばれる途切れない強化が実施されている（図2-1）。これがまさしく日本のストロングポイントである。

　今後は，その選手たちを育成する指導者たちも，段階的に養成できる環境を整えていくことが必要で

外国人選手の情報分析に組織的に取り組んでいる。

HNTの選考会の様子

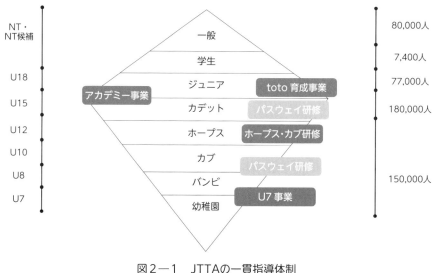

図2―1　JTTAの一貫指導体制

あろう。

　また，数多くの国際大会派遣や強化活動を継続するためには，膨大な事務処理が滞りなく行われていく必要がある。そのためにJTTA事務局とナショナルトレーニングセンター（NTC）内のスタッフが縁の下の力持ちとして支えている。こういったマンパワーも強化活動には欠かせない要素となっている。

●2…競技者育成委員会事業の改革

　第1章でも触れたように，中学生年代対象のブロック研修（現パスウェイU15研修：日本スポーツ振興センター［JSC］事業のアスリートパスウェイとして実施）が2002年から開始されている。全日本選手権大会カデットの部ベスト32前後の選手が都道府県から選出され，実施されてきた。栄養，フィジカル，メンタルの3本柱の講義と世界代表水準の技術を伝える技術指導が中心の内容となる。本来「世界」を意識した中長期的な視野をもたせるための研修活動のはずが，国内試合のための技術講習の要素が強く感じられたことから改革が必要とされ，現在

の内容となった。

　一方でU10対象のパスウェイ事業（現在，JSC事業のアスリートパスウェイとして実施）では，47都道府県から男女2名ずつ選出され，試合形式の競争と栄養，フィジカル，技術講習が行われた。講習では選手のみならず，保護者や指導者への伝達にも重きを置いた。そして，上位者には国際大会参加の可能性も考慮し，強化選手を発掘する事業となった。

　年齢層の異なる2つの事業であるが，参加選手や指導者に世界を見据え，モチベーションを高くレベルアップして欲しいという願いから，どちらの事業も該当するナショナルチームへの選出や世界大会選考会への出場資格を勝ちとることができるという「世界」につながる事業へと改革を進めた。また，このU15のブロック研修とU10のパスウェイ事業を同時開催することで，段階的に育成する環境を構築できると考えられる（現在，同時開催を実施）。

　またU12では，U10を経験し強化されてきた選手に対し，ケガを起こさないためのドクターによるメディカルチェックを含めた研修を行っている。U12年代の選手は身体の成長も著しく，また身体的変化

パスウェイ事業の参加者（野中）

に伴い練習量も増えてくる傾向にある。この時期の
ケガは，後の選手生命を脅かしかねないため，この
ようなチェックが重要である。

　U7・U8・U10・U12という日本独自の「一貫指
導体制」の強化活動は，常に10年，15年先を見据え
て取り組まなければならない。過去に低迷した反省
を踏まえ，目の前の施策を実行しつつ，競技者育成
事業を含む10年，15年後に向けた施策も同時に進め
ることを意識している。

　以上のように各年代をターゲットとした事業を行
うことで，継続した育成を実行することができる。
そして，この事業に各カテゴリーのナショナルチー
ムの考え方を落とし込み，競技者全体のレベルアッ
プを図ることが構想されている。それぞれの事業の
中でPDCAサイクルを回し，常に課題を見つけ，よ
りよい事業に発展させることで，各年代ごとの選手・
指導者に最適な情報を伝えられるであろう。

●3…NTCの移転：「イースト」の完成

　2019年8月に，ナショナルチームの拠点がNTC
のウエストからイーストに移転した。東京2020オリ

ンピック・パラリンピックに向けて，オリパラ共用
利用化を図るためにつくられた施設である。以前の
卓球場は天井の高さ5mで，広さは卓球台を3列配
置することができたが，移転後は天井が7mの高さ
となり卓球台は4列配置できる。また，カテゴリー
ごとに練習する場合は，天井より仕切りで区切るこ
とができるようになった。設備が充実したことによ
り，投げ上げサービスやロビングなどの練習も可能
となった。また卓球場の隣にはトレーニングルーム
もあり，技術練習のみならず身体づくりをしっかり
行うことができる。その他，シャワー・浴場，ケア
設備（リハビリ室，マッサージ室），ミーティング
ルームも整備されており，アスリートに必要な設備
が完備されている。移転に伴う新卓球場の設計に当
たっては，JSCおよびJOCと何度も協議を重ねた結
果，日本卓球界の強化のための一大拠点が完成した。

　東京2020オリンピックでは複数のメダル，特に混
合ダブルスにおいて金メダルも獲得した。しかし，
パラリンピックでは知的障がいの部で銅メダル1個
を獲得したのみであり，パラリンピックに対する強
化・支援体制の確立も今後の課題と考えられる。

● 4…JOCエリートアカデミーの改革

　JOCエリートアカデミー卓球事業においては，学業に関して，中学校は公立学校，高校は本人の自由選択制をとっていた。しかし特に中学校では遠征時の欠席（公欠）により，学習内容に追いつけないということが多々あり，長年にわたり悩みの種であった。そこで2020年度より，学業との両立を図るために，遠征時にも学習が滞りなく進められるWeb授業を展開できる中学・高校へ進学することになった。

　どこにいても学習を進められるため，勉強ができないという劣等感もなく，ストレスを溜めることなく学業に勤しむことができる。これにより，卓球にさらに集中して取り組める環境が整った。早期専門化スポーツである卓球のアスリートにとっては，最高の環境と言える。選手たちは遠征前後の数日間は登校するが，それ以外は与えられた課題を自分で勉強する。NTCのJTTAスタッフのサポートを受けながら進めるので，自然と考える力も養うことができるようになった。

　JOCエリートアカデミーでは，自主性を育てることを重んじている。指導は行うが，それは強制的ではない。他の競技団体（7競技）との共同寮生活の中で協調性を学び，行動する。卓球競技の中では仲間でもあるが，ライバルでもある。自分が強くなる

JOCエリートアカデミーでの学習の様子

ために何をすべきか，自らの気づきが重要である。卓球が本当に好きで強くなりたいと思うなら，自分から動画を見たり自主練習をするなど，強制的に行わせなくとも自由に学ぶことが可能である。

　指導においては，このように選手の自主性を養うようにすることが望ましい。

● 5…長期を見据えた強化活動：
10年後のビジョン

　卓球界としての最終的な目標は，卓球を国民的スポーツにすることである。そのためには，全国民に卓球を楽しんでもらう，つまり公共施設，小学校，公民館などに卓球台を設置してもらうことが必要となる。卓球台の設置には莫大な資金が必要となるが，多くの人に支援・応援してもらえるように，より強く魅力的な卓球を提供できるようになるための強化がまずは必要である。常に複数のメダル，そして金メダルを取れるチャンスのある競技に発展させることで，卓球のステータスも上がっていくだろう。

　卓球は誰もが楽しめ，ケガのリスクも少ない。身体の大きさも競技力には関係なく，誰にでもオリンピックに出場できるチャンスがある。老若男女を問わず一緒にプレーすることができ，生涯スポーツとも言える。世代を超え，市町村のどこでも気軽にできる国民的スポーツとして卓球を発展させるという夢を現実のものにしたい。

● 6…日本と中国がお互いの強化に学ぶ

■ 日中合同合宿の開催の試み

　2018年に，中国卓球協会の劉国梁会長からU12の日中合同試合合宿を希望するという連絡があった。ちょうど日本でU7事業が行われた後である。中国ではU15以上の年代でのみナショナルチームが形成されており，それ以下の選手は各省での強化体制で

あった。しかし，日本の強化システムを知り，国としてジュニアやそれ以下の年代の強化を組織化していきたいということで，その後第1回日中合同合宿が中国で開催され，お互いに刺激を受けたよい機会となった。

今後も継続していこうという話になったが，その後の新型コロナウイルス感染症の流行拡大により中国との交流は中断されている。

❷ 中国の強さに学ぶ

中国卓球協会は日本の強化の動向に関して，ホームページやSNS，新聞，雑誌に至るまで情報を収集している。日本のシステムを参考に進めようとしており，今後も世界的な卓球の普及や強化のために，お互いに競争して高め合っていくことが求められる。

中国の強さは，まず何と言ってもその卓球人口の多さにある。市場調査では，約1億人が卓球を愛好しているというデータもある。23の省には，卓球に特化した小学校がある。卓球とバドミントンの小学校，あるいは卓球とサッカーの小学校など，省により組合せは異なるが，卓球はどの省においても強化されている。競技人口も多く「国球」と呼ばれ，国技となっている。

各省で強化された選手同士が試合を行い，そこで勝ち抜いた選手がナショナルチームに選出される。そして，ナショナルチームに所属すると，個人としての収入が一気に増加し，中国プロスポーツ選手のトップ30のほとんどが卓球選手だという。中国では卓球が最も人気のあるスポーツであり，競技人口の多さに裏づけられた層の厚さとそれを支える生活環境が，中国の強さを支えているとも言える。

中国卓球協会の劉国梁会長が日本のNTCを訪れた際，最も関心をもったのは，食堂（サクラダイニング）で栄養表示やカロリー計算が細やかになされていることであり，中国にもこのような環境をつくりたいと話していた。

また，馬龍選手や丁寧選手を含むトップ選手が中国国内で練習している様子を見ると，コーチが話をしているときは，しっかり指導者の目を見て話を聞く，そして練習後の卓球場の前には，卓球シューズがピタッと綺麗に並べられていた。世界王者と言えども慢心している様子はまったく感じられず，むしろさらに学びたい，日本の強化システムも大いに参考にしたいという意欲や向上心が感じられた。

中国卓球協会は，中国のスポーツ界を牽引する立

JOCエリートアカデミーでのミーティングの様子

場にあり，絶対に他の競技に負けられないという責任感をもっている。監督・スタッフのみならず選手からも強い自負が感じられた。卓球は，中国が世界一であるという強い思いが，卓球に携わるすべての関係者に浸透している。それが中国の強さを支えているポイントだと言える。

●7…日本が世界一の座を獲得するために

　日本が中国の強化システムを真似することは不可能である。国の大きさも考え方も異なっている。そのため日本は中国とは異なる，独自の方法を取らなければならない。例えば，約1億の競技人口を抱える中国に対して，日本はおよそ30.3万人（JTTA登録者数：2022年）である。数では到底敵わない。大勢の中からふるいに掛け，残った選手をさらにふるいに掛ける方法が中国の強化システムである。それに対して，日本は才能を秘めた原石を見つけ出し，その原石を磨きに磨いて宝石のように輝かせる少数精鋭システムを取らなければならない。このように才能のある選手を見つけて育て上げることが，世界に打ち勝つ道だと考えられる。

　オリンピックのシングルス決勝で戦うのは，選ばれた選手である。もし中国人選手と日本人選手の対戦になったならば，中国の1億人の中の1人と日本の磨きあげられた1人の戦いとも言える。勝負は蓋を開けて見なければ分からず，実際に東京2020オリンピックの混合ダブルス決勝では，日本が中国を倒したのである。

　今後も将来にわたって光輝く原石を見つけ出すために，小学生前後からの強化を行い，さらに磨き，光り輝かせるように，各年代での強化を進めていく。これが世界一の獲得に通じる道として，すべての指導者が力を合わせて努力することが求められる。

3. スポーツマンシップとフェアプレー

　卓球はスポーツであり，競技を行う際に大切にすべきことは，スポーツマンシップとフェアプレーである。

　指導者には選手を育て，教え，そして守るべき役割がある。スポーツマンシップとフェアプレーの精神を指導し，選手が楽しみながら卓球をできるように工夫することが必要である（図2-2）。

　スポーツマンシップとフェアプレーは，プレーヤーのみならず，指導者，運営者，審判，観衆など，ゲームに関わるすべての関係者に求められるものであるが，ここでは指導者に求められるものを挙げる。

●1…スポーツマンシップとは何か

　スポーツマンシップとは，競技（試合）のルールを守り，スポーツとしての品性とマナーを身につけたスポーツマンにふさわしい態度である。勝利を目指すことは当然であるが，だからと言って「勝つためには何をしてもよい」わけではない。競技を離れたときに，相手とよい交友関係をもつことが必要な

相手と試合前・試合後にしっかり握手をすることを教えていくことが，スポーツマンシップ，フェアプレーの原点である。

☑ 選手は楽しそうに卓球をしているか。

☑ 選手や保護者，自分のまわりのサポーターとはうまくコミュニケーションがとれているか。

☑ 選手はスポーツマンとして正々堂々とした態度をとっているか。

☑ 選手は相手や審判員を尊敬し，フェアプレーを守っているか。

☑ 選手である前に，社会のルールを守り，モラル（道徳）を欠いた行動をとっていないか。

☑ 選手が恐がったり，試合で緊張しすぎるような言葉がけを指導者がしていないか。

図2－2 スポーツマンシップ，フェアプレーのチェックポイント
（日本卓球協会「勝利をめざす前に大切なことがある。指導者編」より）

ことを，選手に伝えることが重要である。

●2…フェアプレーとは何か

「卓球を楽しくプレーしたい」という気持ちが，選手としてのフェアプレーの原点である。ルールを正しく理解して守り，相手と審判員に敬意を払い，正々堂々とした態度でプレーすることがフェアプレーである。どのような相手に対しても全力プレーを選手には求めるようにしたい。

●3…指導者自身がルールを守れない，正しい態度をとれない

時として，指導者がルールを守らない場面を見かける。例えば，ミスジャッジに対する抗議がある。個人戦では判定への抗議権は選手本人だけにあるが（事実判定には，選手も抗議できない。詳しくは第8章参照），ベンチコーチや観客席のコーチが審判員に抗議している光景がよく見られる。

また，指導者の態度が選手の心を傷つけるような場面も稀にある。ゲーム中やベンチに帰ってきた選手を大声で怒ったり，もしくは試合で一生懸命プレーして負けた選手に対して，握手もせずベンチからいなくなる指導者を見かけることがある。

指導者自身がルールを守れなかったり，指導者が選手と正しい信頼関係を築けていなければ，選手にフェアプレーを教えることはできない。

たとえ試合に負けたとしても選手が一生懸命やったのであれば，よかった点をほめてあげることや，敗因を選手と一緒に話し合うことも必要である。敗北の責任を選手に押しつけることは，指導者としてとるべき態度とは言えない。

●4…リスペクト（尊敬）を忘れない選手を育てる

スポーツは勝敗によって互いの技術を競うものであって，相手選手は「敵」ではない。同じ卓球をする「仲間」であるという意識をもつように，選手へ伝えることが必要となる。自分が教えている選手も，試合で競う選手たちも，同じ仲間なのである。

また，ゲームを司る審判員がいてくれるから，無事に試合が進行する。さらに，卓球大会には，これを主催し，陰で支えてくれる大勢の大会サポーターの存在がある。卓球台を用意したり，大会プログラムをつくったり，参加を受けつけたりという大勢のサポーターの尽力で大会運営は成り立っている。

指導者も選手も，自分たちだけで試合が成り立つと勘違いをせず，支えてくれる人々の存在を忘れないようにし敬意を払うことが，とても大事である。

●5…指導者の言葉掛け

指導者として最大の武器は、「言葉」である。指導者の掛ける言葉によって、選手の目は輝き、モチベーション（やる気）が高まるようになる。一方で、何気ない一言が選手の心を傷つけたり、人格を否定する一言が選手のやる気を奪ってしまったりする。選手が卓球を好きになるのも、嫌いになるのも、指導者の言葉しだいである。

指導者は、選手のやる気を引き出す言葉をいくつも準備をしておくことが必要である（第3章も参照）。

●6…プレーヤーズ・センタード

プレーヤーズ・センタードとは、「プレーヤーを中心に据えつつも、プレーヤーを取り巻くアントラージュ（プレーヤーを支援する関係者）自身も、それぞれのWell-being（良好・幸福な状態）を目指しながら、プレーヤーをサポートしていくという考え方」（日本スポーツ協会ホームページより）である。

このプレーヤーズ・センタードを指導の基本とする必要がある。今勝てる技術を追い求めるのではなく、将来大きく成長するために、基本を身につけさせることが重要である。今日の結果だけでなく、選手のもつ未来の可能性を引き出す指導を心がける。

●7…自立した選手を育てる

卓球にはルールがある。選手がアンフェア（不正）な試合態度で勝利しても、だれからも勝者として尊敬されない。フェアプレーで試合をするからこそ、卓球をやる意味があり、卓球というスポーツの価値が高められる。

ベンチからゲーム中に1本1本声を出して指示したり、サインを送る指導者がいる。これは高校生以下の試合ではルール違反であると同時に、選手が身につけていかなければならない創造性や判断力を奪う行為でもあることに、指導者は気づかなければならない。

自分で考えて試合ができる選手に育てるためには、一方的な指示を与えるのではなく、選手に考えさせる習慣を普段の練習時から培うことが大切である。自分で考えて練習ができるようになれば、試合でも自分で判断し行動できるようになる。選手が自立した姿勢を身につけるように助けるのは、指導者の大切な役割である。

選手のやる気を引き出す「魔法の言葉」

選手は指導者の所有物ではなく、1つの人格をもち、大きな可能性を秘めた大切な財産である。

●8…選手から見られていることを意識する

先ほども述べたように，もし指導者自身が，モラルが低く，ルールを守らなければ，どのようなことが起こるだろうか。きっと選手たちも真似をするに違いない。

例えば，こういう指導者はいないだろうか。

・いつも選手にネガティブ（否定的・消極的）なことを言い続け，選手を信用していない人
・ただ怒り続け，失敗やミスだけを注意する人
・失点するたびに，嫌な顔をしたり，怒ったり，がっかりしたり，無視したりする人
・負けた理由を選手のせいにばかりする人

指導者は自分を戒めて，このような行動をとらないように注意をしなければならない。

この項で説明したことは，JTTAが作成した『勝利をめざす前に大切なことがある。』により詳しく解説されている。指導者とプレーヤーの双方にとって有益な情報が満載されているので参考にしてほしい（ネット上でも読むことが可能である。巻末参照）。

④ 指導者のための コンプライアンス教育

●1…スポーツ・インテグリティ

スポーツ・インテグリティとは，「スポーツの高潔性・健全性・透明性・公平性」を意味する用語である。2019年，スポーツ庁から各中央競技団体にスポーツ団体ガバナンスコード（スポーツ団体が適切な組織運営を行うための原則・規範）の周知・運用に向けた告知があった。その趣旨はスポーツ・インテグリティの実現にある。

具体的には，暴力・ハラスメント，ドーピング，八百長，人種差別，汚職といった出来事に対する考え方や行動を指し，その内容を実施することである。

実際にこれらのことがもし起こった場合，スポーツを見たい，したい，応援したいというような気持ちになるだろうか。おそらくその逆の結果になるのは明らかである。このような視点からも，先に挙げたスポーツの価値を貶めるような出来事に対処し，スポーツ・インテグリティを実現しなければいけないと感じることができるだろう。

●2…コンプライアンス教育

コンプライアンスとは，「法令遵守」を意味する。その研修を行うことは，JTTAがクリーンな団体であるために重要である。JTTAの役職員，選手，指導者，審判員などすべての関係者が社会のルールを守り，実践することは，協会の組織統治における基盤となる。

また，不祥事を未然に防ぎ，その発生時においては適切に対処するためのリスク管理そのものであると言える。スポーツ団体にとって，コンプライアンス教育は，スポーツの価値を守り，私たちスポーツに携わるすべての人を守る大切な活動でもある。

●3…暴力

2012年，大阪の高等学校でバスケットボール部キャプテンが自死した事件，および女子柔道日本代表選手への暴力等の告発事件を契機として，暴力・暴言・ハラスメントなどの不適切な行為をなくそうと意図した文科省と日本スポーツ協会（JSPO）の取り組みが開始された。それから10年以上が経過したが，現在でも不適切な行為がなくなっていないのは，憂慮すべき事態である。

❶ 暴力・暴行に当たる行為とは

暴力・暴行とは，「身体に対する直接的・間接的

な有形力の行使」と定義されている。具体的にどのような行為かを以下に述べる。

❶ 直接身体に触れる暴力・暴行行為

殴る、蹴る、つねる、叩く、ひねる、押す、倒す、引っぱるなど指導者が自分の身体を使う場合、また、ボール、メガホン、竹刀、棒、布団叩きなど道具を使う場合がある。指導する子ども本人から「叩かれると気合が入るので、叩いて下さい」と言われた場合、また、子どもの親から「強くなるために必要であれば、子どもを叩いても結構です」と頼まれた場合でも、このような行為は指導者としてしてはならない。

指導をしながら、布団叩きで軽く尻を叩く、手で肩を押すというような行為が、自分にとって軽く思えたとしても、暴力に変わりはなく許されることではない。

また、ミスが多い子どもへの指導の一環として、「子どもの頭を丸坊主にする」という行為も暴行である。子どもに「自分で丸坊主にしてきなさい」と指示する行為は、直接身体に触れる暴力・暴行には当たらないものの、パワハラ行為といえ、とても許されることではない。

❷ 間接的な暴力・暴行行為

子どもの眼前でサッカーボールを蹴り飛ばす、竹刀やバットをフルスイングする行為、メガホンや椅子を子どもの目の前に投げ飛ばす行為などはどうだろうか。子どもに危害を与える気持ちが微塵もなかったとしても、また、子どもにそれらが当たっていないとしても、このような危険な行為は絶対にしてはならない。これは、子どもたち同士であってもあってはならない行為であり、特に注意すべき点である。これらの行為は、子どもたちに身の危険を感じさせる点から、暴行とほぼ同じ行為と見なされる。

❸ 練習の一環として行われる暴力・暴行行為

バスケットボールで仲間にボールを渡す（パス）ときに、普通のスピードでなく、とんでもない速さ

で目の前の仲間に投げた場合、また、バレーボールのスパイクをレシーブする練習で、指導者が眼前の選手へ瞬間的にとても速いスピードでボールを投げつけた場合など、暴行とほぼ同じ行為と見なされる。また、格闘技などで子どもを大人が容赦なく投げつけたり、空手などで寸止めをしなかった場合などは暴行と見なされる。

❹ 直接手をくださない暴力・暴行行為

指導者が直接手をくださず、他のコーチや選手に特定の選手を殴るように命令を出したり、特に速いパスを出すように指示を出すことも、指導者が暴力・暴行を教唆（不適切な行為をそそのかす）したものとして処分に問われる。また、指導者がその場にいるコーチにバリカンを渡し、「この子どもの頭を丸坊主にしなさい」と指示を出す行為は、上と同様に暴行の教唆として処罰される可能性がある。

❺ 正当防衛・緊急避難に当たる行為

子どもの顔にボールが当たる状況にあって、子ども本人がそれに気づかず、子どもに声をかけても時間的に間に合いそうにない場合、指導者が子どもの体をとっさに押すケースなどは、子どもの生命・身体を守る行為という点に鑑みて、正当防衛・緊急避難に当たるものと見なされ、処分はなされない。しかしながら、子どもの生命・身体を守るための行為であったとしても、思い切り子どもを蹴飛ばすなどの行為は論外である。

❷ 暴力をふるう指導者への処分

指導者が暴力をふるった場合、どのような処分が下されるであろうか。

例えばJSPOは、身体への直接的な加害を行った公認スポーツ指導者に対して以下の処分基準を設けている（表2-3）。暴力をふるったものの被害者が傷害を負わなかった場合は資格停止6か月、被害者が全治2週間の傷害を負った場合は資格停止1年、全治1か月の傷害を負った場合は資格停止2年、さらに、被害者が全治1か月を超える傷害を負った場合、

重大な後遺障害が残る傷害を負った場合，刑事処分となった場合などは，いずれも資格取消となる。

　上記のケースはあくまでも基準であり，その他の要素や従来の処分例なども参照として最終処分が決定される。

　その他，刑事責任（暴行罪，傷害罪，傷害致死罪など）や民事責任（損害賠償責任）を問われる可能性があり，学校の教員が部活動中に暴力行為を行った場合は懲戒処分の可能性もある。

●4…体罰

　体罰とは，ある国語辞典を見ると「体に苦痛を与える罰」と定義されている。

　文科省の通知では，「通常，体罰と判断されると考えられる行為」の例として，「体育の授業中，危険な行為をした児童の背中を足で踏みつける」「部活動顧問の指示に従わず，ユニフォームの片づけが不十分であったため，当該生徒の頬を殴打する」などの例が挙げられている。教育的な名目のもとに，このような殴る・蹴る・叩くなどの行為は行ってはならない。

　また，「宿題を忘れた児童に対して，教室の後方で正座で授業を受けるよう言い，児童が苦痛を訴えたが，そのままの姿勢を保持させた」という例も示されている。教育的な名目によって，長時間にわたる正座や起立などを強制して身体的苦痛を与えたり，水や食べ物を摂らせないといった行為にも注意が必要である。

　また，暴言に近い強い口調や汚い言葉での指導にも気をつけなければならない。

　さらに，指導者から選手への行為だけではなく，選手同士であっても体罰は許されない。

●5…ハラスメント

　ハラスメントとは，「嫌がらせ」「いじめ」を意味し，相手を不快な感情に陥らせる言動（言葉と行い）を指す。そうした言動をとっている本人がどのような意図であるかではなく，「被害者がハラスメントと感じれば，それがハラスメントとなる」ということに注意しなければならない。

　ハラスメントが起こらないようにするための大切な点は，相手がどのように感じるのかを思いやること，相手とコミュニケーションをとること，相手の反応を受けとめて応対することを心がけて，しっかりと信頼関係を築くことである。

◼ セクハラ，パワハラ

　セクシャル・ハラスメント（セクハラ）とは，「相手の意に反する性的言動により，相手に対して不快感や精神的な苦痛，恐怖感を与え，人間性を傷つける行為」である。男女差や容姿をとりあげて揶揄することは，あってはならない。また，「お嬢ちゃん」や「ぼく」などという言葉を使って相手に話しかけることも，その使い方によってはハラスメントとなりうる。

　また，パワー・ハラスメント（パラハラ）とは，「地位や人間関係の優位性を背景に，適正な範囲を超えて相手に苦痛を与える，または組織の環境を悪化させる行為」である。指導者と選手の関係だけではなく，先輩・後輩関係も，このような問題が発生する背景となることがある。暴力行為はもちろんのこと，自分の思い通りに動かない相手への暴言，威圧的な態度，差別的な言動などをとることは避けなければならない。冗談で笑いをとる狙いだと本人は思っていても，相手を傷つけていないかなどの気配りが必要である。

◼ ハラスメントが起きた場合

　ハラスメントの被害者は心身両面に不調を来たし，練習に参加できず所属チームを退部することになっ

表2−3　スポーツ活動またはこれに準じる活動に関する，身体の接触または身体への直接的な加害を伴う遵守
事項違反

違反行為の程度・結果	処分内容
被害者が傷害を負わなかった	資格停止6か月
被害者が全治2週間の傷害を負った	資格停止1年
被害者が全治1か月の傷害を負った	資格停止2年
以下のいずれかに該当する ①被害者を退部などの当該スポーツ活動の中止に至らせた ②被害者を死に至らしめた ③被害者が全治1か月を超える傷害を負った ④被害者が重大な後遺障害が残る傷害を負った ⑤その他被害者の心身に重大な障害を与えた ⑥刑事処分をされた	資格取消

〈考慮すべき要素〉
①違反行為の態様（暴行の程度・内容・部位，回数や継続性，被害者数等）
②加害者の地位・立場，被害者との関係
③加害者の人数
④違反行為による結果や影響（周囲の者への影響を含む）
⑤被害者の身体的負荷の程度（暴行にとどまるか傷害や死亡に至ったか）
⑥被害者の心理的負荷の程度（自殺や精神疾患の発生の有無等を含む）
⑦被害者の人数，被害者のスポーツ活動への影響の程度（スポーツ活動の休止・停止の状況や所属クラブ・チーム等からの
　退会の有無等を含む）
⑧加害者の動機，加害意図の程度，違反行為に至る経緯
⑨被害者の言動，態度等
⑩加害者の事後の対応（反省，被害者への謝罪等）

〈加重・軽減要素の例〉
□加重要素（処分内容を重くする）
加害者あるいは被害者が複数の場合，傷害の程度が重度な場合，傷害により選手生命が短縮される・スポーツ活動の継続が
困難になるなど重大なスポーツ権の侵害があった場合，退部・転校・不登校など被害者の日常生活に大きな影響を与えた場
合，複数回または継続的に行われていた場合，過去に別の事案につき当会の処分を受けたことがある場合等

□軽減要素（処分内容を軽減する）
真摯に反省している場合，示談の成立，解雇・退職等他で制裁を受けている場合

備考
以下が該当するが，これに限らない。　※性的虐待およびセクシュアル・ハラスメントを除く
○暴力・暴行その他の身体的虐待
○パワー・ハラスメントの一部
○アルコール・ハラスメントの一部
○その他のハラスメントの一部

（日本スポーツ協会「公認スポーツ指導者処分基準 別表［2022年5月31日付改定］」より）

たり，競技自体を継続できなくなるかもしれない。また，加害者にはチームや会社等から処分が下され，さらに加害者の家族も生涯にわたり大きなダメージを負うことになる可能性もある。

このような結末まで念頭におくことで，軽はずみなハラスメント行為は減少していくのではないだろうか。指導の場はもちろんのこと，普段からハラスメント防止についての高い意識をもち，周囲の人への尊敬と感謝の気持ちを忘れないことが大切である。

セクハラやパワハラは，被害者，加害者，その家族やチーム等，すべての関係者を巻き込むことになることを忘れてはならない。

●6…アンチ・ドーピング

ドーピングは，アスリートの健康を害し，アンフェアでスポーツの価値を損なう。インテグリティの観点からも，スポーツの精神に反するとして禁止されている。ドーピング検査は，選手の潔白を証明する重要な手段の1つである。

たとえ意図的ではなくとも，禁止物質入りの薬を服用し陽性判定が出た場合（うっかりドーピング）は処分の対象となる。大会成績の取消しや複数年にわたる出場資格停止などの処分が課され，選手生命に大きく関わることになるので，細心の注意が必要である。詳しくは第5章8節「安全管理」の項を参照されたい。

●7…SNS

現在では，LINE（ライン）やTwitter（ツィッター），Facebook（フェイスブック），Instagram（インスタグラム）などを利用している卓球関係者も多いだろう。このようなツールはSNSと呼ばれる（ソーシャルネットワーキングサービスSocial Networking Serviceの略）。

仲間同士のコミュニケーションに使われることも少なくないと思われるが，投稿した内容が見知らぬ人たちにまで閲覧されている可能性があることには十分に気をつけなければならない。いったん投稿した内容が広がってしまうと，完全に消去することは困難である（これを「デジタルタトゥー」という）。SNS上で，誤った情報，個人情報を不用意に書き込んだり，仲間内だけという軽い気持ちで批判・中傷などの投稿をしてしまうと，大問題につながることがあるのは，容易に想像できるだろう。

また，コーチとして試合会場内で撮影した自チームの選手の写真などを投稿する場合には，そこに他者などが写り込んでいると肖像権等の問題が生じることもあり，細心の注意が求められる。

さらに，自分のパソコンのハードディスクなどに保存している選手の個人情報などの管理にも十分に気をつけなければならない。知らない間にコンピュータウイルスに感染し，情報がインターネット上に流出することも発生している。

●8…指導者としてのあり方

① 指導の目的を改めて考える

体罰は暴力である。愛の鞭（むち）という表現は，スポーツの指導現場で使ってはならない言葉である。子どもの成長過程で躾（しつけ）は必要ではあるが，躾としての体罰は絶対にあってはならない。指導者は，指導の最大の目的は何かということを考える必要がある。

指導における目的としては，勝利，競技力向上，自立したアスリートとして育成すること，スポーツを楽しませることなどを挙げることができるだろう。

上記の目的はいずれも重要である。しかし，最大の目的として勝利を第一とした場合には，目先の勝利にこだわり，指導者の思惑通りに子どもがプレーできない場合に，子どもを強い口調で怒ったり叱ったり怒鳴ったり，暴力や暴言につながる状況を引き

起こしかねない。

　子どもに対して事細かに教え，指示を出してそれに従わない場合，さらに細かい指示を出して強く注意するケースが一般的に見られる。長所を伸ばすことよりも短所を直すことを重視する指導も，暴力や不適切な行為につながりやすい。

　指導者が求める目的として，子どもたちが自立してスポーツに取り組み，スポーツを楽しむことなどを掲げたとき，選手は自分の頭で考え主体的にスポーツに取り組むことであろう。結果として，暴力や暴行が排除される可能性は高くなる。

❷ 子どもが理解できるように心がける

　指導者が子どもを育てる過程では，指導者自身が模範的な態度を示すとともに，子どもが理解できる言葉で，模範的な態度がどうあるべきかを具体的に教える必要があろう。

　何回言ってもまったく言うことを聞かない，何回指導してもやる気がないように見える，何回技を教えても1回もできないなど，いろいろな子どもに対して指導者が手を焼く場合がある。その際，指導者はどのような対応をするべきなのだろうか。

　こうした場合には，子どもと一対一で話し合う機会をもつことが1つの解決策となるだろう。

　なぜ言うことを聞くことができないのか，その本当の原因は何なのか。もしかすると競技自体が嫌いなのかもしれない，また，競技そのものは好きだけれど，競技のやり方が分からないのかもしれない。また，指導者の説明（言葉や用語）が理解できないのかもしれない，仲間との意思疎通（コミュニケーション）がとれなかったのかもしれないなど，本人との対話を通して確認する必要がある。

　子どもにとっては，これまで一対一で目上の人と話す経験がなかったために，自分の気持ちをうまく伝えることができなかったかもしれない。場合によっては，子どもの理解力に対応した話ができなかったのかもしれない。そのため，繰り返しの対話の必要があるかもしれない。このように子どもの立場に立って想像力を働かせることも大切である。

❸ 指導の喜びとは

　一対一の話し合いを繰り返してみよう。もしかすると，将来その子が競技で大輪の花を咲かせるかもしれない。この子は，貴重な原石（未だに磨かれていない宝石）だと考えてはどうだろうか。いつも気にかけてあげて，絶え間なく指導し，その子を磨きあげることに全力を尽くしてみよう。その子の本当の素晴らしいところは何だろうか。世界にたった1つしかない，その子の本当のよい点を見つけて，それを最大限に伸ばしてあげよう。

　こうしたことに指導者のやりがいを見い出してみよう。結果として，その子を大きく伸ばすことができなかったとしても，指導者として最大限の努力を尽くしたことに大きな達成感を覚えるに違いない。もし勝利を得ることができなかったとしても，真心のこもった指導ぶりに対して，その子は最大限の感謝の念をもつことであろう。

　そして，その子は最後の最後まで競技を楽しみ，最後まで勝利に向かって努力したことを一生忘れることはないであろう。そうなったならば，指導者としてこれ以上の喜びはないのではないだろうか。

第3章

コーチングの考え方

1. コーチングの基礎

「卓球の指導はなぜ必要なのか」という問いかけに対して、おそらく選手からは「強く、そして上手くなりたいから」、指導者からは「強く、そして上手くさせたいから」という答えが返ってくるであろう。このことは、コーチングを語る上で非常に重要なポイントである。つまり、卓球の指導が必要とされる背景には、指導者と選手が共通してもっているあくなき向上心があると言える。

●1…コーチという言葉の由来

「コーチ」（coach）という語は、ハンガリーのコチ（kocs）という町で、農閑期の収入源としてつくられた四輪馬車（kocsi）に由来しており、それ以降、「コーチ」は馬車を表す言葉となった。19世紀になり、オックスフォード大学で、家庭教師（チューターtutor）のことを、目的地に運ぶ馬車になぞらえ、コーチと呼ぶようになった。さらに、四輪馬車は運転が困難で訓練が必要であったことから、コーチという言葉に「訓練」という意味が生じた。

現在、コーチは「スポーツにおいて選手にその技術などを指導する人」のことを指す。『広辞苑』に

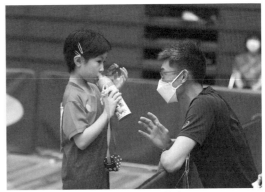

ベンチで指導者のアドバイスを受ける選手

よると、「指導」とは、「目的地に向かって教え導くこと」であるので、コーチと指導者とは、ほぼ同意義であると言えるだろう。

●2…公認スポーツ指導者資格

日本スポーツ協会（JSPO）の公認指導者資格の概要について表3-1に示した。これらの資格は、所定の講習会を受講することで取得することができる（巻末の付録を参照）。資格を取った後は、4年間に1回以上の継続研修を受けることで指導者資格を更新することができる。

現在、日本代表の監督・コーチだけでなく、国民スポーツ大会（旧国体）で監督をするには、すべての競技団体で公認スポーツ指導者資格の取得が必須

表3−1　日本スポーツ協会（JSPO）が公認する主な指導者資格の種類とその役割

資格の種類	役　割
スタートコーチ	発育発達期の子どもたちに対し，競技者育成プログラムに則り，さまざまな運動経験と遊びを通した身体づくりと動きつくりを主眼においた指導にあたる。
コーチ1（旧指導員）	卓球競技の基礎的な知識・技術に基づき，発育発達段階や対象者の目的に応じた適切な指導を行う。
コーチ2（旧上級指導員）	地域スポーツクラブ・スポーツ少年団・学校部活動等での企画・運営の中心として指導を行う。また，国民スポーツ大会における都道府県代表監督を務めることができる。
コーチ3（旧コーチ）	各カテゴリーのトップチームのコーチングスタッフとして，ブロックおよび全国大会レベルのプレーヤー・チームに対して競技力向上を目的としたコーチングを行う。
コーチ4（旧上級コーチ）	各カテゴリーにおけるナショナルチームやトップチームにおいて，日本代表クラスの競技者が各競技会で最高の能力を発揮できるよう，スタッフとして選手の育成・強化にあたるとともに組織運営に協力する。

（日本卓球協会「2024年度公認卓球コーチ資格概要」より）

となっている。さらに今後は，市町村単位で活躍する指導者，すなわち，学校運動部活動，地域スポーツクラブ，公民館，民間スポーツクラブなどの指導者にとって，公認スポーツ指導者資格の取得は当たり前という見方が一般的になるものと考えられる。資格をとることで，指導者としての基礎知識である栄養，ドーピング，スポーツ倫理，審判・ルールなどの新しく正確な知識を幅広く得ることが可能となる。自分の経験のみに頼った指導や誤ったトレーニングは，選手のスポーツ障害の原因となるだけでなく，選手寿命を縮める結果となることもある。指導者として特に自戒すべきことである。

選手を最優先にするというスタンスをもち，スポーツ医・科学の知識を生かし「スポーツを安全に正しく楽しく」指導することが求められる。モラルアップ，スキルアップ，レベルアップし，常に学び続けることが重要である。子どもたちが夢をもてる指導を目指そう。

● 3…指導経験，競技実績と指導者

選手として世界大会レベルの優れた実績をもって

いても，名指導者になれることが保証されているわけではない。また，それほど高いレベルでなくても，国内の全国的な大会で活躍している人も同様である。過去の実績だけで，普段指導している選手や子ども，レディース，高齢者の人たちの信頼と支持を得るのは困難な時代となっている。指導者として必要なスポーツ科学などの正確な知識を身につけておくことも望ましい。

しかし，選手として優秀な実績がある場合は，世界のトップを目指す人たちが，いかに過酷なプレッシャーの中で練習しているか，どれだけ厳しい選手生活を過ごしているかを理解しているだろう。また，世界で活躍するために何が必要かを知っていることも事実である。その意味で，過去に活躍したアスリートは，高い壁や障害を乗り越えるための様々なノウハウを生かした指導が可能と言えるかもしれない。

また，これまでに卓球経験がなく，卓球に関する知識もほとんどない教員が卓球部の顧問になり，初心者を指導する必要に迫られる場合も考えられるだろう。

その場合，例えば表3-2に示すような指導方法の中から，自分を取り巻く周囲の環境条件に合わせ，

表3−2　経験のない場合の指導方法の例

- 試合や合宿などの運営面と学業を含めた生活指導面のサポーター役に徹し，卓球に関する技術・戦術・体力等に関する指導は外部指導者に依頼し，二人三脚で指導する。
- 卓球ができる教員仲間にサポーターとして加わってもらい，技術指導についてはお願いし，自分は技術・戦術等の専門的情報を仕入れ，選手に分かりやすく提供し，将来，卓球指導者としての道を模索する。
- 選手と同じ立場に立ち，練習時間内に一緒に練習する。その経験の蓄積の中から重要なポイントを学び，指導に生かす。
- 近隣の強豪チームに出向き，その活躍の秘訣を探る。
- 全国・県・市町村卓球協会主催の講習会に参加し，指導者として研鑽を積み，チームの指導に結びつけていく。
- 近隣の卓球クラブ（地元自治体や地域総合クラブ）に所属し，自己研鑽を積み，チームの指導に結びつけていく。

適宜組み合わせて取り入れるとよいであろう。現状に甘んじることなく，あきらめずに地道に指導を進めていこうという心構えをもつことが最も大切である。

卓球の指導者には様々なバックグラウンドをもつ人がいると考えられるが，必要な知識の習得を怠らず，自分の経験や環境に応じた工夫をしていくことが重要となる。

●4…理想的な指導者の条件

理想的な指導者の条件を示すことは難しいが，強いて挙げるならば，以下のような資質を高めようと努力する人が，よい指導者となりうる。

・選手の背中を後押しする

指導する選手1人ひとりの生き方，スタイル，意見に耳を傾けることができ，個性を尊重し，そのよさを引き出して伸ばそうとする。誰もが他人より優れた何かをもっているはずであるが，それを本人が自覚できていない場合もある。その隠れているものを引き出し，それを本人に意識させ，自分のよさを伸ばすことの大切さを伝え，本人の背中を押して，選手が伸びるようにサポートする。

・あくなき向上心をもつ

自分が初心者の時代，コーチとして活動を開始した頃を忘れることなく，常にゼロからの出発であると考えて，いつも努力を怠らない。後輩，同僚，先輩の声に耳を傾け，最新情報を収集し，自分なりの指導論を構築し，常に学び続ける姿勢をもつ。

・選手の気持ちを感じとる

他人のうれしさ，楽しさ，喜び，希望，感動，忍耐心，克己心，充実感，満足感，達成感などを自分のものとして感じることができ，全力で努力している選手たちの思いを敏感に感じとる高感度のセンサーをもち，選手に夢と希望を与える。

・専門的で豊富な知識をもつ

卓球の歴史，エピソード，用具・ルールや戦術の変遷などに関する情報を収集しようと努力する。年齢，性別，技術レベルなどが幅広い指導対象者に対して，提供すべき情報を体系的に蓄積する。有益な情報を豊富にもち，デジタルツールを活用して分析し必要な場面で映像を用いて選手にわかりやすく伝えることができる。

・的確な状況判断力をもつ

実際の練習および試合において繰り広げられる，あらゆる場面において，指導者の状況判断力が的確であれば，選手のパフォーマンスは目に見えて向上する。競り合った状況で1ポイントが欲しい，試合の流れを大きく変えたい，スランプで悩んでいる，用具の選択で悩んでいるなどの様々な状況に対して，本人やチームの方向性を決定づけるような的確なアドバイスをすることができる。

・強い信念に基づき，毅然とした態度をとる

指導者は，自らの指導哲学を問われることが少なくない。進む道の選択に迷う場面でも，指導者は思

公認コーチ講習会の様子

い切った決断をしなければならない。そういったときに，強い信念に基づいて毅然とした態度をとることが大切である。

・信頼される態度や行動をとる

指導者は，清潔感のある，その場にふさわしい身だしなみを保つことが求められる。誰に対しても公平に接し，礼儀正しく振舞い，正しい言葉遣いを常に心がけることが大切である。

・指導者同士の連携を深める

情報収集に努め，研鑽を積む真面目な指導者であっても，独力では限界がある。

日本卓球協会（JTTA）では，指導者資格取得者のために，毎年，継続研修会を企画し，実施している。また，指導者間で，Twitter（ツイッター），Facebook（フェイスブック），Instagram（インスタグラム）等のSNS（ソーシャル・ネットワーキング・サービス），コミュニケーション・プラットホームを利用して情報を共有や相談など積極的に活用することが大切である。

●5…指導者の成功を妨げる要因

前項では，よい指導者となるために高めるべき資質について述べたが，ここでは，指導者としての成功を阻害する要因について述べる。

・責任を転嫁する

利己主義の指導者は，試合での敗退や何らかの不祥事が起きた際，選手にそれらの責任を転嫁しかねない。「選手が力を出せなかった」「練習環境が悪い」「審判のミスジャッジのせい」などという言葉は慎むべきである。

指導者は決して自分の立場を守ることに終始してはならない。試合に勝利した場合やチームへの評価が高まっているときは，「選手の努力が実を結びました」「勝ったのは選手のお陰です」「チームが一丸となってこその勝利です」などというコメントが自然に出るようにしたい。

・細かな気配りが足りない

メンバーの技術・体力・精神面，マナー・挨拶，礼儀作法・生活態度，学業成績・勤務成績などの向上や，コーチングスタッフ間の情報共有を図ることなく，チームの指導は不可能である。メンバーの1人ひとりに注意を払い，選手間やスタッフ間の意思統一を図り，目標達成の具体的な練習計画を策定し，指導を展開していく必要がある。

・批判・不摂生・体罰

感情的になり，選手を皆の前で叱責し，罵声を浴びせるなどという行為は，厳に慎まなければならない。些細なことで心身が乱れ，指導に支障が出てはならない。さらに，選手の健康面を損ねる煙草の受動喫煙なども，指導者としては避けるべきことである。

またいかなる理由であれ，教育の名を借りた体罰などあってはならない。

●6…指導者の資質向上のための心掛け

❶ 国内外で開催される国際大会の視察・研修

指導者は，対象者の性別，年齢，技術水準にかかわらず，世界トップ水準のプレーがどのような内容であるかに着目し，常に将来を見据えた指導を心掛

ける必要がある。

　かつて，ペンホルダーラケットを使用する選手がラバーの貼られていない裏面側で打球したとき，指導者が「何を遊んでいるのか！とんでもない！」と叱責していた。しかし，裏面打法花盛りの今，これは笑い話となっている。過去の経験則だけでは計り知れない新しい要素が出現しているという状況を認識して，常に最新情報を収集する努力は欠かせないと言えよう。

② 科学的情報の収集と分析

　学会やセミナー，シンポジウムに参加することも最新の科学知識を得る手段となる。例えば，毎年開催されている「スポーツサイエンスセミナー」は，JSPO公認のスポーツ指導者資格更新義務研修の1つとして承認されている。パフォーマンス向上の最適なトレーニング方法，スポーツ外傷予防の方法，スポーツの体づくりに必要な栄養と食事などの科学的知識を得ることができる。

　また，JTTAでは，スポーツ医科学委員会プロジェクト研究をバックアップしている。卓球の競技力向上を図るために実施された実験・アンケート調査の概要がJTTA指導者養成委員会のホームページ上に掲載されているので，こうした情報も参考にしてほしい。

③ コーチの課題解決事例の収集と分析

　スポーツ少年団，小・中・高・大のチーム，実業団チーム，クラブチーム，レディース，教職員など，所属チームの指導対象者の年齢や性別がほぼ同じであっても，その技術水準は初心者から全日本出場レベルまで大きな格差が往々にして存在する。現場指導では，対象者の1人ひとりに対して個人に合った適切な指導が求められる。

　しかしながら，従来の経験のみでは解決できない問題が生じることもある。このような場合，現場で貴重な経験を積み，名指導者と呼ばれる指導者の考え方や采配をものにすることができたら，指導者の

アドバイスをするナショナルチーム監督

指導レベルが上がるだけではなく，指導をする選手の競技レベルも上がっていくことであろう。一方，初心者指導では，名指導者の考え方や采配が同じように活用できるとは限らない。むしろ，トップを目指すという立場とは逆の観点から考える必要がある。

　その際に必要とされるのが，具体的な指導事例の集積と公開と言える。どこにいてもつながり合えるデジタルツールを活用し指導者間の連携を深め，何が問題となっているのか，その問題の所在と解決方法をお互いに討議し，学び合い，情報を共有し，指導内容を高め合う仲間がいるとさらに成長できる。

　卓球は1人ひとりのプレースタイルを構築していく必要があるために，詳細に個人ごとの指導プログラムを作成する必要があり，それこそが指導者にとって大切な役割と言える。

　つまり，対象者の技術レベルや理解度が異なるため，様々な内容の指導プログラムの作成を考慮しなければならないところに，卓球指導の面白さと深みが存在すると言えよう。

●7…卓球指導における考え方の基本

① 卓球のもつ楽しさを増す練習を工夫する

　卓球を極めた日本人の世界チャンピオンの大多数は，「なぜ卓球を始めたのか」という問いに対して，

表3−3 卓球の楽しさを引き出す練習方法の例

	ボール当てゲーム	自己紹介練習
内容	お互いのコートのセンターライン上の真ん中につぶれたボールを置き，そのボールを狙ってラリーを続ける。技術レベルの高い者が必ず勝つとは限らないので，非常に盛り上がる。	他人同士が初めて顔を合わせる場合に，お互いに自己紹介を行うのが一般的であるが，卓球をやりながら自己紹介を行う。
方法・ルール	• 置きボールにボールが当たったら1点。 • ある一定時間（約1分）に「ボールに多く当てた人が勝利者」となる。 • サービスで相手コートのボールに当てれば同様に1点。 • サービスの権利をもっている方が有利なので，サービスは1本交替とする。 • 同点の場合は，2人がジャンケンをし，勝った方が勝利者」となる。 • ダブルスでも実施可能である。	• 相手に，いろいろな質問をする。 • 相手が回答したら，今度は交代となり，相手が自分に質問をする。 • 1回ずつ質問と交代を繰り返して，コミュニケーションをより高める。 • 相手のことをよく知ると親近感が芽生えるとともに，相手を尊重し配慮する気持ちも芽生える。
特徴・注意点	• 1点のボールを狙うことで，コントロールを高める練習になる。 • 短時間で勝敗が決定する勝ち抜きゲームなので，緊張感のある練習となる。 • ネットミスやオーバーミスなどがミスの対象にならず，初心者でも勝つ可能性があるので，初心者にとっては励みとなる。	• 速いボール，強いボール，回転の強いボールをお互いに打たないこと。 • 自己紹介を最優先とするので，お互いのコミュニケーションが中心になっても構わない。 • 初心者であれば，普段はミスが大いに気になるところであるが，この練習はお互いに気兼ねなくできる。

ラリーの続いている様子がとても魅力的，あるいは気持ちよいからと答えている。

いろいろな練習を工夫して行い，初心者に卓球のもつ楽しさを感じさせるようにしたい（表3-3）。

❷ 初心者のよい点を見つけてしっかりとほめ，上級者の欠点は鋭く指摘する

ほめられれば誰でも嬉しくなり，ほめられたところをさらに伸ばそうと努力する。初心者は，練習によってすぐ上手くなるので，ほめられる機会が多くあると言えよう。指導者としての仕事は，初心者のよいところをたくさん見つけて，そこをほめることと考えてよい。

また，初心者はすごく難しいことはできないが，

自分にとって少しだけ難しいと感じるレベルのことは面白がって，競ってやろうとする。このような心理を理解して，適切に目標を設定し，目標を達成したら，その過程と結果の双方を認めてほめてあげるようにしよう。そして，さらに，次に向かうべき明確な目標を設定することが大切である。

しかし，技術レベルが次第に高くなると，単にほめているだけでは誰も納得しなくなる。技術レベルが高い人の多くは，自分のよい点を認識できているので，ほめられても具体的な点について言及しないと，実感がわかないのである。むしろ，弱点を鋭く指摘してもらった方が，新鮮さと有難みを感じるようである。

ところが対象者の技術レベルが高くなると，指導者は概して遠慮するためか，あまり細かいことを言わなくなる傾向がみられる。これは，指導される側の希望とは逆である。上手くなればなるほど，目標が高くなるため，選手は指導者に気づいた点をアドバイスして欲しいと強く願っているのである。

強くなる選手ほど，強くなるヒントを欲しがっている。指導場面では，指導者のアドバイスが具体的で，なおかつ的を射ているかがポイントとなる。「アドバイスが適切だ」と選手が感じれば，自分の個性をしっかり評価してくれたと思うようになり，お互いの信頼関係が確固たるものとなる。

❸ チーム内で技術レベル・年齢差があっても，平等に指導する

チームの誰もが平等で，上手い下手に関係なく，それぞれの目標に向かって邁進していくチーム，それこそがチーム全体として目指すべきゴールである。

上手い相手と毎日練習していれば，上達は当然極めて早くなり，毎日試合を続けていれば，その強い選手とほぼ同じ技術レベルまでに，いつかは到達するかもしれない。しかし，強い選手が下手な選手と練習するときに，強い選手がただ漫然と練習をしていたら，強かった選手はどんどん弱くなっていく。チーム力を上げるためには，このようなことをきちんと意識して練習に工夫を凝らし，全員が強くなる方策を考えなければならない。

自分より力が落ちる選手と練習する場合，強い選手はどのように効果的な練習ができるのかを常に工夫を凝らすべきである。練習は平等という考え方であれば，当然だが練習時間も相手も半分ずつ分け合うことになる。効果的な練習を心掛けようとするならば，相手の練習時間であっても自分の練習時間だと思い，一瞬も無駄な練習はしてはならないと，選手に言い聞かせる必要がある。

❹ 技術のイメージをはっきりと初心者に伝える師範および説明

指導者は，初心者に対して正しい師範ができなくてはならない。日本のトップレベル級の技術を求めているわけではないが，フォアハンド，バックハンド，ツッツキ，ショート，ブロック，ドライブ，スマッシュ，ロビングなどの基礎的技術に加え，フットワーク，ボディワーク，飛びつき，回り込み，切り替えなどの応用技術を自らも実践して師範を示すことができれば，選手の理解はさらに深まることであろう。

またスローモーションのようにゆっくり流れるように動きを再現できれば，初心者の動きに対する理解をさらに深める上で，より効果的である。

このような師範の動きに加えて，分かりやすい言葉での説明と図示があれば，さらに効果的である。ホワイトボードなどをあらかじめ用意し，真横，正面，真上の位置から，頭・両腕・両足の位置とボールの軌跡を示した図を貼りつけて説明を行うなどの工夫をしてみよう。

また，対象者の手や腕をとり，正面・側面・後方から適正なラケットのスイング方向とスピードを対象者が体感できるように促す方法も効果的と言える。例えば，サービスの技術を指導する際は，ラケットを実際に握る対象者のグリップ部分に手を重ね，実際の動作に伴う指の動きを再現する。この方法は，対象者にサービスの際の指の使い方，また，どのグリップ部分に力を加えるべきかという筋感覚を覚え込ませる上で，とても有効な指導テクニックと言える。

❺ 守るべきことはしっかり守る

時間，規律，礼儀はチームあるいはクラブを構成するメンバー全員がしっかりと守る必要がある。どんなに強い選手でも，どんなに年齢が高くとも，どんなに社会的な地位が高い人であっても，卓球を中心にまとまった集団で，その輪を乱すことは許され

ない。

●8…世界の卓球強国の競技者育成システム

1 フランス

　フランスには「インセップ」（国立スポーツセンター）がある。これは，日本のナショナルトレーニングセンターと同じような施設で，フランスの全競技のトップ選手が長期的に合宿生活を送っている。また，この近年フランスの国内リーグが盛んであり，海外選手が集まることでレベルが高くなってきており，若手の成長が目立つ。

2 ドイツ

　ドイツでは，スポーツのトップの強化と底辺拡大のための「ゴールデンプラン」が長期計画のもとに形成され，理想的なスポーツ環境が整っている。卓球競技では，「ブンデスリーガ」というプロリーグが存在し，世界からトップレベルの選手が集まり現在世界で一番のリーグと言える。また国内で卓球への関心が非常に高い。

3 スウェーデン

　スウェーデンは，国際卓球連盟（ITTF）元会長の荻村伊智朗氏（元世界チャンピオン）が現役引退後，コーチとして最初に指導した国である。荻村氏の指導のもとでダブルスの世界チャンピオンを輩出したスウェーデンは，その後，中国を破り世界トップの座に君臨した。現在は国内リーグが盛んであるが，数人の選手はドイツのブンデスリーガに参戦している。国内には，多くの卓球クラブが存在している。名門クラブでは，初心者と世界トップクラスの選手が同じ場所で練習するという環境が存在している。

4 韓国

　中国の後塵を拝しているものの，ここ十数年間にわたり，男女とも日本とメダルを争っているライバル国である。韓国の強化システムは，幼少のころから育成強化した英才を大切に育てて，少数の実業団

チームに所属させながら，国際大会を転戦し，腕を磨くという強化方法をとり，高校から大学を経ずに実業団に進むというシステムをとっている。なお，勉学意欲のあるプレーヤーは，引退後に大学に進学する道がある。

5 シンガポール

　2010年の世界選手権大会で，無敵の中国女子チームが決勝戦でシンガポールに敗れた。20年あまり無敵で，世界の王座に君臨していた中国女子チームの敗退は，「勝負の世界に絶対はなく，誰でも世界チャンピオンになる可能性がある」ことを世界の卓球関係者に感じさせた出来事であった。

　シンガポールは，多くの卓球人口を底辺にもっているわけではない。オリンピックで入賞を果たせる可能性がある競技として卓球が指定され，徹底したピンポイント強化システムで，輝く世界チャンピオンの座をつかんだのである。

　今までは中国からの帰化選手等でチームが構成されていたが，現在は自国の選手育成に力を注いでいる。

6 中国

　卓球競技が国技であり，国民全体の卓球への注目度が最も高い国は中国である。中国の各省，各県，各地域では幼少の頃から一貫した指導組織が構築されている。厚い選手層の中から優秀選手が選抜され，国家ナショナルチームに集結するシステムが機能している。

　優秀な選手とコーチはナショナルチームに向かって段階的に昇格していくシステムが確立されている。世界選手権大会直後に開催されるトップ会議で決定した指導方針と情報が，国内の隅々に伝達されていて，指導の一貫性が確立されている。

　また，国際大会においては，コーチ，スタッフを増員して出場選手それぞれに担当コーチ制を導入して細かく指導をしている（特に女子）。

オリンピックチャンピオンにアドバイスを与える監督

2. 指導計画の立案・実施・評価

●1…指導計画の企画立案

1 指導計画作成の意義

　指導計画とは，選手やチームの目標，練習の内容・順序・方法，練習時間の配分，使用する教材，指導上の注意事項などを定めた具体的な見通しであり，練習を方向づけるものである。チームの目標を達成するためには，適切な指導計画を作成し，計画的に練習を行っていくことが必要になる。

　計画の立案に当たっては，地域の特性，選手の実態，指導者，施設，用具・用品などの練習環境を十分に配慮しなければならない。また計画の実行に当たって環境面が不十分な場合には，可能な範囲で改善を検討しなければならない。

2 指導計画の種類

　指導計画の対象となる期間には，「年間」（長期計画）と，「月間」「週間」「1日」（短期計画）があり，年間→月間→週間→1日の順で，それぞれを具体化させる必要がある。

　また，計画はさらに長期的な視野に立つことが望ましい。例えば，中学・高校ならそれぞれ3年間，大学なら4年間という期間で達成すべき目標を決め，各学年における年間計画もそれを踏まえて立案することになる。

　表3–4〜3–6は，あくまで計画の「立て方」の参考例なので，以下の説明をよく読んだ上で，個々の事情にあった内容を取り入れて計画を立ててほしい。

1 長期計画

　1年間の指導をどのように展開するかの見通しであり，目標達成のため，どのような内容を，いつ，どのように指導するかを示すものである。

　なお，クラブチーム，実業団，プロなどの指導をする場合は，学校のクラブとはまた事情が異なるので，それぞれのチーム特性に応じた計画を作成する必要がある。

表3—4　短期計画（1日の練習）の立て方の例

時間	内容
15：40〜15：55	準備体操［5分間］，ジョギング［10分間］
15：55〜16：10	基本ラリー［15分間］
16：10〜16：50	多球練習［40分間］
［10分間休憩］	
17：00〜17：40	Aグループ：3・5球目システム練習［40分間］，Bグループ：ウエイトトレーニング［40分間］
［10分間休憩］	
17：50〜18：30	課題練習［40分間］
18：30〜18：40	サーキットトレーニング　3セット　［10分間］
18：40〜19：00	イメージトレーニング　マッサージ［20分間］

（倉木ら，1995より作成）

表3—5　回数が限られている場合の指導計画の立て方の例：中学・高等学校の卓球授業の学習内容

単元構成	授業回数	各時間における学習内容例
導入	1	個人的技能を高めるための知識・技能 ●グリップの種類と握り方 　ラケットとボールに慣れる基本動作 ●「ボールつき」の打球動作 ●「1本打ち」の試技と練習
展開	2	単元のねらい❶　基本的技能の初歩段階でのゲームと各種打法 ●フォアハンド・ストロークの技能を高める
	3	●スマッシュをしないで行うフォアハンド・ストロークの「ラリーゲーム」
	4	●ショートの技能を高める
	5	●ショートカットの技能を高める
	6	●サービスの技能を高める
	7〜9	●ストローク主体の攻防を中心としたゲーム 　フォアハンド・ストロークの「ラリーゲーム」 　ショートカットのみのゲーム 　ロングサービスのみで行うゲーム
	10	単元のねらい❷　個人的技能の高まりに応じたゲーム〜スマッシュ，カットなどボールスピードや回転に応じた応用的ゲーム〜 ●フォアハンド・ストロークからのスマッシュ
	11	●サービスからの攻撃
	12	●レシーブからの攻撃
	13	●ショート対ショート
	14〜18	●ショートカットをフォアハンド・ストロークで返球 ●ロビングとスマッシュ ●技能の高まりに応じたゲーム（スマッシュ飛距離ゲームなど） ●パートナーとの個人的技能の連携とダブルスのゲーム ●ダブルスのフットワーク ●ダブルスのサービスとレシーブ ●ダブルスのコンビネーション
整理	19〜27	単元のねらい❸　卓球のゲーム（リーグ戦やトーナメント）の企画運営 ●卓球のゲーム時（リーグ戦やトーナメント）の順序とゲーム進行の手順 ●ゲーム審判法とゲーム結果の記録 　ゲーム観戦時の観点

(榊原，2002)

❷ 短期計画

　年間計画にしたがって，月間，週間，1日の練習をどのように展開するかを表す必要がある。対象とする期間が短いほど，具体的な内容を立てる必要がある。

　練習のねらい，内容，方法などを定め，選手に対する客観的評価を実施する。指導者が指導する内容については，あらかじめ記述しておく必要がある。

❸ 指導計画作成のポイント

　指導計画作成のポイントを表3–7にまとめた。自チームの特性（地域，選手の年齢層，技術レベル）などを踏まえて創意工夫をこらし，バランスのとれた計画を作成し，充実した練習が実施できるように配慮することが大切である。

表3－6　トレーニングの年間計画の立て方の例

トレーニングの課題	トレーニングの時間											
	準備期		鍛錬期		仕上期			鍛錬期		仕上期		
	1	2	3	4	5	6	7	8	9	10	11	12月
1．身体の全面的トレーニング												
(1)スピードのトレーニング	3	3	3	2	1	—	—	2	2	—	—	—
(2)敏捷性のトレーニング	3	3	3	2	1	—	—	2	2	—	—	—
(3)パワーのトレーニング	3	3	3	2	1	—	—	2	2	—	—	—
(4)持久力のトレーニング	3	3	3	2	1	1	1	2	2	1	1	1
(5)柔軟性のトレーニング	2	2	2	2	1	1	1	2	2	1	1	1
2．卓球の専門的トレーニング												
(1)スピードのトレーニング	2	2	3	3	3	3	3	3	3	3	3	3
(2)敏捷性のトレーニング	2	2	3	3	3	3	3	3	3	3	3	3
(3)パワーのトレーニング	3	3	3	3	2	2	2	3	3	2	2	2
(4)持久力のトレーニング	2	2	3	3	3	3	3	3	3	3	3	3
3．卓球技術のトレーニング	3	3	3	3	2	2	2	3	3	2	2	2
4．他のスポーツトレーニング（サッカーなど）	2	2	2	1	—	—	—	1	1	—	—	—
5．戦術と関連した技術トレーニング	—	—	2	2	3	3	3	3	3	3	3	3

（1は少なめ，2は普通，3は多めにトレーニング量を課する）

（日本卓球協会，1990）

表3－7　指導計画作成のポイント

- 所属選手の体力，運動能力，運動技能，運動への興味・関心，経験などを踏まえて，独自の目標を設定する。
- 卓球に関する知識と理論を理解させる時間を設定する。
- 施設，用具・用品などの準備と管理に工夫をする。
- 卓球が好きになる練習内容を工夫する。
- 卓球の楽しさや喜びを感じさせる内容を工夫する。
- 個々の特性を発展的に伸ばす練習内容を工夫する。
- 練習のねらいや進め方を理解する時間を設定する。
- 個々の現在のレベルを知り，確認する時間を設定する。
- 個々の課題発見の手がかりを知る時間を設定する。
- 課題解決の練習時間を設定する。
- 課題解決したかを確認する時間を設定する。
- 練習に関する新たなアイデアや工夫を試みる時間を設定する。
- 練習の進め方や練習内容をまとめる時間を設定する。

児童，生徒，学年，社会人を含めて，すべての年代が卓球に親しめるように課題を提示するようにし，卓球特有の楽しさ，喜びを感じてもらうため，必要な技術を身につけさせるように配慮する。

●2…指導計画の実施・評価

１ 課題の設定

練習の課題は，長期的な目標を立てることを前提とし，選手の現時点での技能レベルを把握した上で導き出すことができる。そのためにも，選手と指導者はお互いのコミュニケーションを密にする必要がある。

初級レベルの段階では，取り組みが次々と成功することは滅多にない。その取り組みの繰り返しの過程で欠点が定着しないよう，指導者は選手が容易に

課題を達成できるような条件設定を行う必要がある。

2 課題解決の手順

指導計画の実施における課題解決の方法の手順を図3-1に示した。

①選手と指導者は，練習中に発生した課題を一緒に明らかにする。

②選手と指導者は課題解決のための練習方法を一緒に考え，その内容，回数，時間などを決定する。

③選手は，上記の練習を一定の期間行う過程で，自分の運動感覚を指導者に正確に伝える。

④指導者は，その練習中に発生した新たな課題に関しても指示を与えることが望ましい。

⑤指導者は，一定期間を置き，選手の運動技能を十分に観察して客観的に評価し，新たな練習の指示を出すとともに積極的な支援を行う（他者観察を含む）。

⑥選手は，指導者から提示された内容に関して理解を深めた後，実際に提示された練習を行う（自己観察を含む）。

これらの一連のプロセス①～⑥の実施により，選手は総合的に運動技能を高めることができるようになる。

3 課題解決の方法

運動技能の課題を解決させる方法として，次のようなものが考えられる。

①補助者の手助けを受けたり，補助具を用いる。

②実際の運動技能に似た補強運動を行い，基礎的な体力を高める。

③身体を動かさず，実際に運動している状態を思い浮かべて，筋感覚を高めるイメージトレーニングを行う。

④理想的なパフォーマンスを記録した映像を繰り返し見て，印象づけを行う（他者観察）。

⑤運動中の運動感覚や筋感覚を，客観的にとらえられるようにする。

⑥指導者や仲間の助言を受け，自分の動作と理想的なイメージとの違いを修正する（自己観察）。

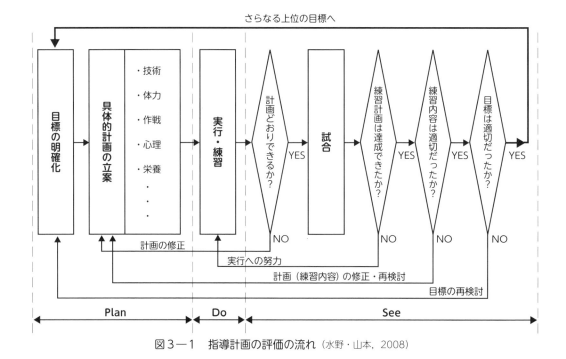

図3－1　指導計画の評価の流れ（水野・山本，2008）

❹ 課題練習実施のポイント

練習は十分な休憩時間をはさみ複数に分けることが望ましく，初期段階では，集中練習の方が分散練習よりも効果がある。また，集中練習では，疲労が確認されたときに練習を中断すべきである。

練習の合間の休憩時間の取り方については，以下の点に気をつける。

①練習の内容が変わり，準備を整えるのにかかる時間に応じて，休憩時間を決める。

②全身運動は局部運動より高い負荷がかかるため，長い休養を必要とする。

③運動の経過を頭でイメージし，練習効果を高めるために休憩時間を利用する。

休憩中に練習を行っていないのに，休憩後に以前より高いレベルに到達するケースを「レミニセンス現象」と呼ぶ。休憩前に集中練習を行った場合，分散練習よりもその作用が強く起こることが確認されている。

❺ 課題解決上のポイント

選手が急激に伸びる時期は，選手自身が卓球のあらゆる面で貪欲に積極的な姿勢を見せるときである。酷暑で喉がカラカラに乾いているときに，差し出された冷たい水はスーッとのどを通る。「強くなりたい」と選手が思っているときの「選手に必要な情報」は，素晴らしい理解力で即時に吸収される。

①心と体をフレッシュな状態にすること。新しい運動技能を学ぶ際，疲労感のない状態で臨むことが望ましい。

②それぞれの練習に十分な時間をかけること。初級者が短時間に課題に成功する確率は低く，成功した場合にどのような理由でうまくいったかを自分で確認させることが大切である。

③課題解決のために練習を行っている選手に対しての指導はできるだけ簡素にし，追加の指示は行わないことが望ましい。

④練習日誌（練習内容の記録，指導者や仲間の助言）

を有効に活用する。

●3…練習効果の評価

選手に対して指導者が指導を行った場合，指導を受けた選手のパフォーマンスには何らかの変化が見られるようになる。指導者には選手に強くなって欲しいという願望があり，選手にも強くなりたいという願望がある。両者の願望が強ければ強いほど，そしてその実現達成へのプロセスが正しければ，その目標達成までの道のりは格段にスピードアップされることになる。

古今の著名な指導者は，「達人の道は，心・技・体の向上にある」ことを論じている。私たちが欲する情報は，練習およびゲーム場面で活用できる内容であり，具体的には以下の内容を評価の目安として挙げることができる。

❶ ゲームにおける技術の活用度と達成度の評価

普段，練習している技術をゲームで活用できているかどうか，また，ゲームでどの程度，普段の練習の成果あるいは実力が発揮されているか，という面での評価である。この評価は比較的容易に行うことができる。練習を見ていれば，選手がどの程度ゲームで勝てるかについて，指導経験の長い指導者はおおよそ見当をつけることができる。練習中にできないことが，ゲーム中にできることはありえない。

ここで注意をしなければならないことは，ゲームの結果として勝敗あるいは表面上の点数で選手を評価することの危うさである。得点差が大きく離されたことで，実力の差があると判断してはならない。また，得点差があまりないからといって，実力にあまり差がないと判断してはならない。

得点は積み重ねではあるが，ラリーの内容を詳しく分析した場合に，はじめて本来の選手の実力が表れてくるからである。ただし，相手との実力差が相当にある場合には，その評価は困難である。特に，

相手選手のサービスやレシーブが格段に上位である場合，練習している技術を積極的に展開することができないからである。しかし，サービスの機会は相手と2本交代で必ず確保されていることから，指導者はその部分（サービス以後のプレー）に焦点を当てて，選手のよい部分を積極的に評価することが大切である。選手にとって本当に必要なのは，勝ったときの称賛や負けたときの叱責ではない。相手のレベルの高さには関係なく，ゲームでいかに自分の力を発揮していたかどうか，ゲームでいかに自分の力を発揮しようと努力していたかどうか，ということである。指導者がその点を踏まえて正しい評価をすることが，選手自身の成長を促すことになる。

2 ゲームにおける選手のプレーと心構えの評価

ゲームをリードしているときのプレー内容，リードされているときのプレー内容を選手が記憶しているかどうかが大切である。リードしているときは，自分が得点を取っている場合とその相手の失点の場合を分析する。リードされているときは，自分の失点と相手の得点を分析する。ゲームでは，いかに点数をとるかというアタック的要素と，いかに点数をとられないようにするかというブロック的要素が存在する。経験の少ない選手は，いかに得点をとるか（アタック的要素）に重点を置き，いかに点数をとられないようにするか（ブロック的要素）という点

選手にアドバイスを与えるコーチ

にあまり意識がいかない傾向がある。卓球は，攻撃と守備の両面が反映されるスポーツであり，アタックとブロックが密接に関連していることを考慮すると，ブロック的要素にも意識を置く必要があり，それらをプレー内容の評価に加える必要がある。

経験の少ない選手は，相手が強いと「怯え」，弱ければ「安心し」，リードして「はやり」，リードされて「焦り」，勝つと「慢心」，負ければ「落胆」する。

一方で，経験豊富な一流選手は，どんなときにも平常心を保とうと努力する。つまり，リードしているときには勢いに乗じ，リードされているときにも臆せず，ただひたすらに自分自身の実力を発揮することを考える。そして，勝ったときに慢心せず，負けたときには動じない。これが，常勝・必勝の心構えである。

3 ゲームにおける戦術面の評価

ゲームで勝利を得るために，自分自身の技術をいかに発揮するかを考えよう。それが戦術であり，それなくしてはゲームが成り立たない。ゲーム中のすべてのプレーを記憶し，自分と相手の長所と短所を比較分析しながら，ゲーム中に刻々と変化する状況の中で，勝利に結びつく戦術を絶えず考えながらゲームを進めていかなければならない。この点を，プレーヤーは重視する必要がある。当然のように，ゲームの流れや相手のプレーに応じて，柔軟に戦術を切り換える能力も高めなければならない。

そのためには，ゲームの流れ，ゲームの勢いを肌で感じることができるようになるまで，ゲームを数多くこなす必要がある。そうして自分自身のプレースタイルを確立させ，ゲームで勝利するための様々なノウハウをゲーム練習で磨いていく必要がある。

4 卓球の知識の評価

卓球の歴史，競技特性，ルール，現在のトップレベルの戦型など簡単な知識をテストすることも指導者にとって重要なことである。知識の高低には，物

事に興味をもち，関わっている内容を貪欲に吸収しようとする気持ちが表れる。いくらかでも卓球に関する知識を他人よりもっているということは，その分だけ他人より勝利に近づく可能性を秘めているということになる。

3. 個人と集団の指導法

● 1…個人に対する指導

近年，幼少の頃から卓球を始める子どもたちが増えているが，その指導は大変根気のいる難しい作業である。将来のチャンピオンを夢見る子どもたちが，幼少年期の重要な時期に優れた指導者に出会えたならば，素晴らしい指導を受けることができ，自己の才能を開花させて目指す目標に近づくことが可能になる。逆に，せっかく才能をもちながらも，それを生かしきれずに挫折してしまったとしたら，とても残念なことである。

初心者への指導で特に注意するべきことは，子どもたちが練習にすぐに飽きてしまいがちなことである。なるべく飽きさせないように工夫をし，徐々に卓球を好きにさせていくことが大切となる。

子どもだけでなく，大人の初心者の場合でも練習の方法や内容をマンネリ化させないように，変化をつけて興味をもたせるように工夫することは大切である。例えば，ラリーを続けられる回数の記録に挑戦させたり，ゲーム形式の練習をやらせたりすることなどは効果がある。また，分かりやすい目標や競争意識をもたせたりすることも有効になるであろう。

1つの練習を長時間やり続けるような古いやり方にとらわれることなく，子どもたちが自分から進んで卓球に関心を示し，勝ちたい気持ちを高められる

ような指導を心掛けたい。

また，成長に合わせて卓球のルールや原理，戦い方，練習の必要性などを説明し理解させていくことも必要となる。競技力の向上だけでなく，挨拶や返事をする，お礼をきちんと言う，時間を守る，約束を果たす，わがままを言わないなどの生活の基本マナーにも触れ，人間として成長するように目を配りたい。

🔳 指導の考え方

初心者に目標とする技術を正しく習得させるには，指導者が師範で手本を示したり，また上手な選手のプレーを見せたり，素晴らしいプレーを映像で見せてイメージから指導する方法もある。また，全国的なレベルの高い試合を見学させ，卓球の素晴らしさや感動するようなプレーを見せて，動機づけとするのもよい。

卓球には攻撃型，守備型などいろいろな戦型があり，さらに攻撃型も細分化すればかなりの種類となる。選手が自分の目指す戦型を見つけるために，いろいろな試合を見ることによって目標の選手を決めるのもよい方法である。

長期的には，成長に合わせていろいろな技や動き，さらに感覚など，卓球選手として必要なものを徐々に身につけていくことが目標となる。

初心者の時期に身につけたスイングや癖は，良きにつけ悪しきにつけ将来にわたってつきまとうものである。特に基本的なスイング，身体の使い方，足の運びなどは重要で，いったん悪い癖がつくと，その矯正はなかなか難しく時間がかかる。そのためにも，初心者の段階から正しく基本的な指導を受けさせることの重要さを認識する必要がある。

🔳 練習について
❶ 感覚練習

感覚練習とは，ラケットとボールを使った遊びなどを行い，それを通して卓球に必要な身のこなしやバランス感覚，ラケット感覚を養うことを目的とす

図3−2　滑り球打ち

る。

　様々な方法があるが，ここでは「滑り球打ち」を具体例として紹介する。これは，卓球台のネット近くからボールを転がし，エンドラインから滑り落ちる瞬間をとらえて打ち，相手コートに返す練習である（図3-2）。ボールを擦り上げるように，斜め上45度方向にスイング（ドライブを打つときのスイング方向）にする。これは「薄く打つ」（ボールの真中ではなく，ボールの端をとらえること）というイメージをつかむためのよい練習になるので，初心者はもちろんのこと，初級者以上の選手にとってもイメージを再確認するために利用できる。

　ここでは卓球台を利用した方法を紹介したが，感覚練習はラケットとボールがあればどこでもできる。ボールを空中に投げ上げ，落ちてきたボールを何回でも上方にラケットで打ち返すなど，単純なものでもよい。詳しい練習内容については『卓球基礎コーチング教本』（日本卓球協会編）も参考になる。

❷ 練習中の意識づけ

　練習によって技術レベルが徐々に上がってくれば，指導者は，卓球競技の特性を説明し，普段の練習から意識させるようにする必要がある。

　まず卓球は，状況において技術の使い分けが重要な競技である。常に全力で打ち返すことは不可能で，強打できるボールとできないボールの見極めや判断，さらにはボールの回転やスピードへの対応など，普段の練習から適切な状況判断の意識づけをしておく必要がある。

　また，卓球はよいプレーをしても1点しか取れず，ミスすれば1点を失う競技で，取られる失点より自分がミスして相手に与える失点の方が多い。そこで，普段の練習から集中力を高く保ち単純なミスを繰り返さないこと，次に同様な状況になったときに感覚の微調整をして入れられるように練習すること，などを気をつけるように指導する。

　さらに，卓球において選手のプレースタイルはかなり多様であり，それを考慮して試合でプレーすることは非常に重要である。自分はもちろん相手の特徴も考えてプレーするように意識づけをしたい。得点力を高める練習では，いかに自分の特徴を生かし相手にミスをさせるか，また失点を減らす練習では，いかに相手の特徴に対し対応するか，などを考えさせる必要がある。

　普段から選手に対して，練習の目的・内容・注意点，強くなるために必要な意識，目的を達成したときの喜びなどについて話をして，練習中の意識を高めていくことが大切である。

●2…集団に対する指導

　卓球は個人競技であるが，指導はチーム単位で行うことが多い。特に中学，高校の部活動，あるいは地域の子ども達を集めてつくられたクラブチームなどは，教育の一環として指導されることが多い。つまり，競技力の面だけでなく，指導者と選手，あるいは選手同士の信頼関係を基盤に，人間性を豊かにする精神面の指導も重要視されなければならない。

　その前提に立って，練習ではチームの勝利に向けた技術の向上，チーム内でよい練習ができる仲間意識などの指導も必要となる。一方，チーム内においては選手間のライバル意識もお互いの向上のために必要であり，特にコートに向かったときは上級生も下級生も上下関係なく，強い気持ちで練習に取り組むことが必要である。

　練習場の雰囲気は，試合のような緊張感をもたせつつ，合間の休憩時間には和やかさも必要である。試合と同じようなプレッシャーを感じながら，いかに自分の実力を発揮できるかを，練習の課題として意識させるように指導する必要がある。

　また，日常生活においても学校での生活，勉強，家庭生活，食事など，すべてにおいて卓球との関連を意識させ，わがままや自己中心的な行動を控え，きちんと集団行動ができるように指導すべきである。

▮ 組織における役割

❶ 監督，コーチなど指導者の存在

　チームにとってまず重要なことは，優れた指導者の存在である。情熱があり，指導技術に優れ，ルールなどにも精通していることが望ましい。さらに，選手を観察する目を有し，選手の心理面，技術レベルや特徴を掌握して，さらなるステップアップの課題の設定などについて適切なアドバイスができることが望ましい。選手がやる気を出し進んで練習するような雰囲気づくりにも心掛け，活気ある練習場の雰囲気をつくっていく必要がある。

　チームの指導方針，チームの目標，練習計画や部の規律などについては，練習場の壁に貼り出し，ミーティングを通じて選手や保護者にも周知徹底し共有しておくべきである。

　指導者に卓球競技経験がなくとも，素晴らしい選手を育てた指導者は数多くいる。指導に情熱をもち，日々熱心に選手と向き合い，選手との信頼関係の構築に努める。卓球専門誌や映像などから情報収集・研究を怠らない。そして技術面など，自分に足りないところは，地域の経験者や卒業生などに協力を求めればよい。

❷ 選手のチーム内における役割分担

　チームを管理・運営しまとめていくには，種々の仕事や雑用が発生する。それらを部員同士が分担し合い，責任をもって果たす体験は，人間形成の上でも大変重要となる。例えば，部全体をまとめるキャプテン，部費を預かる会計係，試合の記録をまとめる記録係など，それぞれの役割を通じ，チーム内での存在感をもたせることができる。特にキャプテンは，監督が練習に参加できないときなどに練習内容などの指示を受け，部員に正しく伝え，きちんと練習させなくてはならない。

　また，強いチームは，必ずと言ってよいほどチームワークが優れている。部員同士がお互いに協力，高い目標意識を持ち自覚して行動するからである。誰かに叱られるからという理由ではなく，自ら強くなりたい，目標を達成したいという強い願望があるから頑張るのである。

　特に部員の多いチームでは，選手となってベンチに座る選手や，ベンチに入れず応援席に回る選手もいる。選手になれなかった部員達の役割も重要である。試合においては，選手，ベンチ，応援席の3者が一体となって戦う雰囲気づくりが大切である。選手はピンチにも強気の姿勢を崩さず，ベンチや応援席は最後まで必死で声掛けをして励ます姿が理想的である。

選手に選ばれたものは，チームの中の自分の役割を十分に認識しなくてはならない。団体戦では，ダブルスの勝敗がチームの勝敗と関係が深い。ダブルスの出場予定者はこのことを十分に認識して，日頃から練磨しなければならない。また，ラストの5番に出場予定の選手は，自分の勝敗がチームの勝敗に直結するため，プレッシャーのかかり具合は相当なものがある。冷静に自分の力が発揮できるように普段から精神面の強化が必要となる。

❸ 保護者会，後援会，卒業生の会，地域の人たちの協力

チームの外の人たちの協力も不可欠である。普段の強化活動には資金やサポーターが必要になり，保護者や卒業生，また地域の理解者の協力が必要となる。保護者には経済的な援助，卒業生には練習相手や激励，地域の商店には食品の割引，体調不良の選手の診察のためには医師の協力などが必要になる。

ただし，協力の気持ちも度を越えると，チーム内のトラブルに発展する場合もあるので注意が必要である。

② 練習スケジュールの作成

❶ 目標とする大会の設定と年間スケジュールの作成

チームとしての強化を考える場合，1年を通して重点を置く大会を決め，それを中心に計画（表3-8）を立てていくことが必要である。例えば，中学生・高校生であれば8月の全国大会が非常に重要な大会となるであろう。また，チームのレベルによって，地区の予選会は，通過点となる場合もあれば，

表3－8　年間を通しての練習目標の立て方の例

時期	主な練習目標
9〜12月	技術練習
1〜3月	動きの練習
4〜6月	型づくりの練習
7〜8月	試合練習

予選会の試合が最大の目標となることもある。それぞれのチームの事情に合わせ，基本練習や応用練習，さらに次に述べるような強化合宿や練習試合などの計画を立案し実行に移す。

❷ 休日を利用しての対外試合

卓球競技は経験を積むことが重要な競技である。指導者は，積極的に対外的な練習試合を計画・実施していかなければならない。

チーム内の慣れた選手同士の試合と異なり，これまでに対戦のない戦型の選手との試合や，実力が上の選手との試合によって得るものは大きい。

時期によって，対外試合の目的も違ってくる。3月の春休みは，新人を含め新チームでの遠征は部員同士の結束にもつながり，4月以降の予選会などに役立つ。8月の夏休みでは，全国中学校大会やインターハイに向けての強化，あるいは秋の新人大会に向けての強化，冬休みは全日本選手権に向けての強化などに役立つ。

また，必ずしも大きな大会に参加するわけではない一般的なチームにおいても，チーム内のゲーム練習や対外的な練習計画は重要であり，休日を有効利用して実施したい。

❸ 体力トレーニングの年間計画

体力アップのためのトレーニングの必要性は言うまでもないが，大会前と大会期間中，さらにシーズンオフの時期とで必要とされる内容は異なる。年間を通じた適切なトレーニング計画を立てるべきである。基礎体力をつけるためのランニングは冬場に集中して行い，筋力アップのウエイトトレーニング，敏捷性を高めるダッシュや縄跳び，その他，腹筋，背筋を鍛えるトレーニングなどは年間を通じて計画的に行う。

練習後の身体のケアも忘れてはならない。2人1組で簡単なマッサージを行うなど，チーム全体としてコンディショニングへの意識を高めていくことが必要である。

4. 対象に応じた指導法

　指導に当たっては，選手個人の発育・発達の状況，ならびに男女差を考慮することが必要である。以下に年代別の身体の特徴やトレーニングの目標などを示す。

　なお，成長期に身につけるべき具体的な技術を，表3-9にまとめた。これらの技術は，常に意識し続けて可能な限り早い年齢で習得することが求められる。

●1…バンビ（5〜8歳）

❶ 発育・発達の特徴

　神経系およびバランス能力の発達が高まるが，集中力は長続きしない。また筋力持久力の発達はあま

表3-9　年齢と身につけるべき技術

年齢	習得したい技術の内容
12歳まで	・敏捷性の追求：高速ラリー ・速いピッチの多球練習 ・サービスを切る感覚づくり ・両ハンドを自在に振れる能力 ・下回転に対してドライブをかける ・ブロックの意識と習得 ・フットワーク練習を取り入れる
14歳まで	・台上プレーの強化 ・レシーブ技術（特にストップ）の強化 ・効率の良い打ち方で決定打につなげる打法を追求する
17歳まで	・ブロック・カウンター力の強化 ・しのぎ技術の向上 ・逆モーション ・サービスの強化
20歳まで	・最新の技を取り入れる ・世界で1つだけの技，誰にも負けない技

り見られない。

❷ 技術・戦術

　この時期には，ボールを打つ楽しさを覚えさせるとともに，打球感覚（ボールフィーリング）をみがく。

　基礎的なプレースタイルをつくるために，基本打法を反復練習し，打球タイミングを安定させる。サービス，レシーブ，3球目などをシステム練習で身につけるとともに，フットワーク技術を身につけさせる。

❸ 体力

　いろいろな遊びや多くのスポーツを通して筋・神経系を刺激し，そのレベルを高める。

　コーディネーショントレーニングにより，巧緻性を高める。また，食事の大切さを教える。

❹ 指導の目標

　この時期は神経系の発達が著しいので，五感（視る，聴く，触れる，味わう，嗅ぐ）を鍛えることが大切である。24時間を上手に切り替えて（勉強，卓球，休養），自分で生活管理ができる選手に育てる。

●2…カブ（9〜10歳）

❶ 発育・発達の特徴

　5〜8歳で得たバランスおよび巧緻性をさらに高める時期である。

❷ 体力

　これまでよりもさらに，素早さ（走る，跳ぶ，投げる）を求め，いろいろな他のスポーツや遊びを通して筋・神経系をさらに刺激し，そのレベルを高める。さらに，ビジョントレーニングを含め何かに反応し動きを起こす（アジリティーの基礎）練習も行う。

　また，コーディネーショントレーニングにより，動きの中での柔らかさを高める。1日に7試合集中してできる体力を身につける。基礎体力づくりにお

ける食事の重要性を教える。

❸ 指導の目標

　心，技，体，智などの土台をつくるとともに，努力，自主性，感謝の大切さを教える。

●3…ホープス（11〜12歳）

❶ 発育・発達の特徴

　女性は生理が始まり，個人によっては感情の起伏が大きく，精神的な不安定さが生じる。

❷ 体力

　骨と筋肉の発達のアンバランスが生じる成長期であることから，自分の身体を自由にコントロールできる筋肉を養う。原則的には，負荷の大きい筋力トレーニングは実施しない。

❸ 指導の目標

　フェアプレーの精神および粘り強さや我慢強さ（メンタルタフネス）の育成を目標とする。

●4…カデット（13〜14歳）

❶ 発育・発達の特徴

　思春期後期の第二次性徴期であるが，個人差が見られる。

❷ 体力

　アジリティーのトレーニングにより，素早い動きが連続して行えるようにする。また，この時期から心肺機能を高める持久力トレーニングを導入する。身長の急激な伸びが止まった時点を目安として，筋力トレーニングを開始する。

❸ 指導の目標

　競技者としては，オリンピック，世界卓球選手権大会での金メダル獲得を目標とする。

●5…ジュニア（15〜17歳）

❶ 発育・発達の特徴

　第二次性徴の最終時期であり，男子は声変わり，ひげが見られ，喉ぼとけが目立つようになる。女子は身体に脂肪がつき，ふくよかになる。

❷ 体力

　ウエイトトレーニングを導入する（正しい器具の取り扱いおよび正しいフォームの指導が必要である）。このとき，食事（栄養補給を含む）の重要性を改めて教える。また，持久力トレーニングの負荷を徐々に高める。

❸ 指導の目標

　競技者としての自覚を高め，自己分析能力を育成する。また，世界に必要なパワーの強化を図る。世界を目指して努力する強固な意志の育成を目指す。

●6…シニア（18〜20歳）

❶ 発育・発達の特徴

　身体能力が，最高レベルに達する時期である。

❷ 体力

　卓球競技の専門性を重視した体力トレーニングを導入し，ハードなゲームに耐えられる基礎体力の一層の強化を図る。

❸ 指導の目標

　トップアスリートとしての責任感と勝利への執着心を育成する。世界で勝負できる技術の完成を目指し，国際大会で好成績を収められるように努力する。そのためには，国際感覚とコミュニケーション能力を育成する。

5. コーチから選手への言葉掛け

　練習中のアドバイス，試合中のベンチコーチ，礼儀作法や生活面の指導など，コーチから選手へ言葉掛けをする機会はとても多い。指導者として大切なことは，「ほめる」「諭す」「励ます」のような言葉掛けを，いつ，どのような機会に行うかということである。選手の性格，理解度，心理状況などを考慮し，適切な言葉選びをしたい。

　映像分析機器の発達により，憧れている選手や自分のプレーを簡単にチェックできるようになった。選手には，早い時期から映像やデータ分析の手法の学習を勧めるようにしたい。コーチ自身も伝えたい意図を明確にもち，データ分析の結果を有効に活用すべきである。「ここのポイントがよくなったね。よく点が取れているよ。加えて，この点を改良すればもっとよくなるはずだよ」というように，具体的なアドバイスが有効であろう。

　自分の過去の経験や感覚だけに頼って指導するのは禁物である。コーチと選手のイメージや考えが共有され，お互いの意見をともに尊重する関係が望ましい。コーチと選手の人間関係が好ましい関係があるときに，コーチからの「ここをチェックしてみた

言葉掛けが選手を輝かせる

らどうだろう」との言葉掛けに対して，「はい，やってみます」という選手の前向きな返答が得られることだろう。こうしたやりとりを繰り返しているうちに，「コーチ，見てください，このようなやり方はどうでしょうか」というような，選手の側からの主体的なアクションを引き出せるようになる。

● 1…普段からの言葉掛け

■ やる気を引き出す指導

❶ コミュニケーション

　プレーヤーズ・センタードなコーチングの実践には，選手を理解しようとする試みが欠かせない。そのためには，まずコーチから先に選手に挨拶をする。挨拶とは自分の心を開くこと，見せることである。コーチの方から自分の心を開く（見せる）ことで，選手はコーチの心を見ることができる。選手も自分の心を開くことができるのである。このようにして，コミュニケーションの基本形が誕生する。選手との対話の中で，コーチは選手の目標，やる気，目指すプレースタイル，戦術などを読み取り，話の進め方によっては，選手のスランプ状態，悩み事，不安な精神状態をも察知できるようになる。

❷ 自主的に考えさせる

　どんな選手に育ってほしいのだろうか。自分自身で行動を決めることができる自立型の選手，それとも指示待ち型の素直な選手，いずれであろうか。

　仮に，自立型の選手に育ってほしいのであれば，指導する側からの一方的な指示出しや最終的な解答を用意することは禁物である。選手に自ら「考えるくせ」をつけさせる仕掛けを用意しなければならない。よりよい解決方法を導き出せるように，コーチは選手に寄り添い必要に応じてヒントを与える必要がある。そして，自分自身で課題を見つけ，自分自身で解決できるように導くべきである。

　初めに，思い描く理想のプレースタイルを選手に

決めさせ，その情報をコーチと選手が共有した上で，最終目標に到達するまでの最善の方法を両者で検討する。選手が主役，コーチはあくまでもサポーター役であることをしっかりと自覚しておく必要がある。

選手自らが決定した課題であるからこそ，楽しくワクワク感にあふれた状況での練習が可能となる。また，脳が活発に働いている状態であるからこそ，創造的なプレーの創出，また，実戦場面における判断力，行動力，決断力，予測能力等を磨きあげることができる。

❸ 自己肯定感

選手自身が，「この技術は自信をもってできる」と確信すると，よりハイレベルの技術に挑戦する気持ちをもつようになる。コーチは，練習や試合等で選手のプレーをよく観察して，よいプレーやよい試合態度に対して積極的にほめるとともに，常にポジティブな言葉がけを意識するとよい。

❷ 具体的な言葉掛け

試合中にコーチからどのような言葉を掛けて欲しいかを考えてみよう。コーチと同じレベルで行動できることが理想的であるが，最初からそのレベルに到達することはできない。

初心者には，分かりやすく単純にはっきりと伝えることが大切で，最後に選手に発言させ，コーチの話が伝わっているかを確認できればベストであると言える。熟練者にはできるだけ詳しく具体的に伝え，その内容をもとに自分自身で考えさせることが大切である。表3-10にやる気を高める言葉掛けを示した。このように選手に伝わるような言葉を増やしていきたい。

コーチには，選手のやる気，モチベーションならびに感情を高めるような言葉掛けが求められる。ベンチに戻るときは笑顔で，よいプレーにはアイコンタクトと拍手でたたえ，よいプレーが続くように励ます。選手と一緒に戦い，前向きな言葉を掛けよう。

● 2…試合での言葉掛け

本気で挑戦しているなら，選手が緊張するのは当たり前である。やや緊張感のあった方がパフォーマンスは高くなると言われているが，こうした緊張感の適切なレベルは，試合を数多く経験しないと体得できない。したがって，初心者レベルの選手が緊張で普段の技術がまったく発揮できない場合があることは，十分に理解する必要がある。初心者が試合に出ること自体に大きな意義がある。フェアプレーで，全力を尽くしたことに心から拍手を送ろう。

なお，ベンチコーチで常に的確なアドバイスをおくるために大切な点を以下に述べる。

①選手と相手の得・失点内容から，相手の次のゲームの戦い方を予測する。

②ベンチに戻ってきた選手を笑顔で迎えるとともに，態度や表情を確認する。

③選手自身の振り返りを聞き出し，それをもとに伝えたい内容を3つ以下に絞る。

④次のゲームに向かう選手を笑顔と拍手で送り出す。

⑤試合中のアドバイス内容を振り返り，ベンチコーチとしての経験を積み上げる。

表3—10　やる気を高める言葉掛けの例

- ミスしてもOK。ダイナミックに動ける体をつくろう！
- フルスイングで10本中8本以上決めよう！
- バックでの決定打の割合を10%上げよう！

※目標設定は，具体的な数値を挙げること。

6. 障がいのある人への指導法

卓球は多世代・多文化で楽しみ，競い合える競技である。誰でも参加できる一般種目から年代別種目まで様々なカテゴリーがあるのと同様に，障がい者スポーツとして肢体不自由者や知的障がい者，聴覚障がい者がそれぞれ参加できる大会が開催されている。この項では，上記の3つの障がい者卓球競技について紹介する。

●1…障がい者卓球の特性と歴史

1 障がい者卓球について

障がい者卓球競技は，以下の3つのカテゴリーで組織化され，それぞれ国内大会，国際大会等が開催されている。詳しくは各団体のホームページを参考にしていただきたい。

・肢体不自由者（日本肢体不自由者卓球協会）

・知的障がい者（知的障がい者卓球連盟）

・聴覚障がい者（日本ろうあ者卓球協会）

この3つの組織は日本パラリンピック委員会（JPC）とJTTAの加盟団体である。JPCは日本パラスポーツ協会（JPSA）の内部組織である（図3-3）。

2 パラリンピックとデフリンピック

1 パラリンピック

パラリンピックは，オリンピックと同様に4年に一度開催される総合競技大会である。肢体不自由者と知的障がい者が対象となっており，オリンピック競技大会の後に同地域で開催される。

1960年の第1回ローマ大会から卓球競技は採用され，1964年東京大会の男子ダブルスの猪狩靖典選手・渡部藤男選手のペアが日本勢初にして唯一の金メダルを獲得した。知的障がい者はシドニー大会で正式種目（陸上，水泳，バスケットボール，卓球）となったが，アテネ大会と北京大会では中断されていた。ロンドン大会から正式参加（陸上，水泳，卓

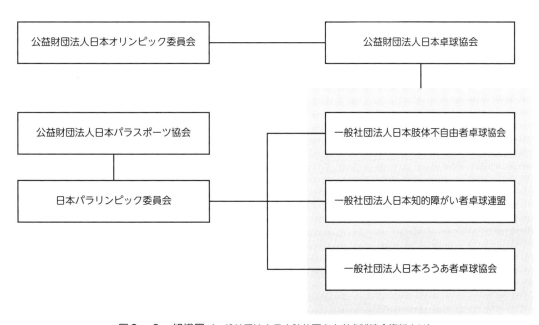

図3-3　組織図（一般社団法人日本肢体不自由者卓球協会資料より）

東京2020パラリンピック日本選手団

球）が再開された。

❷ デフリンピック

　デフリンピックは，国際ろう者スポーツ委員会（CISS）が４年に１度開催する聴覚障がい者の総合大会である。CISSは，1924年にフランスのパリで設立された，ろう者スポーツの国際組織であり，世界で最も早く設立された障がい者スポーツ組織である。

　デフリンピックは，オリンピックとセットで開催されるパラリンピックとは異なり，開催年，開催地域ともに独立した大会となっている。

　当初は世界ろう者競技大会（Deaf World Games）という大会名称であったが，2001年に国際オリンピ

ック委員会（IOC）の承認を得て，デフリンピックに改称された。デフリンピック競技大会において卓球競技は，シングルス，ダブルス，ミックスダブルス，団体戦の４種目が行われる。

❸ 国内大会

❶ 全国障害者スポーツ大会

　1964年に開催されたパラリンピック東京大会をきっかけに，その翌年から始まった大会である。JPSAをはじめ，文部科学省や都道府県・指定都市が主催し，毎年，国民体育大会が開催された後に同じ開催地で行われている。視覚障がい者や精神障がい者も参加が可能で，障がい区分はクラス分けとは異なる。

　参加資格は，身体障がい（肢体不自由，視覚障がい，聴覚・平衡機能障がい，音声・言語・咀嚼機能障がい），知的障がい，精神障がい等の障がいがあり，13歳以上で都道府県や指定都市から選考された選手，となっている。

　卓球競技としては，次の種目がある。

・サウンドテーブルテニス

　サウンドテーブルテニス（STT）は，視覚障がい者用に開発された卓球競技である。競技者は障がいの程度によるハンディキャップをなくすためにアイマスクをつけ，サウンドボール（小さな鉄球入りで

2022年デフリンピック日本選手団

STTのプレーの様子

ドフレーム（台の横側）からなり，サイドフレームの長さはエンドからネットに向かって60cmである。

審判の「プレー」という声から10秒以内に，サーバーは「いきます」と声を出し，レシーバーは5秒以内に「はい」と言ってから，5秒以内にプレーを開始する。打球音や転がる音を頼りに競技を行うため，競技中は声や音など物音を出さないようにする。

競技や練習には，晴眼者のサポートが必要である。

❷ JTTA加盟団体による国内大会

先述のJTTAに加盟する3つの組織によって，それぞれ全日本選手権など全国規模の大会が開催されている。詳細は各団体のホームページを参照のこと。

転がすと音の出るボール）をラケット（ラバーなし）で打球し，転がしてその音を頼りに競技を行う。

卓球台はSTT専用のボール落下防止フレーム付きの卓球台（規格は通常の台と同様）を使用し，ネットの下に42mmのすき間があり，その間にボールを転がしてラリーを行う（ボールとネットのすき間はわずか2mmである）。ボール落下防止フレームは，高さ1.5cmのエンドフレーム（台の手前側）とサイ

■4 障がいの種類とクラス分け

障がいは，大きく分けると生まれつきの先天性疾患によるものと，事故や病気等による後天性疾患に分けられる。障がいの種類についての概略を表3-11に示した。

以下に，肢体不自由者の競技のクラス分けについて説明する。競技の公平性を保つために，障がいの程度や種類等によって1から10までのクラスに区

表3—11　障がいの種類について（概略図）

種類（該当する法律）	手帳	障がいの内容
身体障がい（身体障害者福祉法より）	身体機能の障がいが一定以上あると認められた人は申請をすることで身体障害者手帳が交付される。	• 肢体不自由 • 視覚障がい • 聴覚・平衡機能障がい • 音声・言語・咀嚼機能障がい • 内臓機能疾患による内部障がい
知的障がい（知的障害者福祉法より）	児童相談所または知的障害者更生相談所において，知的障がいがあると判定された人に療育手帳が交付される	• 日常生活で読み書き計算などを行う際の知的行動に支障がある • 発達期（18歳未満）において遅滞が生じる • 遅滞が明らかである • 遅滞により適応行動が困難である
精神障がい（精神保健福祉法より）	何らかの精神障がいにより長期にわたり日常生活や社会生活への制約がある場合に精神障害者保健福祉手帳の交付の対象となる	• 統合失調症 • てんかん • うつ病，躁うつ病 • 薬物依存症 • 発達障がい（自閉症，学習障がい，ADHD）

表3—12　肢体不自由者のクラス分け

	重度　←		障害の程度		→ 軽度
車いす利用者	クラス1	クラス2	クラス3	クラス4	クラス5
立位	クラス6	クラス7	クラス8	クラス9	クラス10

分される。クラス1〜5は車いす，6〜10は立位となり，数字の小さい方が障がいの程度は重く，大きい方が軽くなる（表3-12）。

　障害者手帳を有していても，機能障がいの種類や程度によっては競技クラスに該当しない場合がある。肢体不自由者の卓球競技の場合，クラス10に該当しない場合は国内大会のみ参加できるクラスSとなる。

❶ 国際クラス分け

　選手は，まず国内大会出場のためのクラス分けを受け，国内用のクラス分けカードを取得する。その後，日本代表に選出された選手は，初めて国際大会に出場する際に，開催地で国際クラシファイア（後述）によるクラス分けを受ける。

　クラス分けでは，診断書類の確認や面談，身体機能の測定，競技中の観察評価等により，身体機能評価，技術評価，競技評価が行われ，国際クラスが決定し，国際クラス分けカードを取得する。

❷ 国際クラス分けカード

　国際クラス分けカードには，国際クラシファイアの評価の内容や，競技における情報（サービスでのトスの制限，装具やその他補助具の使用等）が記載されている。

❸ 国際クラシファイア

　国際クラシファイアはクラス分けの専門員で，国内外での研修を経て認定される。医学と競技の専門的知識を有する有資格者である。

　競技でみられる機能障がいを医学的に証明するため，医師をはじめ理学療法士，作業療法士などの専門的知識を有する医療従事者かつ競技経験者が関わっている。詳細は日本肢体不自由者卓球協会のホームページを参照のこと。

5 ルール

❶ 肢体不自由者卓球のルール
　（シングルス・ダブルス）

　原則として国際卓球ルールに準ずるが，一部障が

口にくわえたラケットで打球するハマト選手（クラス6）。両腕欠損のため足でトスを上げる。（写真：ITTF）

右腕欠損のため右肘の内側でトスを上げるパルティカ選手（クラス10）は東京2020大会までオリパラ4大会同時出場，パラリンピックで4連覇している。（写真：ITTF）

表3—13　障がいのある人の卓球の独自ルール

種類	主な独自のルール
車いす	・サービスはエンドラインを越えずに止まったり戻ったり，エンドライン手前でサイドラインを切った場合は，レット（やり直し）となる。 ・サービス時にオープンハンドでトスを上げることが困難な場合は，オープンハンドでなくてもよい。ラケットハンドやラケットでトスを上げてもよい。 ・ダブルスではフォアクロスでのサービスは同様だが，シングルスと異なりサイドを切ってもよい。 ・ダブルスでは，交互に打球しなくてもよい。 ・ダブルスでは，センターラインの延長線上を選手の車いすのいかなる部分も越えてはいけない。
立位	・サービス時にオープンハンドでトスを上げることが困難な場合は，オープンハンドでなくてもよい。ラケットハンドやラケット，その他の部位でトスを上げてもよい。 ・杖を使用する場合，杖はフリーハンドとみなされ，杖がプレーイングサーフェスに触れてはいけない。

いを考慮したルールが制定されている。車いすと立位について，表3–13に主な独自のルールを示す。

❷ 聴覚障がい者卓球のルール

国際卓球ルールに準じて実施される。補聴器や人工内耳などは禁止されている。

🏓 肢体不自由者の車いすや装具

❶ 競技用車いす

一般（日常用）の車いすでもプレーは可能であるが，競技者としては競技用車いすを使用するのが望ましい。座面を少し高くしたり，キャンバーと呼ばれるタイヤの角度をつけたりして，個々の体格や障がい特性，プレースタイルにマッチした車いすをオーダーメイドする選手が多い。

❷ 装具

障がいに応じた装具がある。基本的に日常動作の補助やケガ防止，身体の変形の予防，矯正のために使用するが，競技ではプレーがしやすくなるように，障がい特性やプレースタイル，体格に合う装具を選んだりオーダーメイドしたりする。

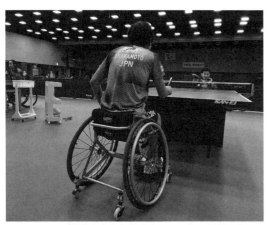

チェアワークが得意な中本亨選手（クラス5）の競技用車いすは，動きやすさを追求しオーダーメイド。

片足装具と杖を使う選手

●2…障がい者への指導

１ 障がい者スポーツ指導者資格について

　JPSAおよび加盟団体等が，公認パラスポーツ指導者制度に基づき資格認定する指導者資格で，日本国内の障がい者スポーツの普及と発展を目指して，スポーツ環境を整備する上で専門的な知識，技術を有する人材の養成，資質向上を目的としている。

　障がい者スポーツの指導者資格は以下で紹介する６つの資格（表3-14）があり，それぞれの資格が各役割を担い，障がい者スポーツを支えている。大きく分けて次の２種類の方法で取得することができる。①公認指導者養成講習会の受講，②認定された大学・専門学校に在学し，該当するカリキュラムの単位の取得。指導者資格の種類に応じて，受講条件や講習内容（カリキュラム）が異なるため，日本パラスポーツ協会ホームページを参照のこと。

２ 競技指導上の注意点

❶ 障がい者への指導（全般）

　選手が安心して指導を仰ぎ，安全に練習に励み，個性に合ったプレースタイルを構築していくためには，障がいとは関係なく指導者との相互理解，信頼関係が不可欠である。障がい者への指導においては，指導者が選手の障がいや，その影響による技術習得の難しさを理解する必要がある。

　また，環境面においても練習会場や大会会場の情報を事前に収集し，選手が安心して練習や試合に取り組める環境づくり，事前準備を行うことが重要である。例えば，車いす選手の場合，練習場周辺の段差や駐車場，トイレや更衣室，卓球台等，バリアフリーであるかどうかの確認をした上で，自立した活動を目指しながら必要に応じてサポートをする。

　指導の際には，本人や保護者，介助者，ドクター等から障がいの内容や留意点について確認し，動きや反応，表情を観察し，感想や要望などの聞き取りを行った上で練習メニューや強化プランについてディスカッションを行うようにして，相互理解を深めパーソナライズした指導を行っていく必要がある。そして，指導者は障がいによる様々な困難やリスクを理解し，寄り添い，向き合い，対処しながら臨機応変な対応と柔軟なコミュニケーションが求められる。

　選手と指導者が共に学びながら試行錯誤していくことが，選手，指導者双方のレベルアップのために重要である。

❷ 肢体不自由者

　車いす使用者や下肢障がい者は，障がいの特性上，相手からの打球の緩急や高低，長短の変化への対応が難しい。また，身体の正面で打球するバックサービスが比較的出しやすく，サービス後のラリー展開もしやすい。

　フリーハンドに障がいがある場合，サービス時のトスをラケットハンドで行う場合がある。指導者もラケットハンドでのトスを習得しておく必要がある。また，握力が弱くラケットをバンドで巻きつけている選手は，試合時のゲーム間のインターバルに合わせて10分から15分ごとにバンドを外し，血行障害や感覚の変化に注意する。

　車いす卓球では，車いす対応のバリアフリータイプの卓球台（台の脚が40cm以上内側にある）を使

世界パラ卓球2022スペイン大会でミックスダブルスを組む岩渕幸洋選手（クラス9）・友野有理選手（クラス8）ペア（写真：ITTF）

表3—14　公認パラスポーツ指導者資格の概要

資格名	役割	受講条件・取得方法
初級パラスポーツ指導員 （旧初級障がい者スポーツ指導員）	障がい者のスポーツ参加のきっかけ作りを支援する。健康や安全管理に配慮した指導を行い，スポーツの喜びや楽しさを伝える役割を担う。地域の大会や教室など，スポーツ現場におけるサポートを行う。	満18歳以上の者 全国各地で行われている日本パラスポーツ協会が認定した養成講習会で，18時間以上の基準カリキュラムを受講する。
中級パラスポーツ指導員 （旧中級障がい者スポーツ指導員）	地域のパラスポーツ振興のリーダーとして，指導現場で充分な知識や経験に基づいた指導をする。地域のスポーツ大会や行事において中心となり，地域のパラスポーツの普及・振興を進める役割を担う。	①～④のいずれかの者。 ①初級パラスポーツ指導員資格を取得し，2年以上が経過し，80時間以上の活動実績のある者 ②日本スポーツ協会公認スポーツ指導者資格を取得し，3年以上経過している者 ③学校教員（保健体育）：中学校または高等学校の教員免許状を所持し，講習会を開催する地域・ブロックにある学校に在勤の者 ④日本理学療法士協会 登録理学療法士 上記の①～④に対応した講習会を開催しており，それぞれ受講する。
上級パラスポーツ指導員 （旧上級障がい者スポーツ指導員）	都道府県におけるリーダーとして，パラスポーツの高度な専門知識をもち，地域の初級・中級指導員を取りまとめる立場を担う。また，指導員や関係者と一緒に大会やイベント等の企画運営を行うマネジメント力をもち，地域のパラスポーツの普及・発展におけるキーパーソンとしての役割を担う。	中級パラスポーツ指導員資格を取得し，3年以上が経過し，120時間以上の活動実績のある者。 全国各地で行われている日本パラスポーツ協会が認定した養成講習会を受講し，資格を申請する。18時間以上の基準カリキュラムを受講する。
パラスポーツコーチ （旧障がい者スポーツコーチ）	パラリンピックをはじめとする国際大会で活躍する競技者に対して，専門的に育成・指導ができる高度な技術を備える。都道府県の障がい者スポーツ協会や競技団体と連携し，障がいのある競技者の強化・育成などを推進していく。	中級または上級パラスポーツ指導員であり，かつ日本パラスポーツ協会登録競技団体に所属し，コーチとしての活動実績があり，所属団体の推薦がある者。 日本パラスポーツ協会が開催する養成講習会を受講し，資格検定試験を合格し，申請する。講習会は，基準カリキュラムに基づき18時間以上のカリキュラムを受講する。
パラスポーツトレーナー （旧障がい者スポーツトレーナー）	スポーツトレーナーとして質の高い知識・技能を有し，かつ障がいに関する専門知識を有し，アスレティックリハビリテーションおよびトレーニング，コンディショニング等にあたる役割を担う。障がい者のスポーツ活動に必要な安全管理や競技力の維持・向上について，関係団体と連携して推進していく。	日本スポーツ協会公認アスレティックトレーナーか，理学療法士等の専門資格をもつ者で，競技団体等でトレーナーとしての活動実績があり，推薦がある者。また，専門資格に関係した日常活動を2年以上有すること。講習会は，1次講習（理論科目），2次講習（実技科目）の2部構成のカリキュラムで行われ，検定試験を行いすべての試験に合格した者が資格を取得できる。
パラスポーツ医 （旧障がい者スポーツ医）	障がい者のスポーツ・レクリエーション活動に必要な医学的管理や指導などの医学的支援を行なう。様々な疾患や障がいに対応し，多くの障がい者が安全にスポーツに取り組むために，効果的な医学的助言を行うだけではなく，関係団体と連携し，医学的な視点から健康の維持，増進，競技力の向上を推進していく。	日本の医師国家資格をもっており，5年以上経過している者。 日本パラスポーツ協会が開催する養成講習会を受講し，申請する。

（日本パラスポーツ協会ホームページより）

東京2020パラリンピックで銅メダルを獲得した伊藤槙紀選手は，独特のグリップで活躍している。

デフリンピック2大会連続銅メダルの亀澤理穂選手・川崎瑞恵選手のペア

用する。

❸ 知的障がい者

コミュニケーションをとりながらその選手のリズム，言葉の傾向，反応をよく理解し，選手に合わせたリズム，言葉でシンプルに伝えることが重要である。

集中力が続かない，没頭しすぎるなど様々な選手がいるが，その選手のタイプに合わせて練習内容の工夫（楽しい練習や好きなメニューを入れるなど）が必要である。既定の休憩以外にも状況に応じてインターバルをとることによって，気持ちの切り替えやオーバーワークによるケガの予防にもつながる。

❹ 聴覚障がい者

選手によってコミュニケーション方法は様々である。音声，口話，読話，筆談，手話など，どのような方法がよいか，可能かを確認し，指導者はコミュニケーションのための準備，練習をする必要がある。選手から顔や口元の動きや表情がよく見える位置で，ゆっくり，はっきりと話すことが重要である。言葉のまとまり，単語ごとに区切ると伝わりやすくなる。

マスク着用が必要な場合は，口元が見えるよう透明なマウスシールドやフェイスシールドの使用が望ましい。ジェスチャーや筆談，ノートやカードの利用など，視覚的に伝える方法も交える。筆談は短く

簡潔に，コンパクトなホワイトボードやスマートフォン，タブレットなども活用するとよい。

ハンドサイン（手話）については，全日本ろうあ連盟スポーツ委員会のホームページが参考になる。

❺ 精神障がい者

精神障がいとは，精神疾患のため精神機能の障がい（機能障がい）が生じ，それに伴い日常生活や社会参加に困難を来たしている状態（生活能力障がい）のことを言う。病状が深刻になると，判断能力や行動のコントロールが著しく低下することがある。

新しいことや生活の変化，環境の変化への適応に時間がかかってストレスとなり，不安や緊張を強く感じ，混乱から思考停止が起こり，視野が狭くなったりする傾向がある。そのことを理解し，時間をかけて関係を構築し少しずつ活動の経験を積んでいくなど，余裕をもったサポートが求められる。

個別の障がい特性を理解し，目的や目標に合わせて無理のないマイペースな活動を容認すること，医療機関から指示されている情報を把握すること，練習量や練習強度に気を配り，無理をしないことなどが重要である。

・発達性強調運動障がいとの併発

発達性強調運動障がいとは，まさに卓球のような複数の身体部位を協力，連動させて行う運動が著し

く困難な障がいである。特に発達障がいとの併発が多く見られる。フォームや動き方などの型にこだわらず，できないことを指摘することは控え，できることから取り組む。

❸ 障がいへの留意点

指導においては，障がいのある人が悩むことの多い問題を知っておくことが必要である。ここでは，主に脊髄損傷によって自律神経障がい，感覚障がいが生じている選手に起こりやすく重症化リスクの高いものを示す。

❶ 排泄障がい【排泄コントロールの難しさの理解】

脊髄に障がいがある人は，排泄においても何らかの障がいがあることを想定する。中には尿意や便意を感じる場合もあるが，コントロールすることが困難であるため，急にお手洗いへ行くこともある。そのことを理解した柔軟な対応が必要である。

❷ 体温調節【練習時の体温確認，適度な休憩】

頸髄損傷や高位胸髄損傷の人は，自律神経に障害があるため，汗をかく機能が低下・消失している。そのため，運動時の体温調節ができず，熱がこもって38℃の高体温の状態となり熱中症と同じように危険な状態になる。

対応としては，頸部（首）や腋窩（脇）などの太い動脈のある箇所を冷やすことである。また，体温が高くなる前に汗のかわりに霧吹きで顔や手足に水をスプレーしたり，冷風をあてたりなどして，体温の上昇を防ぐ。

❸ 自律神経過反射【血圧の上昇】

第6胸髄より上の脊髄損傷でみられる自律神経の働きに関連した症状である。麻痺している身体の部位・領域の刺激（膀胱の充満や直腸の拡張，衣服やベルト等の締めつけ，褥瘡や骨折，切り傷や打撲，カテーテルの閉塞など）により，自律神経が過敏に反応し，血圧が上昇し心拍数が減少する。その結果，頭痛や吐き気，顔面紅潮，異常発汗などを引き起こす。放置すれば，脳出血に至る可能性もあるので迅速な対処が求められる。

異変を感じた際の対処として，まず上半身を起こして頭を垂直に保ち，可能であれば両足を下げる。そして，衣服やベルト等の身体を締めつけるものはすべて緩めるか外し，深呼吸を行うなど気持ちを落ち着かせ，頭を冷却用品等で冷やす。そして，血圧，脈拍，体温，自覚症状の確認を行った上で，麻痺している身体の部位・領域を確認する。その際，腹部の圧迫は絶対にしない。対処しても症状が改善されない場合は，速やかに専門医や救急車を呼ぶ。

また，意図的に下半身に痛みを伴う刺激を与えたり，膀胱に尿をためるなどの行為により自律神経過反射を誘発させる行為は，アンチ・ドーピング規程違反として厳しく罰せられるので注意が必要である。

❹ 起立性低血圧，運動後低血圧

急に身体を起こしたときや運動直後に血圧が低下し，動悸や冷汗，時に意識喪失が起こる。これらの症状が見られた際は，血圧や脈拍数の確認を行い，可能であれば頭より足が高くなるような姿勢をとる。車いすの場合，体幹を前傾させ，頭部を下げたり，介助者等が車いすを後ろから支えて，後方に傾けながら足を上げたりする。体幹を保てない場合は車いすからの転倒にも注意を払う。

❺ 褥瘡

褥瘡とは，身体の一部が体重で継続的に圧迫され，その部位の血流が滞ることで，皮膚の一部が赤味をおびたり，ただれたり，傷ができてしまうことである。一般的には「床ずれ」とも呼ばれ，感覚障がいのある部位に生じることが多い。車いすに長時間座っていることによって，圧迫されている箇所が褥瘡になる可能性がある。また，装具や靴で起こることもあるため，定期的な除圧（プッシュアップ等）や観察が必要となる。褥瘡になりやすい箇所は，鏡やスマートフォンのカメラなどを活用して皮膚の状態をチェックすることが重要である。詳しくは，日本褥瘡学会のホームページを参照のこと。

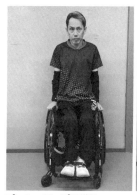

プッシュアップの様子

プッシュアップという方法では，アームレストを両手で持ち，肘を伸ばして臀部を浮かせて除圧する。15分〜1時間ごと，1回15秒以上行うようにする。

❻ 装具・補助具など

　ラケットハンドに握力がない場合や指の欠損などによって把持できない場合には，バンドなどでラケットを固定する。その際，長時間にわたってバンドを巻いていることで，血流が滞りうっ血した状態になる。そこで，こまめにバンドを外して巻き直すことを習慣にしたい。装具を装着し運動した場合でも，圧迫や摩擦などで傷ができたり痛みが出たりする。麻痺によって感覚が鈍い箇所では，選手が皮膚の異変に気づきにくいため，練習前・中・後に目視による確認を行うことを習慣化し，こまめに外して休んだり練習量の調整をしたりして，十分に注意する必要がある。

❹ 車いす卓球の技術とチェアワーク

　車いす卓球競技には，障がいの特性に応じた独自の技術がある。ここでは，その中で代表的なものを紹介する。

❶ 車いす卓球特有の技術

・表面でのバック側処理

　車いす選手や低身長の立位選手は卓球台に対して低めの姿勢になることから，表面（フォア面）で打球する方が打ちやすくバック側の処理に有効な技術となる。

・裏面でのフォア前処理

　体幹の利かない車いす選手や下半身に障がいのある立位選手は，フォア前の処理の際に表面での打球では肘が下がり体勢の維持が難しい。肘を上げて裏面（バック面）で返球することにより，体勢を維持

裏面でフォア前を処理する齊藤元希選手（クラス4）

バック側のボールを表面（フォア面）で強打する吉田信一選手（クラス3）

台上での横下回転ロビングは必須の技術

した状態で返球しやすくなる。

・台上ロビング

　主に車いす選手の技術として，下回転（バックスピン）や横回転（サイドスピン）をかけた台上ロビングがある。レシーブ時や前陣でのラリー中に，台上で回転（スピン）を掛けたロビングを行い，ネット際に落として戻したり曲げたりして相手にボールを触らせないという特徴的な技術である。

❷ 車いす卓球のチェアワーク

　車いす選手の左右の動きは，フリーハンドやラケットハンドを使ったチェアワークによって行う必要がある。右利きの選手が右前に動く際にはフリーハンドでのハンドリム操作で動くことができるが，左前への動きではラケットハンドでのハンドリム操作が必要である。また，真横や広範囲の動きでは両手でのハンドリム操作で向きを変え，動く必要がある。

❺ 障がい者卓球の練習法

　練習・トレーニング法には様々なものがあるが，具体的な内容をここでは取りあげない。

　肢体不自由者卓球協会のホームページに，車いす，立位の選手向けトレーニングの内容（『フィジカルトレーニング講座2021』）が紹介されている。

右側への90度方向転回と移動の動作。台上ロビング等で厳しいコースに狙われた場面では，ラケットハンドも使って両手でチェアワークを行う。

第 4 章

技術と戦術

1. 基本技術

●1…グリップ

　微細な動作からパワフルな動作まで要求される卓球競技において，グリップは最も大切な要素の１つである。

　代表的なグリップとしては，握手をするように握るシェークハンドグリップと，ペンを持つように握るペンホルダーグリップに大別される（次ページ写真参照）。また，後者には，日本式・中国式（裏面使用を含む）がある。

　どのグリップにも共通する重要なポイントとして次のことが挙げられる。

　①フォアハンドもバックハンドも，大きく持ち替えずにスムーズに打つことができること。

　②細かいプレーができるように，手首が自由に使えること。

　③グリップは，削ったり，補強したりして使いやすく加工してもよい。

　ペンホルダー，シェークハンドいずれのグリップについても，主戦打法やラケットの大きさ，形状，選手の指の長さなどの違いによって少しずつ異なっ

てくる。打球時に指のどの部分に力を入れるか，意識する点などについても微妙に異なってくる。そのため目指す戦型の有力選手のグリップを参考にするなどして，研究することが大切である。近年はラケットの種類も増えたので，自分に合ったラケットを選ぶことができる。

◢１◣ シェークハンドグリップ

　シェークハンドグリップは，親指と人差し指の２本で板（ブレード）を挟むように持ち，中指，薬指，小指の３本で柄の部分を握る。ラケットの向きや角度の微調整は親指と人差し指で行い，他の３本はグリップをしっかりと握り，力を伝える役目を担っている。

　したがって，あまりにも深く持ちすぎたり，親指や人差し指を極端に中央の方に立てるのは，あまり好ましくない。近年では，チキータ技術の多用によりバックハンドとフォアハンドでグリップを変える選手もいる。

◢２◣ ペンホルダーグリップ

　日本式ペンホルダーグリップは，親指と人差し指を表側に出して柄の部分を挟むように持ち，中指，薬指，小指の３本は，ラケット裏側に回して揃えてやや曲げた状態で持つのが一般的である。親指で面（ブレード）を押さえ，人差し指は柄に軽く引っかけるようにするが，親指と人差し指が接触しないくらいに浅く持つ。ラケットの向きや角度の調節，力

の加え方については親指，人差し指，中指の３本の使い方が非常に重要であり，薬指と小指は中指に添えるようにする。

　中国式ラケットは，シェークハンドラケットの柄を短くしたような形をしており，親指と人差し指の間隔が広くなり，裏面の３本の指も日本式に比べて丸めて持つ場合が多い。

　裏面を使用するペンホルダーの場合は，裏面にもラバーを貼るのでラケットの重量が増す。そのため裏面の中指，薬指，小指の３本は，中国式ペンホルダーよりもしっかり伸ばし，また同時に裏面での打球がしやすいようにしている場合が多い。

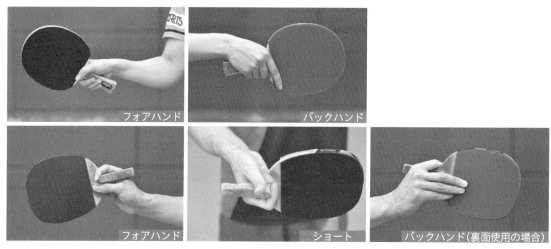

代表的なグリップ
シェークハンド（上段）とペンホルダー（下段）

グリップ名の由来
シェークハンドグリップは，握手をするときの形に似ていることから，ペンホルダーグリップはペンを持つときの指の形に似ていることから，そのように呼ばれるようになった。

各グリップを使用する代表的な選手

シェークハンド：aトルルス・モーレゴード選手，bドミトリ・オフチャロフ選手，c張本智和選手，

d伊藤美誠選手，eティモ・ボル選手，f早田ひな選手，

g陳夢選手　ペンホルダー：h邱党選手

●2…サービス

サービスは，あらゆる技術の中で唯一自分の意思どおりにできる技術と言える。サービスの良し悪しで試合での展開が大きく変わってくる。サービスの練習は，自分1人でできるものであり，人より多くの時間を費やすことができれば，それだけ試合を優位に進めることができる。一般的にサービスが上手い選手は，サービスが上手な他の選手のモーションやスイングの方向など真似をすることから入っているケースもあり，いろいろと工夫をすることも大切である。

また，サービスは，自分の戦型にも大きく関係してくるため，戦型と連携できるようなサービスの種類も考えていく必要がある。名選手と言われる人は，強力なサービスをもっていることが多く，多彩な回転や種類のサービスを身につけており独自のフォームをつくり出している。

サービスの強化が上達への近道と考えて，集中力をもって工夫して練習する必要がある。

伊藤美誠選手と樊振東選手のサービス

■ サービスの出し方

❶ サービスを出すときの心構え

まず，サービスは第一球目の攻撃球であることを理解する。また，サービスのルールをしっかり理解して，3球目以降のラリーの主導権を握るというように攻撃精神を強くもつことが大切である。

❷ サービスの出し方

サービスを出すに当たっては，次のことに注意する。

①オープンハンドサービスであること。

フリーハンドの手のひらの上にボールをのせて，静止した状態から打球までの間は，ボールは台の表面より上でエンドラインより後ろにあること。なお，ラケットを構える位置は自由である。

②身体を静止した状態からボールは，ほぼ垂直方向に手の平から16cm以上，投げ上げること。

③ボールの上昇過程ではなく，落下時に打球すること。

④ボールとラケットが当たる瞬間にボールが手や体で隠されていないこと。

⑤ボールが手のひらから離れたらすぐにフリーハンドをボールとネットとの間の空間の外に出さなければならない。

■ サービスの種類

サービスは，以下のように分けられる。

❶ 回転の方向

ボールの回転の種類を次に示す。

・上回転（トップスピン）

・下回転（バックスピン）

・右・左横回転（サイドスピン）

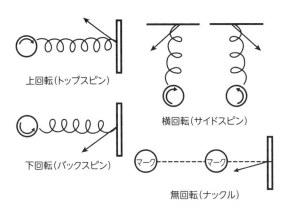

図4-1　サービスの回転と反発の方向

・横上回転
・横下回転
・無回転（ナックル）

　図4-1に，サービスの回転の方向とラケットに当たった場合のボールの反発方向を示した。

❷ 長さ

　サービスは，その長さによって以下のように分けられる（図4-2）。

・ロングサービス
・ショートサービス
・ハーフロングサービス

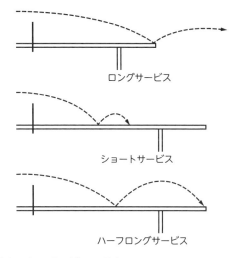

図4-2　サービスの長さ

　ハーフロングサービスは，台上でツーバウンドするが，ツーバウンド目がエンドラインぎりぎりに入るサービスである。

❸ コース

　ネット際のフォア前，ミドル前，バック前とエンドライン付近のフォアサイド，ミドル，バックサイドがありサービスの威力を増すためには，スピン，スピード，コース（図4-3）の3つをどう組み合わせるかに加え，さらにすべてのサービスでバウンド

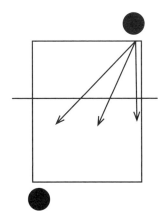

ネット際のショートサービス

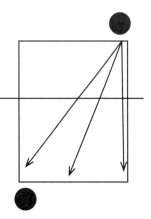

エンドライン付近のロングサービス

図4-3　サービスのコース

が低いことが大切である。

　また，前述の回転と長さとコースを組み合わせて，変化をつけることができる。このほかに「タイミングの変化」や「サービス位置の変化」も混ぜると，効果はさらに大きくなる。

❸ サービスの技術

❶ ショートサービス

　相手コートのネット際に短くコントロールされたショートサービスは，基本中の基本であり，まず最初に習得して欲しい。特にドライブを使って攻めようとするタイプの選手に対しては，絶大な効果があると言える。

　ショートサービスに対して，相手は強打しにくいため，ストップ，ツッツキ，またはフリックの3種類のレシーブに加え，相手選手のレベルが高い場合，チキータレシーブで返球を行うことが多くなる。これらのレシーブを3球目攻撃で狙えるように，回転やコースの変化を考えてサービスを出すことが大切である。

❷ ロングサービス

　相手コートのエンドラインを狙って深く出すロングサービスは，ショートサービスと組み合わせて使うと効果的な攻撃システムとなる。一般的なロングサービスでは，第一バウンドを自領コートのエンドライン付近を意識すると比較的出しやすくなる。

　相手の戦型や状況に応じてロングサービスを使っていくと効果的である。

❸ 横回転サービスとYGサーブ

・右横回転サービス（フォアハンド）[技術写真2-1]

　右利きの選手がフォアハンドで右横回転サービスを出す場合，ラケットの面が床に対して垂直になるような角度をつくり，肘を高く保つと出しやすくなる。グリップを写真①に示す。

・左横回転サービス（バックハンド）

　右利きの選手がバックハンドで左横回転サービスを出す場合，ラケットの面を床に対して垂直に保ちつつ，肘とラケットを横方向に移動させながらボールを擦り，横回転をかける。

・YGサービス [技術写真2-2]

　右利きの選手が，フォアハンドサービスで右横回転とは逆の左横回転をかけるサービスのことをヤングジェネレーション（YG）サービスと呼ぶ。まったく逆の回転を出して相手を惑わし，一瞬でゲームの流れを変えることができる。右横回転や下回転サービスと組み合わせて，サービスで優位に立つことができる。ラケットを親指と人差し指で挟むように持つと手首が使いやすくスイングしやすくなる。グリップを写真②に示す。

・巻き込みサービス [技術写真2-3]

　右利きの選手が，フォアハンドサービスでラケットを左側にスイングしてボールの右後ろをとらえて下回転や左横回転をかけるサービスをいう。このサービスの最大の特徴は，ほぼ同一スイングをしてボールをとらえる場所を変えて下回転や横回転を出すことができるため，相手が回転の変化が読みづらく3球目攻撃がしやすくなる。身体の近くでボールをとらえ，上半身をしっかり回転させながら行うと，回転量も増やすことが可能になる。また，巻き込みサービスは，相手が右利きの場合，フォア前のサイドライン付近に容易に出すことができる利点もある。グリップを写真③に示す。

・しゃがみ込みサービス [技術写真2-4]

　身長が低い選手は，比較的出しやすいサービスと言える。現在，トップ選手としてしゃがみ込みサービスを出す選手はそれほど多くなく，シニア層に上がっていくに従って出す選手も少なくなる。ただし，バリエーションとしてマスターすることも必要で，シニア選手でもカット型選手には，比較的使用しやすいと言える。

❹ 効果的なサービス技術

・トスの高さを変えることによる効果

　ボールを3mぐらい高く投げ上げると，ボールが

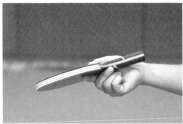

①右横回転サービスのグリップ

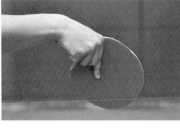

②YGサービスのグリップ

③巻き込みサービスのグリップ

落下するときに加速度がつき，強い衝撃力でラケットに当たる。この衝撃力を利用してサービスに強い回転をかけることができる。また，トスの高さを変えることによって，ボールの滞空時間差でレシーバーのタイミングを狂わすという効果がある。

・自分がサービスを出す位置を変えることによる効果

　一般的には，右利きの場合は，フォアハンドサービスを自領コートの左角付近から出すことが多いが，その位置を変えて真ん中や右角付近からサービスを出すことによって相手には，違ったサービスという

意識になりバリエーションが増えることになる（女子選手に多く見られる）。

❺ サービスの練習方法

　サービスは一人で練習できる技術であり，試合では1球目の攻撃として非常に重要である。

　練習内容は以下のものが重要である。

・コースを決めて狙うサービス練習

・新しいサービスを取り入れるためのサービス練習

・相手を想定してのサービス練習

　いずれの練習も，コーチに見てもらったり，スマートフォン等で撮影し練習後に自分で見るのも効果

技術写真2-1　右横回転サービス　〈曽根翔選手〉

技術写真2-2　YGサービス

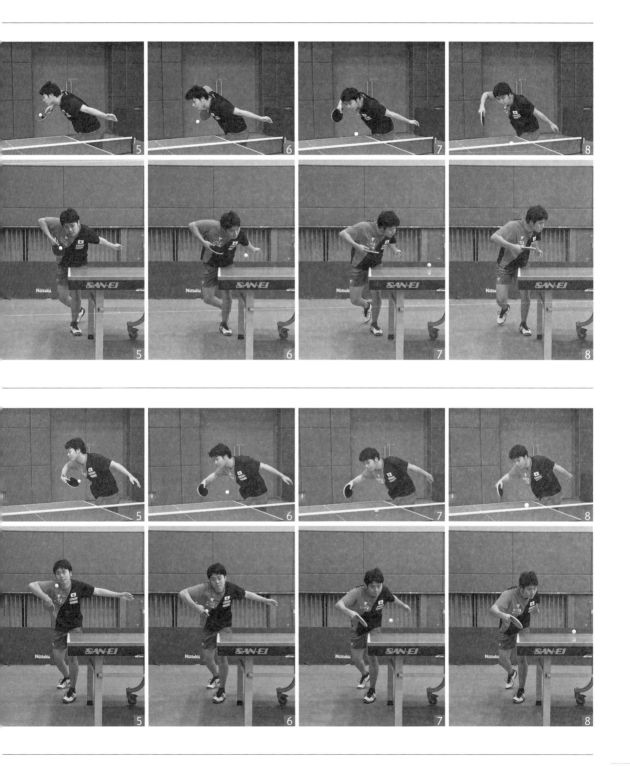

技術写真2-3　巻き込みサービス　〈木原美悠選手〉

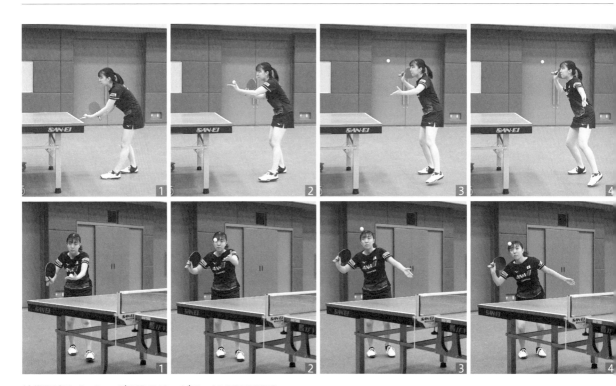

技術写真2-4　しゃがみ込みサービス　〈小塩遥菜選手〉

的である。なぜなら短いサービスを出すときと，長いサービスを出すときの癖などを見分けることができるからである。

まとめ

　サービスを効果的にするためには，回転量やコースをレシーバーに分からせないようにすることがポイントである。

　そのためには，身体全体を使って体重移動をしてスイングをできるだけ速くしたり，インパクト後にフェイク動作を加えたりして，相手の判断を惑わすような工夫が必要になってくる。最近では，世界中のトッププレーヤーを動画で見ることができるので，そのサービス技術を知り，同じサービスを出せるようになるまで練習することも，上達への近道だと言える。

●3…レシーブ

　レシーブには，すべての打法（技術）が必要である。相手のサービスに対してどの技術を採用するかの判断が必要であり，手持ちの技術が多ければ多いほど，多彩なレシーブができる。相手の3球目攻撃を封じたり，逆に先手を取ったりすることが可能となる。

　よいレシーブは，次のような要素をもっている。
・ミスをしないこと。
・低いボールで返すこと
・思った方向へ入れられること
・思った長さで入れられること
・思った回転で入れられること
・思ったタイミングで打てること
・思った速さで入れられること
・フェイク動作（逆モーション）を使えること

　相手のサービスに合わせて，ドライブやフリック，チキータによるレシーブや，ツッツキやストップなどで返球する。相手サービスの回転やコース（長短・左右）によって変えていくことが大切である。

　技術レベルに関係なく，相手に十分な体勢で3球目攻撃をさせないレシーブを追求していく心構えが重要である。

１ レシーブの基本的な考え方

　現代卓球は，ショートサービスが主流であるが，チキータレシーブの登場により相手のサービスがいつも短いとは限らない。相手がロングサービスを出すことや，ショートサービスが長くなることもある。そのときに，チャンスを見逃さず積極的に攻撃することがポイントである。

　ショートサービスへの対応を万全にした上で，常に攻めの意識をもつことがレシーブからの得点力を上げるポイントとなる。

　フォアハンドでもバックハンドでも一発で仕留めるドライブやスマッシュの技術を使えるようにしたい。サービスが厳しく，レシーブからの先手攻撃が難しい場合は，3球目攻撃を封じるレシーブを考える。そのために必要なのが，両サイドを切ったり，短く止めたり，深く返球してつまらせるなどの技術である。その他にはチキータレシーブによって先に先手をとる技術も必要である。また，球質の変化では，サイドスピンをかけたレシーブや，ナックルボールでのレシーブなどがある。さらにフェイク動作で変化をつけるレシーブもぜひ身につけたい。

２ レシーブミスを少なくする

❶ 相手のサービスのコースを判断する
　（送球線と落点を判断する）

　コースをまず合わせるようにする。もし，右に曲がってくる場合には，打つ直前までにボールがどの位置まで飛んでくるかを予測する。相手のラケットの動きや角度などをその目安とする。自分の予測がどれだけ違っていたかを冷静に判断する。

　左右の位置を合わせた後に，前後の位置を合わせる。

レシーブの構え

aウーゴ・カルデラノ選手，**b**ティモ・ボル選手，
c王曼昱選手
（ワンマンユ）

❷ 回転を判断する

　相手がボールを打った瞬間から自分が打つ瞬間までしっかりとボールを見る。相手のサービスのインパクト時におけるラケット角度とラケットスイングの方向と速度を見て予測し，自分のラケットに当たったボールの感覚を重視する。その繰り返しによって，サービスの回転を見極めるようにする。

❸ レシーブの方法

❶ ツッツキによるレシーブ

　ポイントは，サービスが自領コートで2バウンドするサービスに対して使うことが多いため，手を先に出すのではなく，必ず足を先に動かすことである。身体全体でボールに寄っていくイメージで動くようにする。

　手首を使いすぎるとコントロールがしづらくなる。

手首はあまり使わず，ラケットを相手コートに押し出すイメージでスイングをすると安定する。

　ツッツキで安定したレシーブを身につけたら，長短，スピード，回転で変化をつけることができる。また，攻撃的なツッツキを身につけることが相手の攻撃を防ぐことにつながっていくため，大変重要な技術と言える。

　ツッツキは守備的な技術と思われがちであるが，工夫次第で攻撃的な武器となる。

❷ ストップによるレシーブ［技術写真3-1，3-2］

　相手コートのネット付近に短く返球する技術をストップと呼ぶ。この技術は，相手の鋭い3球目攻撃を防ぐことや，ネット付近のボールコントロールが苦手な選手には絶大な効果を発揮する。相手が短いサービスを出してきたときがストップのチャンスで

技術写真3-1　ストップによるレシーブ（シェークハンド）〈横：木原美悠選手，正面：平野美宇選手〉

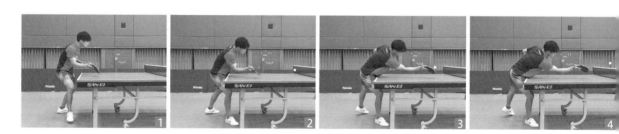

技術写真3-2　ストップによるレシーブ（ペンホルダー）〈松下大星選手〉

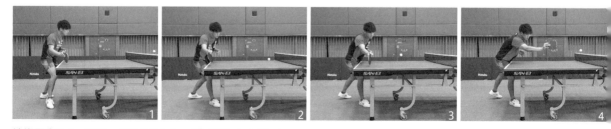

技術写真3-4　フリックによるレシーブ（ペンホルダー）

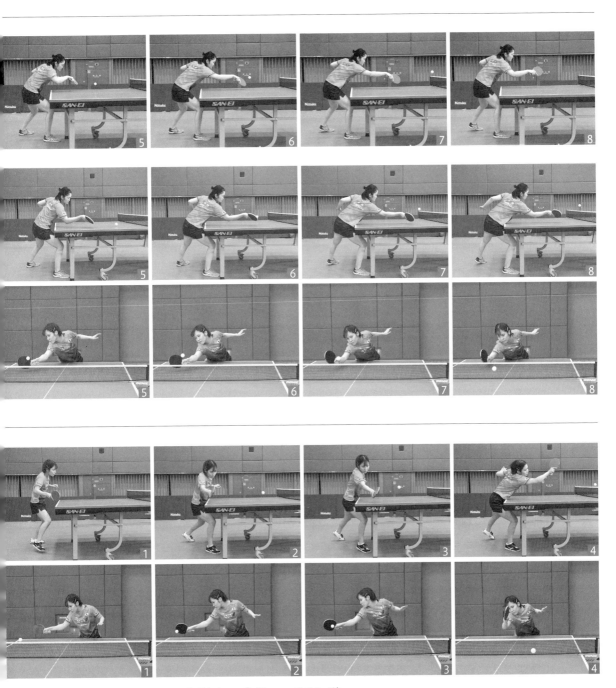

技術写真3-3 フリックによるレシーブ（シェークハンド）

あり，サービスの見極めが重要となる。

　相手の強打を封じる技として，男子のトップ選手は，ストップレシーブを効果的に使い相手の3球目攻撃をかわすことに長けている。現代では中国選手を中心に，世界で活躍するためには不可欠な技術となっている。

　バウンド直後に打球して短く切れたストップレシーブと打球点を遅らせたストップレシーブを使い分けることも大切である。

❸ フリックによるレシーブ［技術写真3-3，3-4］

　ショートサービスを，台上ではらい打ちをする技術をフリックと呼ぶ。つまり，フリックは攻撃的なレシーブである。台上でスイングするため，コンパクトなスイングでボールを打球することがポイントとなる。多少リスクを伴うレシーブであるが，サービスのバウンド頂点付近を打球することが絶対条件となる。

❹ 横回転（サイドスピン）レシーブ［技術写真3-5］

　相手サービスに対し，インパクト時に横回転をかけて返す応用技術である。

　女子選手の中では，状況に応じて使われている。使用頻度は高くないが，相手には使用してくる場面が分かりづらく，相手を翻弄することもできる技術である。

❺ チキータレシーブ［技術写真3-6～3-9］

　近年多用されている，台上ボールをバックハンド

技術写真3-5　横回転（サイドスピン）レシーブ

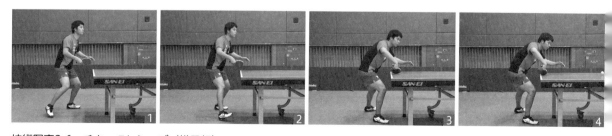

技術写真3-6　チキータレシーブ（横回転）

で，横回転をかけて打つ技術をチキータと呼んでいる。手首を利かせてラケットを身体の内側に巻き込むようにバックスイングをとり，ボールの側面を鋭く振り抜いて曲げる。

高度な技術であるが，シェークハンドの選手やペンホルダーの裏面を使用する選手も，ぜひ身につけたい技術である。

チキータには主に以下の種類が考えられる。

・大きく曲がる横回転チキータ
・1発で得点を決める上回転の速いチキータ
・相手のブロックミスを誘う下回転チキータ
・相手の待ちを外す短いチキータ

❻ レシーブの練習方法

練習の際，相手にいろいろなサービスを出してもらいレシーブ練習をするのが効果的である。

他に自分の苦手とするサービスを出してもらい，それに対する徹底的なレシーブ練習や，自分が強化したいレシーブ技術をピンポイントで練習する方法もある。

卓球は感覚のスポーツでもあるため，常に自分の感覚を確かめながら練習することが重要である。そして多くの大会に出場し，いろいろな選手のサービスを受けることも，レシーブを上達させる鍵である。

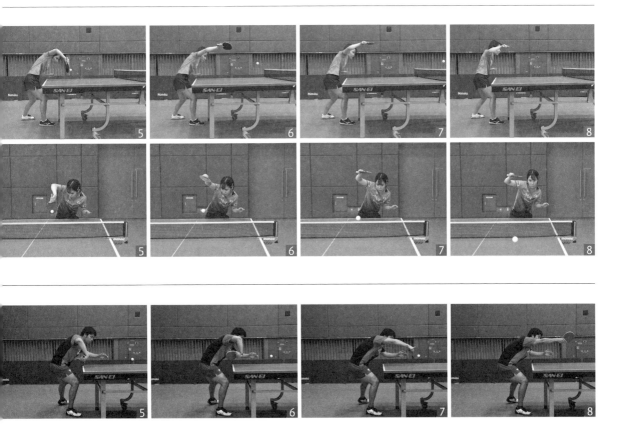

技術写真3-7　チキータレシーブ（速い）

技術写真3-8　チキータレシーブ（下回転）

技術写真3-9　チキータレシーブ（ペンホルダー裏面）

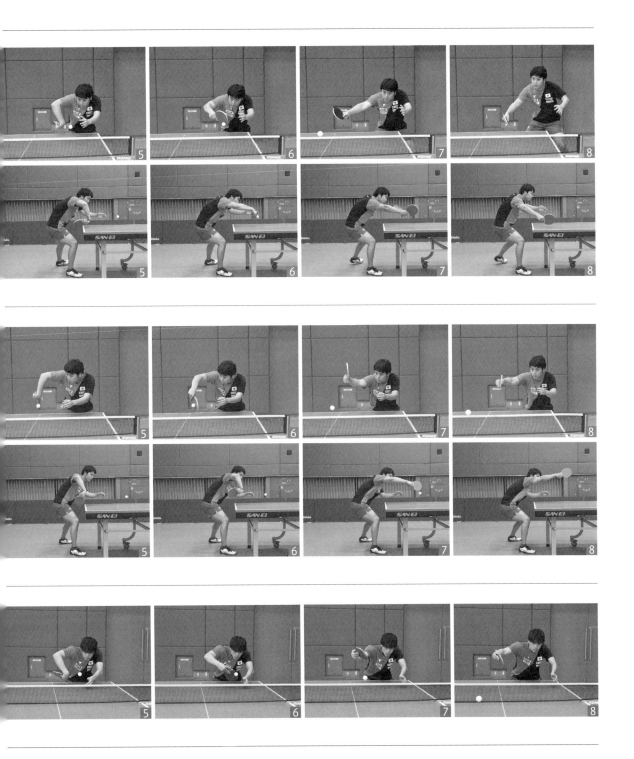

●4…フォアハンド

　フォアハンドとは，利き腕側で打球することをいい，両ハンド攻撃が主流になっている現代卓球においても重要な技術の1つである。卓球の楽しさの大きな要素として，試合に勝つことはもちろんであるが，力強いフォアハンドスマッシュを打ち込んで得点したときの爽快さも挙げられるだろう。スマッシュに限らず，ドライブやカットにおいても，最も力強い打球を生み出すのがこのフォアハンドに他ならない。

　フォアハンドでの打法として，最も基本的なものは上回転性のフォアハンドロングである。他の打法としては，少し高めのボールに対してあまり回転を与えず最大のスピードで打球するフォアハンドスマッシュ，強烈な上回転性のフォアハンドドライブ，逆に，下回転性の打球をするフォアハンドカットなどがある。

　ここでは特にフォアハンドロングとフォアハンドドライブについて解説する。

■ フォアハンドロング ［技術写真4-1］
❶ 基本姿勢

　ここでは，右利きの場合で説明する。両足を肩幅ぐらいに開き，少し左足を前に出して両膝を軽く曲げる。上体は少し前傾させ両肘を直角にして体側に軽く添えて構える。フリーハンド（ラケットを持たない方の手）は軽く握る。また，位置としては，台にあまり近づきすぎないように40〜50cm程度離れて構えるようにする。

❷ 打球方法

　打球時は，身体全体を右側に捻ってテイクバック（バックスイング）をとり，肘の角度は90度前後としてあくまでも身体全体の捻りを使い，コンパクトなスイングで打球することを心がける。さらに強打したいときには，腕の振りを大きくしたり，左足を前に踏み込んだりして，ボールに勢いを加える。

　シェークハンドもペンホルダーも，フォアハンドロングにおける身体の使い方やスイングの仕方については，ほぼ同じような考え方で取り組んでよい。

技術写真4-1　フォアハンドロング　〈濱田一輝選手〉

技術写真4-2　フォアハンドドライブ

違いとしては，グリップの特性からくる前腕と指の使い方が挙げられる。

シェークハンドのグリップでは，ラケットの面が手のひらと平行であり手首は自由に使えるが，打球する際はラケットの角度を決める程度にとどめ，手首はあまり使わないで打球する。このことが安定したフォアハンドロングを身につけるためには大切である。

ペンホルダーのグリップでは，ラケットの打球面は手のひらに対して直角になり，フォアハンドロングの際は必然的に手首が固定された状態になる。したがって，ラケットの角度を安定して保つことができる。

❸ 打球点

フォアハンドロングの打球点としては，図4-4のB～C点付近でボールをとらえるとよい。特に初期の段階から，バウンド後の上昇期の打球点でとらえるように意識することは大切なことで，攻撃選手であればその後の競技力に大きく影響することになる。

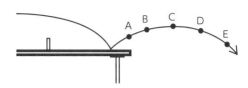

＊C点は頂点

図4−4　フォアハンドロングの打球点

そのためには，あまり大きく腕は引かないで打球するイメージをもつとよい。

❹ 連続して打球する（ピッチを速く）

速いピッチで，連続して打球するためには，フォロースルー（打球後のラケットの振り）を大きくせず，身体の中心線付近で両ハンドが振れるニュートラルな姿勢に戻り，次の動作へ素早く入るようにする。このことは，ピッチの速さが求められる現代卓球において非常に大切なことである。

❷ フォアハンドドライブ ［技術写真4-2］

ドライブとは，ボールに意図的に上回転を与える

ことによって,ボールが弧を描いて沈み込む現象(マグヌス効果,第6章参照)を利用して,相手コートに打ち込む打法である。決定打として最も効果的なのはスマッシュであるが,今日ではラバー性能の飛躍的な向上に伴い,安全でしかも攻撃性の高い決定球として,ドライブが多用されている。特に,フォアハンドドライブの得点力は高く,攻撃選手にとって重要な技術である。

❶ ドライブの種類 [技術写真4-3〜4-6]

ドライブと一口にいっても様々な球質があり,近年のドライブ打法主流の傾向に伴い細分化されてきている。

技術写真4-3　スピードドライブ
回転よりもスピードを最優先したドライブボールを打つ場合の打球点は,図4-5のC点であり,ラケットスイングの方向はほぼ水平に近くなる。

技術写真4-4　パワードライブ
パワードライブは,下半身と上半身を使ったスイングで,図4-5のD点で打球する。スピードドライブの場合よりラケットのスイング方向は,やや斜め上になる。

技術写真4-5　ループドライブ
強い上回転のかかった安定性を重視した山なりのドライブは,少しタイミングを遅らせた図4-5のE点付近をとらえて,ラケットをほぼ垂直方向に擦り上げるように打球する。下回転のボールに対して用いられることが多い。

　回転よりもスピードを最優先したスピードドライブ，回転・スピードともに強烈なパワードライブ，強烈な回転で山なりの軌道を描くループドライブなどが代表的なものである。また，相手のドライブや強打に対してバウンド直後の早いタイミングでボールをとらえ，勢いを利用してコンパクトなスイングで打球するカウンタードライブ，回転をかけたようにカモフラージュして無回転のボールを打つノースピンドライブなどがある。

　したがって，これらを適切に使い分けることができるか否かが，攻撃選手としての競技力に大きく関わってくる。

技術写真4-6　カウンタードライブ
相手のドライブボールの威力を利用してバウンド直後に打球する。ボールの真上を擦る練習は早い段階からトライすべきである。

❷ 腕や身体の使い方（右利きの場合）

　ドライブのスイングは，ラケットを斜め下後方から斜め上前方に動かし，ラケットの面を下向きにしてラバーの摩擦によってボールに上回転を与えながら打球する。

　身体の使い方としては，両膝・上体ともに大きくラケットハンド側（背骨を軸にして時計回り）に捻り，バックスイングを大きくとるようにする。その後の捻り戻しの力を利用して，斜め上前方に擦り上げるようにスイングする。

　このときラケットの動く軌跡が水平に近ければ近いほど，スピードを出す要素が大きく，逆に垂直に近ければ近いほど，回転をかける要素が大きくなる。前者がスピードドライブ，後者がループドライブということになる。

　また，ラケットの角度やスイングの軌跡は，ラバーの質や打球点，ボールのどの部分を打球するかによって変わってくる。

❸ 打球点

　基本的な4つのドライブの打球点について，図4-5に説明する。しかし，実際の試合では多種多様な球質のボールを様々な打球点でとらえて返球しなければならない。

❹ 多様なドライブの必要性

　カウンタードライブ，スピードドライブ，パワードライブ，ループドライブの他に，ボールの横上を

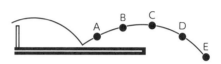

カウンター：B点，スピード：C点，
パワー：D点，ループ：E点

図4―5　4種類のドライブの打球点

擦り横回転をかけて，ボールを右や左に曲げるように打球する方法もある。また，強い回転を与えたように見せて無回転や下回転のボールを送り，相手のネットミスを誘う方法もある。

　これらのドライブは，ボールのどの部分をどのような方向に，どれくらいのスピードと力で擦るかによって違いが生み出されるものである。そして，これらはラリー重視でありながらも，ピッチの速い高速卓球となっている現代卓球において非常に大切なものである。したがって，いろいろな種類のドライブを練習することが重要である。

●5…バックハンド

　バックハンドは，右利きの場合，右肩より左側に飛んでくるボールに対応する打法であり，フォアハンドロングと同様に上回転性のバックハンドロングをはじめ，ドライブ，ナックル，カット，プッシュなど様々な打法がある。

シェークハンドの場合は，フォアハンドを表面，バックハンドは裏面で打球するのが一般的である。ペンホルダーの場合，最近までは，フォアハンドとバックハンドの両方を表面で打球するスタイルが一般的であったが，近年，中国において裏面打法が研究され，ペンホルダーで両面を使い，オリンピックや世界選手権で優勝する選手が誕生するまでになって来た。

過去のバックハンド技術は，フォアハンド攻撃へのつなぎであるという考え方が主流であった。現代卓球ではバックハンドの技術も，フォアハンドと同様に安定性，威力，コースの打ち分け，得点力などが求められている。また，バックハンドの利点を生かして，打球点の早さを追求する技術が進歩を見せている。そのために，練習時間も，フォアハンドと同等の時間を要するようになってきている。

◾️ シェークハンドのバックハンドロング
［技術写真5-1］
❶ 基本姿勢

基本の姿勢は，背筋を伸ばし，直立よりもやや前傾姿勢で，スタンスは，肩幅よりもやや広めにとる。構えたときに，利き腕側の肩を極端に下げて構える選手がいるが，この姿勢はすすめられない。

構える向きは，右利きの場合，卓球台に対して平行が望ましい。これは，フォアハンドとの連携のためである。また，身長と戦型によるが，卓球台から40〜50cmの場所で構えるのが一般的である。

❷ 動作の注意点

バックハンドという意識が強すぎて，肘の位置を左に動かしすぎ，ラケットの位置が身体の左側を過ぎるところでボールをインパクトしようとしている選手を見かけることがある。バックハンドを意識しすぎた打球感覚を身につけてしまうと，実際の試合では，バックハンドを使うたびに，フォアハンドとの切り替えに時間がかかり，台から下がってプレーすることにつながってしまう。また，筋肉が必要以上に緊張した状態でラケットを操作することになり，細かい操作ができず，ミスが多くなる。

フォアハンドとのスムーズな切り替えを意識したスイングを身につけることが大切である。

右利きの場合，右肘を中心に裏面を使い，できるだけ楽にラケットが操作できる空間でバックハンドを振るということが大切である。そのために，上体を常に安定した形に保つことが必要であり，前後左右の小さなフットワークで，ボールを身体の正面でとらえることができるようにすることが重要である。また，中陣・後陣では，膝を使い，高さの面も合わせられるような調整能力を養う必要がある。そして，そのような調整が時間的に無理な場合には，肘の位置を動かすなど，柔軟な動きも必要である。

打球の際，飛んでくるボールに合わせてバックスイングをとるが，そのとき既にボールが相手コート

技術写真5-1　バックハンドロング　〈田中佑汰選手〉

に正確に返球できるラケット面の角度が，頭の中でイメージされ，つくられていなければならない。

　バックハンドロングでは，手首を必要以上に使うとボールの飛ぶ方向が定まりにくいため，基本的には手首はあまり使わないでスイングする。インパクト直前に少しだけ手首を内側に向ける選手が多いのは，バックスイングで手首が必要以上に動くのを抑えようとしているからである。

❸ 重心移動

　もう1つ大切なこととして，重心移動がある。バ

ックハンドでは，右利きの場合，左足を軸とし，右足に重心を移動する間に打球するように思いがちである。時間的に余裕があり，強打できるチャンスボールの場合にはそのような重心移動になるが，速く，そして激しくボールを打ち合う現代卓球では，打球の度に左足に重心を移している時間はない。したがって，右足から左足への重心移動で打球する方法を練習する必要がある。また，このような重心移動の方法は，フォアハンドとの連携（フォアハンドとバックハンドの切り替え）をスムーズに行うためにも

技術写真5-2　バックハンドロング（ペンホルダー）

技術写真5-3　バックハンドロング（ペンホルダー裏面技法）

大切である。

打球練習の中でイメージできない場合には，まず素振りなどで習得を目指すとよい。

２ ペンホルダーのバックハンドロング
［技術写真5-2〜5-3］

ペンホルダーのバックハンドは，基本姿勢，身体の向き，スタンスなどは，シェークハンドのバックハンドと変わらない。重心移動に関しても，シェークハンド同様，右利きの場合，右足から左足，左足から右足への両方を練習する必要があり，それは，

状況に合わせて両方の重心移動を使う必要があるからである。ただし，台からやや下がった位置からでは，左足から右足へ重心移動させることを意識することで，力強いバックハンドが返球できる。

３ ペンホルダーのバックショート・プッシュ
［技術写真5-4］

グリップでの説明にあったように基本的に親指を立てることが多い。その理由としてはラケットの角度をつくりやすく，回転のかかったボールや速くて強いボールを親指によって上から抑えることができ

るからである。また打球については，お腹の前から肘を後ろに引き前に押すイメージである。さらに強い打球をする（プッシュ）場合にはバックショートと同様に，肘をひき，ラケットとボールが当たる瞬間に最大限の力を入れてインパクトを重視する。

❹ シェークハンドのバックハンドドライブ
[技術写真5-5，5-6]

バックハンドドライブの基本姿勢については，バックハンドロングと同じと考えてよいが，ロングのときよりも，右利きでは右肩を前に出して，肘を身体から離してバックスイングをとることが必要であ

る。そうすることによって，バックスイングでラケットを手前に引くためのスペースをつくる。バックスイングでは，ラケットの先端が自分の身体の方を向くくらい手首を使うが，腕全体をリラックスさせ，無駄に力を入れず，柔らかくスイングすることが大切である。

ツッツキやカットボールをドライブする場合には，ロングボールに対する場合に比べ，バックスイングは下方向にとる。スタンスも広めにとり，身体を安定させる。また，スイングの際に膝の屈伸も利用する。

技術写真5-4　バックショート・プッシュ（ペンホルダー）

技術写真5-5　バックハンドドライブ（上回転をドライブ）

技術写真5-6　バックハンドドライブ（下回転をドライブ）

打球後は，素早く基本姿勢に戻ることも重要である。

5 ペンホルダーの裏面ドライブ［技術写真5-7］

以前ペンホルダーは表面（フォア面）のみが主流となっていたが，どうしてもシェークハンドと比較するとバックハンドに課題が見られていた。その課題を克服するために考案されたのが，ペンホルダー裏面打法である。

1999年世界選手権アイントホーフェン大会で男子シングルス優勝の劉国梁選手（中国）が使い始め，現在のペンホルダーに受け継がれている。当時の選手は表面でのショートやブロック技術も併用していたが，その概念から脱却し，シェークハンドと同じようなスタイルを目指した王皓選手（中国）が現れ，2009年世界選手権横浜大会の男子シングルスに優勝し，ペンホルダー両面打法型という新しいスタイルを確立した。

バックハンドを表面で打球するタイプの選手は，バックハンドのラケット角度をつくるために，グリップを工夫（具体的には，中指の位置を小指側にどのくらい移動させるかなど）する必要があった。しかし，現代の裏面打法選手のグリップは，フォアハ

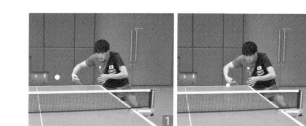

技術写真5-7　バックハンド（ペンホルダーの裏面ドライブ）

ンドが打ちやすいグリップの状態で，バックハンドも打ちやすいグリップになっている。これはシェークハンドの感覚と同じように，フォアハンドは手のひらで打球する感覚に近く，バックハンドは手の甲で打球する感覚に近い。このために，両面ともにラケット角度をつくることが容易になり，スムーズなラケット操作が可能となっている。

　ペンホルダーの裏面打法は，技術的にはシェークハンドのバックハンドとほとんど変わりなく行える。また，シェークハンドのバックハンドより（手首が

利く）ラケットが下側に向けやすい，横回転を加えやすい，台上の細かなプレーがしやすいなど，ペンホルダーのグリップの長所を生かしたプレーに発展してきている。

●6…ツッツキ

　ツッツキとは，相手の下回転や横下回転のボールを台上において，下回転で返球する技術のことである。

技術写真6-1　ツッツキ（シェークハンドによるフォアハンド）

技術写真6-2　ツッツキ（ペンホルダーによるフォアハンド）

　ツッツキは，自分が攻撃できないときの守備的技術の要素でもあったが，近年は台上で先手をとるための技術，相手の強打を防ぐ，さらにレシーブ時の戦術の1つとして重要な基礎技術になっている。ツッツキの技術の優劣が試合の勝敗に大きく影響してくることが多いので，早い時期からしっかりと身につけたい。

　ツッツキを上手く生かすためには，台上でツーバウンド以上するように小さく返球（ストップ）したり，エンドラインいっぱいに深く返球したり，サイドを切って返球したりすることが重要である。

　近代卓球においてもツッツキの技術の優劣が勝敗を左右する。

■1 ツッツキの打球点

　確実に入れるという目的からすれば，バウンド後の頂点を過ぎた付近が最適な打球点となる。

　相手コートでツーバウンドするように，小さく返球する場合には，バウンドした直後が最適打球点になる。ネットに近いため，小さく狙って返球しやすい。

　カット型の一般的なツッツキの打球点は，エンドライン後方のボールの下降期をとらえると低く確実に返球しやすい。また，相手が強打して来たときに，カットの位置まで戻りやすい。

　ツッツキは，状況によって最適な打球点を見つけることが大切である。

■2 ツッツキの基本打法 ［技術写真6-1〜6-3］

　ラケットは上向きで，ラケット角度に注意する。バウンド直後で打球して，肘を支点にして振り抜く。バックハンド，フォアハンドは両方とも台の上で行う技術なので，足をしっかり踏み込みボールに身体を近づける。肘を伸ばしたまま打球しないこと，しっかりボールに下回転をかけて返球することに注意して行う。手首を必要以上に使おうとするとコント

技術写真6-3　ツッツキ（シェークハンドによるバックハンド）

技術写真6-4　ツッツキ（フォアサイドに曲がる横下回転）

技術写真6-5　ツッツキ（バックサイドに曲がる横下回転）

ロールが定まらない。

　ツッツキはバックハンドで行う場合が多いが，自分のフォア前に下回転系のサービスを出されたときやカット型と対戦したときには，必ず必要となる技術である。

　ストップの技術と合わせて，フォアハンドのツッツキもマスターする必要がある。

❸ 横下回転のツッツキ［技術写真6-4，6-5］

　下回転のツッツキだけでなく，横下回転のツッツキを有効に使うことで，相手の読みをはずしたり，相手を大きく動かしたりすることによって次球の攻撃が可能になる。横下回転のツッツキには，相手が右利きの場合には，フォアサイドへ曲がる横下回転と，バックサイドへ曲がる横下回転の2種類がある。

❹ ツッツキに変化をつける

　さらに，次のことができるように練習する必要がある。

・ボールに強い下回転をかけて相手のスピードボールを防ぎネットミスを誘う。

・横下回転（サイドスピン）を混ぜてミスを誘う。

・早いタイミングで打球し，相手に時間を与えず十分な体勢で攻撃をさせない。

・深いツッツキを送り，相手に強打や攻撃のミスを誘う。

・身体の向きと送球方向を変えて，相手の逆をつく（逆モーションプレー）。

●7…ブロック

　相手から強打された場合に止める技術がブロックである。

　ブロックの技術を高めないと，競技力の向上は望めない。卓球を始めたばかりの選手からトップ選手まで，ブロックの技術をいかに高めるかが重要である。

　男女のトップレベルの選手は，ブロック力が際立っていて相手の強打を何本も返球することができ，反撃に転じることもしばしば見ることができる。

　ブロックの苦手な選手は，現代卓球では勝ちにくい。特に中国選手は，ほとんどの選手が，ブロック力を強化し，世界一の座を保ち続けている。日頃の練習からブロックの練習を組み入れ，攻撃練習の相手をする際には，自分のブロック力強化にもつながることを意識して，きちんと取り組むことが大切である。

　ブロックの技術の基本的な考え方としては，ラケットヘッドを上げてボールがバウンドした後の頂点付近をとらえボールの回転を抑える。

　強ドライブやスマッシュの球速や回転に合わせて，ラケットの角度をつくり，その面を保ちながら押し出すようにする。

フォアブロック

バックブロック

強ドライブをブロックする馬龍選手

●8…フットワーク

卓球競技において，フットワークは選手のプレー領域を広げるだけでなく，最適なプレー位置を確保するために大切である。それによって，局面に応じた打法の選択や，打球コースの正確性も確保でき，次の展開を有利に進めることができる。

どこにボールが来ても，その局面に適した打法（フォアハンド・バックハンド）を選択して素早く移動し，次の打球に備えることが大切である。フットワークは，シャドープレーでも習得することができる。

試合でのいろいろなケースを想定し，フットワークを研究する姿勢が大切である。

◤1◢ 練習を行う場合の注意点

各種フットワーク練習を行う場合の基本的な動き方と注意点は，次の通りである。

・両足が，同時・同速・同幅を保つ。
・微調整のステップは，膝と足首を柔らかく使う。
・母指球（足の親指の付け根）で床を蹴る。
・移動の際に上下動を少なくし，アゴを引いて，前傾姿勢を保つ。
・基本的な動き方を意識して，正確に速く動き打球スピードを増すように心がける。
・コースを指定して，フットワーク練習を行う。動く際に前傾姿勢が確保できるようになったら，より速く動くために，1球目より2球目，2球目より3球目と打球スピードを上げていく。

技術写真8-1　前後に動くフットワーク

技術写真8-2　左右に動くフットワーク

・ランダムなフットワーク練習をして，実戦的な動きができているかをチェックする。

・ランダムなフットワーク練習を行いながら，どこから，どこへでも強打やスマッシュができるようにする。

2 練習法の実際

❶ 前後に動くフットワーク［技術写真8-1］

フォアクロス，バッククロスあるいはストレートとコースを変えて，フォアハンド・バックハンドで前後に動くフットワーク練習をする。

❷ 左右に動くフットワーク［技術写真8-2］

送球者がフォアサイドからフォアとミドルに1本ずつ送るボールに対して，フォアハンドで左右に動いて打つフットワークを行う。余裕があれば，フォアとバックに範囲を広げる。

❸ 3点フットワーク

送球者がフォアサイド，もしくはバックサイドから，フォア—ミドル—バックに送られてくるボールに対して動く3点フットワーク（フォアへの飛びつきも含む）。バック—ミドル—フォア—バックに送られてくるボールに対して動く3点フットワークを行う（図4-6）。

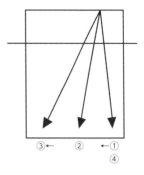

図4—6　3点フットワーク

❹ コート3分の2面あるいは全面ランダムのフットワーク

送球者がフォアサイド，もしくはバックサイドから，ランダムに送球するボールに対して，両ハンドでフットワークを行う。

❺ 回り込み [技術写真8-3]

　回り込みは，回る動作と踏み込む動作から成り立っている。バックサイドに回り込んだ際は，一球で決める決意と動きが必要である。

❻ 飛びつき [技術写真8-4, 8-5]

　フォアハンドでの飛びつきは，3つの方法がある。

・一歩動：右足を大きく1歩踏み出し，続いて左足をフォローする。前陣でショートを多用するプレーヤーはこの動きが重要である。

・二歩動：両足をほぼ同時に移動させて打球するフットワーク。動く距離が小さい場合に適している。

・三歩動：大きく動くときには，右足を少し出し，

技術写真8-3　回り込み

技術写真8-4　飛びつき　二歩動

技術写真8-6　切り替え

次に左足を身体の前を交差させて動かし，その後右足をフォローする。飛びつきの際にバランスが崩れないようにすると同時に打球後の戻りを早くするためには，足腰と体幹を鍛える必要がある。

❼ **フォアハンドとバックハンドの切り替え**
[技術写真8-6]

初期の段階では，ゆっくりとしたテンポで切り替えを行ってもよいが，徐々にテンポを速くしていかないと実践的とは言えない。フォアハンドとバックハンドの切り替えをスムーズに行うには，足の位置

技術写真8-5 飛びつき 三歩動

が平行足，右足が前，左足が前のいずれの位置でも打球できるようにしておくことが大切である。身体の向きは，相手に対面するようにすることでフォアサイドもバックサイドもスムーズにラケットが出せる。打球後は，素早く戻りラケットを身体の前でキープする意識をもつことで，次に備える時間をつくることができる。特に注意することは，フォアハンドもバックハンドもスイングが大きいと遅れるので，コンパクトなスイングを意識することである。

❸ ピッチの速いラリーに対応するために

　ピッチが早くなるとフォアハンドとバックハンドを使って対応してくことが基本となる。打球後に素早く基本姿勢に戻ることが要求される。基本姿勢に戻るときには，バックハンドが打ちやすい構えになっていることが重要である。フォアハンドは，多少打球タイミングを遅らすことが可能である。バックハンドは，身体の正面で打球するため打球タイミングを遅らせることができない。ただし，フォアハンドを多く使うスタイルの場合は，基本姿勢に戻ると

同時にラケットをややフォア側にキープすると特徴を出しやすくなる。

　練習方法としては，コート全面にランダムに速いピッチでボールを送ってもらい，フォアハンドとバックハンドで打球することが一般的である。この練習は，反応の速さも鍛えられるので多くの選手が取り入れている。

　現代卓球の速いピッチのラリーに対応するために，両足が平行でも右足を前に出した状態でも，フォアハンドでの強打が可能なように，腰の捻りを十分活用した身体の使い方をマスターすることも重要になってきている。

　フォア・バック両サイドのどちらにボールが来るか分からない時点で，右足を大きく引いて構えた場合，バックサイドにボールが来たときは，反応が遅れてしまい返球が難しい。

　前陣打球のケースが多い現代卓球では，両足が平行，右足が前，または右足が後ろというすべての条件で，打球が可能になるように練習を積む必要があ

練習8-1　ストップレシーブから4球目の動き　〈石垣優香　女子JNT, HNT, EAコーチ〉

練習8-2　チキータレシーブから4球目の動き

る。

　また従来バックハンドはフォアハンドに結びつけるための技術で，どちらかというとフォアハンドの威力の方が重要視されて来た。しかし現代卓球では，フォアハンドもバックハンドも同等の力が要求され，バックハンドでの得点率が高まってきている。したがって両ハンドを同じ力でスムーズに振ることと，バックハンドでの得点能力を高めていくことが重要となってきている。

４ 効果的な練習方法

　まずは基本を確かめながら，スムーズに振れるようになるため両サイド交互に各１本あるいは各２本等，あらかじめコースを限定してスタートするとよい。徐々にできるようになってきたら，ランダムに返球してもらい，両ハンド同等の力で振れるように意識する。

　サービスから３球目攻撃，５球目攻撃のメニューは，よく行われているがレシーブからの練習方法をいくつか紹介する。

①相手のショートサービスに対してストップレシーブをして相手にダブルストップまたは，両サイドに深くツッツキをしてもらい４球目攻撃を仕掛ける。［練習8-1］

②相手のショートサービスに対して両サイド深くツッツキレシーブをして，相手にループドライブをしてもらい４球目をドライブ攻撃で狙う。

③フォア前にショートサービスを出してもらいチキータレシーブをストレートに送り，相手にバックサイドに素早く返球してもらい４球目をバックハンドで攻撃する。［練習8-2］

・注意点

　速いラリーの中でボールに追いつくことだけを意識すると手打ちになる。

　まずは来るボールに対して瞬間的に体勢を整えることが重要である。

　その体勢をつくることで，ボールに力を加えることができる。

　力を伝えようとして，前陣で大きな体重移動をす

ると遅れてしまう。小さな体重移動で大きな力を発揮することが求められる。

化が求められている。

❶ カットの基本打法

ストロークの基本は，フォアカットは肩を支点に，バックカットは肘を支点にラケットを立てた状態で頭の高さまで持ち上げて，ラケットを振り下ろすようにスイングする。

●9…カット

カットは台から距離をとった位置から，下回転をかけて相手コートにボールを入れる技術であり，対戦相手にとっては攻撃しづらいボールである。

最近では，カットでしのぎ，相手のミスを待つプレースタイルでは勝ちにくくなっている。相手のドライブに対して，カーブロング，ドライブ，パワードライブで対応する時代になっており，守備範囲の広さ，カットやツッツキの変化に加え，攻撃力の強

❶ フォアカット［技術写真9-1］

手首を極端に内側や外側に曲げたりしないで，上から下にスパッと切り下ろすようなイメージでスイングする。

基本姿勢は，左足を少し前に出して構える。右足をやや後方に引き，飛んでくるボールの延長線上に右足のつま先を合わせ，ボールをカットすると，"ス

技術写真9-1　フォアカット　〈小塩遥菜選手〉

技術写真9-2　バックカット

トライクの位置"でボールをとらえることができる。

❷ バックカット ［技術写真9-2］

　基本姿勢は，右足を少し前に出して構える。バックに飛んでくるボールの延長線上に左足のつま先を合わせ，カットすると"ストライクの位置"でボールをとらえることができる。

❷ カット主戦型のラバー

❶ 片面表ソフトラバー

・相手のボールに対して自分で回転のコントロールができる。

・攻撃しやすい。

・回転があるボールや強いボールに対して角度が合っていないとオーバーミスしやすい。

❷ 片面ツブ高ラバー

・相手の勢いのあるボールや回転のあるボールを抑えて安定したカットを返球できる。

・回転の変化は表ソフトラバーに比べるとコントロールしにくい。

❸ 両面裏ソフトラバー

・アタックだけではなく，チキータやバックドライブなど，攻撃しやすいだけではなくバリエーションが増える。

・自分で回転のコントロールもできるが，相手の回転のあるボールや勢いあるボールに影響を受けやすく抑えにくい。

❹ アンチラバー

・相手の回転に影響を受けにくく，無回転に近いカットにすることができる。

・切れたカットにすることが難しい。

❸ カット主戦型のフットワーク

❶ 前後に動くフットワーク

・ストップとドライブに対する動き

・長短のドライブに対する動き

　上記のストップとドライブに対する動きのメニューのストップ部分を短いループに変更して行う。

❷ 左右のフットワーク

・フォアとバックの切り替えによる動き。

・両サイドとミドルのフットワーク。余裕があれば範囲を広げて行う。

技術写真9-3　フォアミドルカット

技術写真9-4　バックミドルカット

・ミドル1本，両サイド1本のフットワーク。ミドルに来たボールはフォア・バックどちらか判断してカットする。

❸ ミドル処理のフットワーク［技術写真9-3, 9-4］

・フォアミドルへの強打に対して，右足を左足の後方に引いたフォアカット，または左足を右足の後方に引くか懐を深くしてカットする動き。

・1本目はミドル，2本目は両サイドの繰り返しのフットワーク。ミドルに来たボールはフォアかバックのどちらかで打球する。

・両サイドでカットをしていて，時々ミドルにドライブを送ってもらいミドルへの意識を高める練習。

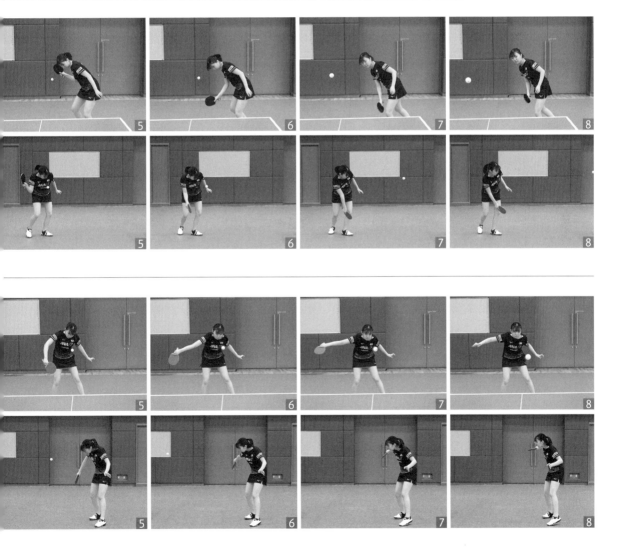

④ 競技力向上のために必要なこと

まずは，カットそのものの安定性と回転の量や質の変化を高めることをベースにプレースタイルを確立しなければならない。その上で攻撃選手と同レベルの攻撃力をもつプレースタイルが求められる。

また，大きく長時間動ける「体力」，打たれ強い「忍耐力」が必要となる。

台からの距離があったり技術の種類が多いため，習得するのに時間がかかる戦型ではあるが，コツコツ練習することによって身につく。上達に伴いカットマンの楽しさや魅力を体感することができる。

●10…ダブルス

ダブルスではコンビネーションが重要とされる。コンビネーションを養うために重要なものとして，パートナーとの会話，タイミング，リズム，考え方の一致，判断能力が挙げられる。それらを意識して日々の練習や試合をこなすことで，よいペアに成長していくことができる。

その中でも特に重要な点は以下となる。

① サービス

サービスの基本的な考え方は低く，短く，2バウンドで正確に出すことにある。そうすることで3球目を待つパートナーが攻撃しやすくなる。しかし近年はチキータレシーブが主流となってきており，チキータ封じに長いサービスや短いサービスでも最初からコースを散らしたり，いろいろなサービスを出すことが多くなってきている。そうすることで相手に的を絞らせない狙いもある。

サービスの練習をするときにまず重要なのは，低く短く2バウンドで正確に様々なサービスを出せることである。それに加えセンターラインギリギリに出すサービスや，意図的に1バウンドでボール1つ分だけ台から出る少し長めのサービスも練習しておくと効果的である。なぜならば際どいサービスであればあるほど相手に迷いが生じ，厳しいレシーブを防ぐこともできるからである。

しかし，このサービスは非常にコントロールが大切になるため，あまり強い回転をかけてしまうとミスにつながるので，力加減が重要となる。

② レシーブ

相手のサービスによってレシーブ技術は変わって来るが，4球目を待つパートナーのことも考えレシーブをすることが重要である。そのためにお互いでサインを出し合ったり，会話をすることが重要となる。

レシーブの練習については，以下のようなものが考えられる。

・練習相手にいろいろなサービスを出してもらうレシーブ練習
・苦手なサービスを出してもらいそれに対するレシーブ練習
・コースを考えての練習
・試合での対戦相手が決まっていたら，相手の弱点を考えた想定練習
・新しいレシーブ技術の開発と向上
・4球目を待つパートナーを考えたレシーブ練習

③ 3球目について

サービス側で次に重要なのは3球目攻撃である。ダブルスではパートナーもいるため3球目を待ちやすい，攻撃しやすいサービスを出してあげることが重要である。相手のとりにくいサービスを出すことと，パートナーが攻撃しやすいサービス両方で考えることが重要となる。練習するときには，2人の得意なパターンをつくるために，お互いで話し合いながら攻撃パターンをつくっていくことが求められる。

④ コース取りと判断能力

速いラリーの中で，重要となってくるのが自分が決めるボールなのか，パートナーにつなぐのかの判断である。特にパートナーにつなぐ場合にはコースを考え相手の弱点に打つ場合と，パートナーの得意

2021年世界卓球選手権ヒューストン大会
男子ダブルス3位，宇田幸矢選手・戸上隼輔選手

2021年世界卓球選手権ヒューストン大会
女子ダブルス準優勝，伊藤美誠選手・早田ひな選手

2017年世界卓球選手権ドイツ大会
混合ダブルス優勝，吉村真晴選手・石川佳純選手

東京2020オリンピック
金メダル，水谷隼選手・伊藤美誠選手

なところに返球される可能性の高いコースに打つことが求められる。自分だけのことを考えて打球するのは危険である。どのコースを中心に攻めるのか，それもお互いの会話が重要となってくる。

5 コミュニケーション

　ダブルス種目において一番欠かせないのは，選手同士のコミュニケーションである。

　誰と組ませるかといったダブルスのペアリングを考える上でも重要なポイントになる。試合前には対戦相手を分析し，どう戦うかの意思疎通を図っておくことが大切である。

2021年世界卓球選手権ヒューストン大会
混合ダブルス準優勝，張本智和選手・早田ひな選手

パートナーと話し合う内容としては以下が考えられる。

① サービスの組み立て（コースや種類等）
② サービス3球目の待ち方と攻め方
③ 攻撃していくコースについて相談する
④ 相手が攻撃してくるであろうコースに対して対処法等について相談する
⑤ 相手のサービスの癖を読む
⑥ レシーブの組み立て
⑦ レシーブ4球目の待ち方・攻め方を話す
⑧ 相手の強みと弱みの分析をする

2人で相手の分析をしっかりすることで試合を優位に進めることができる。

6 世界大会での日本代表ペアの好成績の要因

近年ダブルス種目において日本代表ペアが好成績を収めている背景には，早い年代から国内大会があることや国際大会への積極的な参加が考えられる。ダブルス種目は多くの大会に参加していくことで，徐々にペアリングがよくなっていく。

7 ミックスダブルスについて

ミックスダブルスでは，男子選手の打ったボールを女子選手が受ける。男子選手はもちろん，女子選手のレベルも高いことが要求される。

東京2020オリンピックのダブルス種目でメダルを獲得したのは，すべてアジアのペアだった。その背景には女子選手の実力がトップレベルであったことが要因として考えられる。

男子選手のパワーボール，回転の強いボールに対しどれだけ対応することができるのか。そして同時に自分のボールにして返球できるかが重要となる。

最終的に結果を左右するのはメンタルである。ゲームを進める過程で，いずれかのプレーヤーが好不調の波があったとしても，パートナーがそれをカバーし，よりよいゲームメークをすることが大切である。

技術写真1-1　ロビング

技術写真1-2　フィッシング

2. 応用技術

●1…つなぎ

攻められたときに失点を少なくする技術として「つなぎ」が重要になってくる。

「つなぎ」で代表的な技術がロビングとフィッシングである。

1 ロビング［技術写真1-1］

ロビングは，ボールを高く返球して相手の攻撃をしのぐ技術である。

1967年世界選手権バーミンガム大会のチャンピオンである長谷川信彦選手は，ロビングの回転量や高さを変えて戦っていた。

技術的なポイントとして，相手コートに高く深いロビングを出すことができるようにする。打球する前にボールの放物線の頂点をイメージし，そこを狙ってロビングを上げる感覚をつかめるように練習することが大切である。

ロビングの練習をとり入れると，空間認知能力を高めることができる。

2 フィッシング（フィッシュ）［技術写真1-2］

魚釣りの竿がしなる様子に似ていることから「フィッシング」と呼ばれる。

ロビングに比べて低い軌道で返球する"しのぎ"の技術である。相手のドライブ回転をうまく利用しボールを伸ばす感じでコースを狙うことが大切である。

フォアハンド，バックハンドの両方とも，身体のやや前で打球する。

中陣から後陣でしのぎ，反撃のチャンスをうかがい，相手を左右に動かしてチャンスをつくり，攻めていくための技術である。

●2…異質反転プレー

ペンホルダー，シェークハンドにかかわらず，ラケットの表面と裏面に質の異なるラバーを貼っている選手も少なくない。特に女子選手に多く見られるが，その種類も様々で組合せパターンも多い。表ソフトラバー，ツブ高ラバー，アンチラバー，一枚ラバーなどと裏ソフトラバーとの組合せがほとんどであるが，表ソフトラバーと組み合わせている選手も見られる。このことは初期の目的としては，ラバーによる球質の変化を戦術に生かしたり，レシーブ力や守備力を補ったりするものである。

しかしながら，競技レベルが上がるにつれて，そのラバーの特性をフルに生かした応用技術として，次のような反転プレーも効果的である。

・ツッツキのラリー中に反転させて変化によるミスを誘ったりチャンスボールをつくったりする。

・通常は表面に裏ソフトラバーを貼っている場合でも，反転させてフォア前をツブ高でレシーブする。

・通常表面が裏ソフトラバーでも，反転させてアンチラバーやツブ高ラバーでドライブする。

・通常裏面がツブ高ラバーの選手が反転させて，裏ソフトラバーでバックハンドドライブを行う。

このように，弱点を補うだけでなくラリーを有利に運ぶことができるという点で，異質反転プレーは今後も発展性があり，ぜひとも身につけたい技術である。そのためには，初期段階からラケットを反転させる練習を行っておくことが大切である。

---

3. 多球練習

一球練習は，球拾い等の時間を考えると非効率である。そこで，ボールをたくさん使用し，コーチが連続的にトスを打ち出し，選手が打ち返すという多球練習が用いられる。ミスにかかわらず練習を続けられるので効率がよく，同じ動作や技を繰り返し練習できるので，正確な打球動作，技術の感覚や打球ポイントをつかみやすい。さらに，多球練習はコーチと選手が一体となり，技術はもちろんのこと，選手の目指す卓球スタイルについてもお互いで共有できるという側面もある。

ただし，目的と練習内容が合っていなかったり，選手のレベル以上に負荷がかかったりすると練習効率が低下するので，注意が必要である。

●1…多球練習の概要

多球練習は，基本の技術や動き，さらに実戦的な内容まで行うことができるので重要となる。

① 多球練習の目的
・打球感覚を覚える。

・一つひとつの技術の向上を図る。

・長所を伸ばす練習・課題や弱点を克服できる。

・動きの速さや持久力を高める。

・打球後の戻りを早くする。

・判断力と予測能力を高める。

・実戦力を高める。

② トスの種類
トスを打ち出すコーチ側のコートにワンバウンドさせてから打球し相手コートに送る場合と，トスを直接打球し相手コートに送る場合の2種類がある。

また，フォアハンドとバックハンドのトスがある。

多球練習の様子

❸ トスの球種

ドライブ，スマッシュ，ストップ，ツッツキ，カットなど，様々な球種を送球できる。

❹ 注意点

打球のタイミングや球種，コースなどが，選手のレベルや練習の目的に合うように，トスを打ち出すことが重要である。

トスのリズムが，実際のラリーに比べて速くなりすぎたり，遅くなりすぎたりしないように注意する。また，試合中のラリーを再現するように，ボールのスピードや回転に強弱を加えて，トスの球種にバリエーションをつけることも大切である。選手が練習に対し雑にならないよう注意したい。

●2…戦型別の多球練習

実戦では，安定性，攻撃性，意外性が必要である。したがって，コーチは選手の個別の課題や返球の質をチェックしながら多球練習を行う。

❶ 攻撃型選手の練習メニュー

❶ 送球数の目安

送球数は，選手の年齢や目的によって異なる。

① 小学生

1球1球しっかりとしたフォームで質の高いボールを打たせるためにも，球数を少なくするのが効果的である。20〜30球×2回か3回が目安となる。

② 中学生，高校生

体力がついてくるため以下の目的で球数を考慮すると効果的である。

・フォームやボールの質を確認することを目的とする場合，20球〜30球×2回か3回が目安となる。

・下半身の強化や持久力の強化等を目的とする場合，50球〜70球×2回が目安となる。

③ 大学生，社会人，トップクラスの選手

フットワークの練習が大切であり，コースや技術を指定し，一つひとつの技術の向上や戦術，実戦的な練習等で自分の長所を伸ばしていく練習が効果的である。

❷ 技術や打球感覚を覚える

・フォアハンドロングとドライブ

選手をフォア側に構えさせて，上回転のかかったボールをトスする。

・バックハンドロングとドライブ

選手をバック側に構えさせて，上回転のかかったボールをトスする。

・レシーブ

コースや回転を指定した分習法から，徐々に全習法へと練習内容のレベルを上げていく。レシーブで用いる技術である，ストップ，ツッツキ，フリック，チキータなどを練習する。

・台上プレー（3球目で使う技術）

フリック，ストップ，ツッツキ，流し，ナックル，チキータなどの技を覚える。ストップのトスをネット際全面にランダムに出す。選手は上記の技術を混ぜて打球する。必ず元の位置に戻った後で，次のトスを行う。

・ツッツキ

下回転，横下回転など，ツッツキで色々な回転のトスを出す。また，回転量を変化させながら，コースに意外性をもたせる。トスは全面に出し，選手はドライブやスマッシュで打球する。

・ブロック

コーチは強打や強ドライブを全面に，または指定した範囲にトスする。カウンターブロック，回転をかけたカウンタードライブ，カットブロックなどをマスターする。

❸ 動きの速さや持久力を高める

送球数は，1種目50〜70球×2回が目安となる。トスは一定の決められたコースや球質のボールを送るが，時々想定外のトスを送り，ボールに対する瞬間的な対応力を高める。

・フォアハンドで左右移動のフットワークからランダム

フォア側3分の2コートに左右交互にトスを30球，続いて2分の1コートにランダムのトスを20球程度送る。この練習は，フットワークに重要な大きな動きと小さな動きを鍛える効果がある。打球点，打球コースに注意しながら行うとよい。

・バックハンドで左右移動のフットワークからランダム

バック側2分の1コートにトスを左右交互に30球，

続いてランダムにトスを20球程度送る。常に最適な位置で打球できるように細かい足の運びを身につける。

・フォアハンドとバックハンドの切り替え

フォアとバックにトスを1本ずつ交互に30球，続いて左右ランダムに20球程度トスする。両ハンドともに同じ力で打てるように意識する。

・フォアハンドの飛びつき

トスをミドル→バック→フォアの順で繰り返し送球する。フォア主戦型の選手にとって回り込みから飛びつきのフットワークとなり，重要な多球練習である。

・フォアハンドの回り込み

トスをミドル→フォア→バックの順で繰り返し送球する。バックに来たボールに対し，ボディーワークも使って懐を深くして対応することがポイントとなる。

・ストップ+ツッツキを両ハンドドライブで打球

ストップのトスを送る→選手はストップで返球→ツッツキでランダムにトス→選手は両ハンドドライブで打球する。前後の正確な動きを注意しながら正しく打球する練習である。

・ツッツキ打ち

ツッツキを両サイドにトスし，フォアハンドで動いて打球。その後ランダムにトスする。足の動きを微調整することと，ボールの来る位置に素早く動くことが要求される。

❹ 実戦力を高める

・サービスからの展開

1) 3球目攻撃で先手をとり連打

選手はサービスの素振り→ツッツキやフリックのトス→3球目攻撃→トスを3〜4球

2) 3球目攻撃でチャンスをつくり，5球目以降連打

サービスの素振り→ストップのトス→3球目台上プレー→トスを3〜4球

3) 上記1)と2)を混ぜた3球目からのラリー

サービスの素振り→色々なレシーブのトス→3球目攻撃→トスを3〜4球（打球のコースをストレートと指定してもよい）

・レシーブからの展開

1）ツッツキレシーブから4球目ブロック

ショートサービスのトス→ツッツキレシーブ→強ドライブを3球連続トス（時々ツッツキを混ぜる）

2）ストップレシーブから4球目攻撃

ショートサービスのトス→ストップレシーブ→ストップかツッツキで返球（時々ドライブのトス）→両ハンドドライブやアタックで攻撃

3）フリックレシーブからの展開

サービスのトス→フリックレシーブ→ラリー3球連続トス

・対カットの多球練習

1）回転の変化のあるカットボールの対応

回転に変化をつけたカットボールを左右交互またはランダムにトス。選手は変化を見分け，ドライブやアタックで正確に打球する。

2）ストップ後の強打

カットボールのトス→選手はストップ→ツッツキのトス→強打や強ドライブ

❷ カット主戦型（守備型）選手の練習メニュー

❶ 技術を高める

・フォアハンド，バックハンドの攻撃

フォア側またはバック側にトス，フォアはドライブやアタック，バックはショートやバックハンドで打球する。異質ラバーを使用している場合は，異質ラバーで打つ場合と裏ラバーで打つ場合の2パターンを練習する。

・フォアハンドカット（主戦武器）

フォア側2分の1コートに強弱を混ぜてトス，フォアハンドカットで打球，その際，打球点や回転に変化をつけたり，時々攻撃を混ぜたりする。

・バックハンドカット（主戦武器）

バック側2分の1コートにトス，強弱を混ぜる。

バックハンドカットで打球し，その際，打球点や回転に変化をつけたり，時々，攻撃を混ぜたりする。

・ツッツキ

回転やコースの変化をつけたツッツキのトスを全面に送る。選手は打点や回転の変化をつけて，コントロールと球質を高め，武器となるように練習する。異質反転型の選手はラケットを反転させながら返球する練習も必要である。

・レシーブ

回転やコースを指定した分習法から全面的な全習法にレベルを上げる。選手は回転，コースなどの正確な判断を高め，レシーブの練習に取り組む。フォア前のショートサービスに対しては，両ハンドのツッツキなどでレシーブする。甘いサービスに対しては攻撃も混ぜる。

・フォアハンドとバックハンドのツッツキ打ちと強打

全面にツッツキのトス→選手は両ハンドのドライブなどで攻撃→次に全面にラリーのトス，選手は両ハンド強打，これを繰り返す。攻撃のスイングやラケット角度の違いをマスターする。

❷ 動きの速さや持久力を高める

主に足の運び，バランスをとることを目的に，カットの安定性・変化と攻撃力を高める。

・フォアハンドカットで左右移動から全面のフットワーク

フォア側3分の2コートに左右交互にトス，選手はフォアハンドカットで打球，30球程度。次にフォア2分の1コートにランダムでトス，20球程度。

・バックハンドカットで左右移動から全面のフットワーク

バック側3分の2コートに左右交互にトス，選手はバックハンドカットで打球，30球程度。次にフォア2分の1コートにランダムでトス，20球程度。

・フォアハンドとバックハンドの切り替えから全面のフットワーク

　ドライブボールのトスをフォアとバックに交互に30球トス，それをカットで返球。その後，ランダムで20球程度。

・前後のフットワーク

　ドライブとストップのトスを交互に，コースはランダムに送る。選手は前後に動きながらカットとツッツキの練習を行う。

・ミドルカットのフットワーク

　ドライブをフォアミドルとバックミドルへ交互に1本ずつトス，フォアミドルはバックカット，バックミドルはフォアカットで打球，ミドル付近のカット練習となる。

・ツッツキ打ち

　ツッツキのトスをランダムに送球，選手は両ハンドで攻撃をする。

・強打や強ドライブに対する返球

　強打や強ドライブを連続的に30〜40球トス，送球範囲を指定または全面に，選手がそれを返球する練習。

❸ 実戦力を高める

・レシーブ→4球目の対応

　レシーブと3球目攻撃に対する練習。

・ナックルカット→両ハンド攻撃→トス2〜3球に対し連打

　ナックルカットでチャンスをつくり攻撃する練習。

・ラリー中のストップやツッツキを狙い打つ

　切れたカットの後にナックル性のカットを打ち，相手の浮いたストップを狙い攻撃する。

・カーブロングからの攻撃

　ラリー中にカーブロングを混ぜて攻撃する。

・チャンスボールを上げる→スマッシュ→切れたカット

　わざと浮かせたカットを相手に強打させて，次のボールを切ったカットで返球する。

・一方に寄せられ逆コースに強打された場合の対応

　サービス→レシーブトス→3球目攻撃→2〜3回同じサイドにラリー→逆コースに強打→返球

・ツッツキ打ちから連打

　ラリーのトス→カット→ツッツキで返球→両ハンド攻撃→ショートで返球→連打

・凡ミスを減らす練習

　いろいろな球種を混ぜ，ランダムのトス→変化カットや攻撃を混ぜる。

　回数を決めて続ける練習。

❸ カット対カットの多球練習

・変化カットへの対応

　回転やコースの変化を混ぜたカットボールを全面にトス。変化を見分けドライブやツッツキで対応する。

・ツッツキ打ちからの攻撃

　ツッツキのトス→両ハンド攻撃→トスを2〜3球全面に送る→選手は攻撃。

❹ ダブルスの多球練習

　右と右のペアのダブルス種目を想定する。基本は2人が8の字を横にした動きである。お互いに打球後は，なるべくパートナーの後方に構える。

・2人の動きをよくする

　台上ストップをランダムにトス→選手は交互に動いて打球する。2人が重なる場面もつくる。50球程度。

　色々な球質のボールをランダムにトス→選手は交互に打球する。50球程度。

・3球目の技術の種類や安定性を高める

　パートナーがサービス動作→ストップ，フリックなどのレシーブトス→ドライブトスを4球程度連続で送球。

・2人のコンビネーションを高める練習（ツッツキ打ちからの動き）

　ツッツキのトス→1人がツッツキ打ち（10本交代）→その後，ドライブトスを4球程度全面に送球。

4.　戦術

●1…現代卓球に要求される戦術

　2001年に，試合における重要なルール変更が行われた。1ゲームが以前の21本先取から11本先取となり，様々な点で変化が生じることになった。その中で重要になってきたのが，試合運び，つまり戦術力である。

　カウントが接近した展開が多くなり，リスクの大きい技は使いづらく，安定した技術が求められる中で，得点しやすい回転系のドライブ打法が中心となっている。また，失点に対しても速やかな対応が必要とされ，遊びや余裕を感じさせるプレーや技術が少なくなってきている。

　戦術の幅をもたせるためには，試合展開に応じた技術の種類が必要となる。ドライブ打法にしても，「のびる」「カーブ」「シュート」するというような種類，打球点の種類，コースの厳しさ，タイミング等などの要素が要求される。

　最近の男子の傾向として，以下の点が特徴として挙げられる。
・両ハンド（フォアハンド，バックハンド）のバランスと威力（以前はフォアハンドが主流だったが今は同じ力で打てる両ハンドが要求される）
・決定打（男子では一発で決める決定打が必要で，相手にプレッシャーを与える）
・前陣でのプレーの速さに加えパワーの追求（以前は前陣では速さ，後陣ではパワーというイメージだったが今は前陣でも速さとパワーが要求される）
・常に相手よりも先手を取る攻撃的な卓球スタイル（相手のミスを待っていては勝利することはできない。常に相手よりも先手を取り続けることが大切）

　このように今は11本先取となり緊迫した状況が続く中でも，上記のようなプレーを常に意識することが勝利へとつながる。

　女子についての傾向は，「球質の変化」「打点の早さ」「ミドル対ミドルのラリー」「ブロック技術の種類」などが挙げられる。また，中国では20年以上前から女子選手の男子型の戦術・技術開発をスローガンに掲げており，その成果が実りつつある。日本でも体力を鍛え，前陣でも中陣でも戦える選手の育成が求められている。

●2…戦型とプレーの特徴

　使用するラケットやラバーの種類，プレーのスタイルなどにより，以下のように6つの戦型に分けられる。
・ペンホルダー，シェークハンド攻撃型で一発強打型
・ペンホルダー，シェークハンド攻撃型でラリー型
・ペンホルダー，シェークハンド攻撃型で異質型
・ペンホルダー表ソフト攻撃型
・カット型，守備中心であるが攻撃の比率が少ない
・カット型，守備中心であるが攻撃の比率が高い

　ここでは，一流選手を分析して戦型を分類し，そのプレーの特徴や，その戦型で戦う相手に対応する練習などを紹介する。

① ペンホルダー，シェークハンド攻撃型で一発強打型の選手

　フォアハンドまたはバックハンドでのパワーボールで先手を取り，強打や強ドライブの連続攻撃で得点する戦型である。特にペンホルダーの選手は，脚力を生かしてフォアハンドでのドライブ攻撃を多用することが多く，特にサービス＋3球目あるいは5球目攻撃での得点率が高い。プレーに鋭さはあるものの，荒さも付随しミスも多い。自分より格上の選手に勝つチャンスもあるが，反対に格下に負ける危

険も併せもつ。甘いサービスに対しては積極的にレシーブから強打する。サービスの回転，コース，スピードなどに変化をつけ，相手に容易にレシーブさせずに3球目で強打につなげる。

〈必要な技術と動き〉
・フォアハンドやバックハンドのパワー
・スイングの速さや身体の使い方
・連続攻撃のための足の動きや戻り
・足腰のスタミナ
・同じモーションから数種類のサービスが出せる技術（回転量の多い下回転サービスと同じモーションの無回転サービス）
・フォアハンド主戦タイプでは，フォアハンドでの回り込みから飛びつき後の動き。
・ショートサービスのレシーブの技の種類，その後の前後の動き。
・フォアに大きく動かされた後の，バックハンドでの対応。

〈対応練習〉
・ショートサービスに対する多彩なレシーブ練習
・ストップレシーブに対応する3球目の練習
・フォアに大きく動かされた後，バックへの深い攻

めに対応する練習
・バック対バックのラリーに対応する練習

❷ ペンホルダー，シェークハンド攻撃型でラリー型の選手

　ボールのパワーに頼るというより，ラリーの安定，球質の変化，コース取り，粘り強さなどで相手のミスを誘い得点する。守りも堅くミスが少ない。相手の心理を読み，逆を突いたり裏をかいたりする戦術が必要で，サービス＋3球目攻撃を時折混ぜる。サービスは比較的単純で，ラリーに持ち込みやすいサービスを使う。レシーブでの決定打は少ない。

〈必要な技術と動き〉
・両ハンドの安定したラリー，ブロック技術の種類と安定
・ラリー中の球質の変化，打点の変化，コースの厳しさ
・レシーブ技術の種類と安定性・意外性（逆モーションなど）
・両ハンドのコンビネーションと素早い動き
・台に接近してのプレー領域を保つ

〈対応練習〉
・ラリー中の球質の変化や，リズムの変化への対応

攻撃型で一発強打型の選手　（馬龍選手）

攻撃型でラリー型の選手　（王曼昱選手）

練習

・ミドル攻撃への対応練習

・ブロックの種類，安定，カウンター攻撃

・変化サービス，3球目攻撃に対応する練習

❸ ペンホルダー，シェークハンド攻撃型で異質型の選手

　シェークハンド，ペンホルダーともに，両面に質の異なるラバーを使用している。ラバーによる球質の変化，打点の早さや変化，反転技術などによる，相手のやりにくさを生かして得点する。相手を前後に揺さぶったり，回転量の変化を出したり，予測を外したり，意外性などを使い分けるといった特徴がある。特に異質ラバー特有の無回転に近いボールを連続して繰り出し，相手にネットミスを誘うことができる。女子のチームには，複数名の異質型の選手がいることも多い。

〈必要な技術と動き〉

・裏面のツブ高ラバーや表ソフトラバーを使った様々な技術でチャンスをつくり，表面（フォア面）の裏ソフトラバーで決定打につなげる。

・豊富な種類のブロック技。守りから攻撃で得点力を高め，特に前に落とす「ドロップショット」でチャンスをつくり反撃する。

・ツッツキの技術を高め，仕掛け技にして先手攻撃の糸口をつかむ。

・レシーブや台上プレーの高い技術。相手を前後左右に動かし，台から下げるような揺さぶりが必要である。

・サービスやレシーブで用いる反転技術。相手に対するやりにくさを追求する。

・スピードのあるロングサービスと併用した無回転のロングサービス。

・両ハンドのコンビネーション，打点の早い左右の動き，ラリーの安定，ミドル処理。

〈対応練習〉

・バックに深い変化サービスを出された場合の対応練習。

・バック側に強弱のボールを集められた戦術に対応する練習。

・異質面に送られたボールに対して，コースを変えたり強弱をつけたりするボールを打つ練習。

❹ ペンホルダー表ソフト攻撃型の選手

　表ソフトラバーは，打球時の球離れがよくスピードボールが打ちやすい。このタイプの選手は常に相

攻撃型で異質型の選手　（伊藤美誠選手）

表ソフト攻撃型の選手　（劉国梁選手）

手よりも先手をとり，高い打点をとらえた連続攻撃が重要となる。バック技術でチャンスをつくり，決め手はフォアハンドになるので，動きの速さや大きさ，反応の速さが重要となる。また表ソフトラバーは，裏ソフトラバーと違い回転量が少なく無回転ボール（ナックルボール）が出やすい。これも表ソフトラバーの特徴の1つである。表ソフトラバーの特性を生かしフォアハンドスマッシュに結びつけていくことが大切である。

〈必要な技術と動き〉

・先手をとるためのサービスのレベルアップ。特に3球目から積極的なスマッシュによる先手攻撃を多くできるようにする。

・フットワークの改善。なるべく連続攻撃ができるような素早い動き。

・安定したバック系の技術（ブロックやツッツキ，バックハンド）

・台上技術の豊富な種類と，高いレシーブ技術。なるべく先手攻撃のチャンスが多くつくれるようにすることが重要である。

・ツッツキ打ちの安定と打球点や球質の変化を混ぜた攻撃，ドライブ打法も併用する。

・フォアハンドの連打，振りの速さ，戻りの速さ。

〈対応練習〉

・回転の変化に対応する対応練習（強い下回転のツッツキや上回転のドライブ）

・変化サービスに対するレシーブ練習

・ラリー中の球質の変化，回転の変化へ対応する練習

⑤ カット型，守備中心で攻撃の比率が少ない選手

カットでの守備が8割くらいで攻撃の比率が少ない。守備中心でカットの安定，回転やコースの変化で得点するのが特徴で，粘り強さやスタミナが必要とされる。異質ラバーを使用している選手であれば，レシーブやツッツキ，カット，攻撃時にラケットを反転させて変化を加える。

相手の攻撃に対し，読みや動きを働かせて安定した返球ができるように，粘り抜く精神力や体力が求められる。

〈必要な技術と動き〉

・相手のドライブの強弱や，アタック攻撃，前後の揺さぶりに対し，安定したカットで返球する動きや技術

・チャンスボールに対して，両ハンドで攻撃できる技術

・前後，左右の動き，カットの回転や位置の変化，深いカットで相手のミスを誘う技術

・ツッツキのレベルアップ。安定はもとより回転の種類，コースの厳しさや前後の揺さぶり，打点の変化が必要

・中陣でのショートによるブロックやカーブロングで返球する技術

・相手の意表を突く，サービス＋3球目攻撃やストップに対する攻撃

〈対応練習〉

・3球目攻撃や前後の揺さぶりからミドル攻撃への対応練習

・ラリーを一方のサイドに集められ，突然空いてい

カット型，守備中心で攻撃の比率が少ない選手
（佐藤瞳選手）

る逆コースを狙われる攻撃への対応練習

・ドライブの強弱やコースの揺さぶりに対し，足を使い粘り切るスタミナを身につける練習

・ラリーからストップをツッツキで返球したボールを強打で狙われる攻撃への対応練習

❻ カット型，守備中心であるが攻撃の比率が高い選手

守備中心のタイプに比べ，守備力は劣るが攻撃場面が多く，攻撃での得点力は高い。ツッツキやカットの仕掛け技からチャンスをつくり連続攻撃で得点する。また，サービス＋3球目攻撃も頻繁に用いる。構えの位置が守備中心のタイプよりやや前寄りになる。

〈必要な技術と動き〉

・中陣でのカットの安定と仕掛け技からの攻撃

・カットから攻撃への素早い転換（切り替え）

・フォアハンドのドライブやアタックの攻撃力，バックショートの安定

・変化サービス＋3球目攻撃

・ナックルカットからの攻撃

・カットとツッツキの打球点の変化，回転の種類

・バックハンドでの攻撃

カット型，守備中心であるが攻撃の比率が高い選手
（村松雄斗選手）

・連続攻撃

・カーブロング

〈対応練習〉

・3球目攻撃に対応する練習

・ストップやツッツキからの強打に対応する練習

・ミドル攻撃に対応する練習

・スマッシュや強ドライブに対応する練習（特にミドルや両サイドに深い強打）

・攻撃を返球された場合に対応する練習（カットに戻すか連続で攻撃か判断）

5. 試合運び

ここでは，「試合運び」つまり試合の展開を有利に進めるための大切なポイントを紹介する。

最初のサービス，レシーブの1球目から最後の1球までの展開を考えて試合をすることは，とても大切なことである。またコーチは，試合前に集めた情報をもとに選手と確認を行い，試合に挑むようにする。

❶ 得意なパターンで試合をリードする

スタートは自分の得意なパターンや技術からスタートし試合の流れをリードしていく。

❷ 相手の対応を観察する

事前に相手の癖や弱点の情報を確認し試合に臨むことが，有利に試合を運ぶためにも大切なことである。選手はもちろんのこと，客観的に見ることのできるベンチコーチもしっかりと相手の分析をすることが必要である。

❸ 相手の戦術を分析する

相手の戦術を分析・整理して，冷静にゲームを進めることが勝敗を左右する。

また相手の弱点を早く見つけることができれば試合を有利に進めることができる。

相手を分析して，冷静にゲームを進める必要がある

声を出して最後まで諦めない姿勢が大切になる

　ただし，自分の得意な技術で試合を進めていると
きはよいが，苦手な部分や弱点を攻められてきたと
きに，どのように戦術を組み立てて対処できるかど
うかが重要なポイントである。

　試合中の戦術は常に変化していく。コーチは試合
の流れをしっかりと分析し，アドバイスすることで
選手を勝利に導くことができる。

❹ 試合の流れを考える

　試合の流れが自分に傾いている場合は，テンポよ
く自分のペースで試合を進めるのが好ましいが，相
手に流れが傾いている場合にはテンポを変えてみる
必要がある。

1本のファインプレーが試合の流れを変えることもある

　試合の流れはいつ変わるか分からず，1本のファ
インプレーや凡ミス等によっても劇的に変化してし
まう。そういった意味でも戦術の種類を数多くもち，
試合の流れや状況，雰囲気を読むことのできる選手
が，試合運びの上手な選手であると言える。

　また格上の選手との対戦でも，自分が不利な状況
にあっても声を出し最後まで諦めない，油断しない
という気持ちをもち戦うことは非常に重要である。
自分の可能性を最大限に引き出すためにもそういっ
た姿勢が大切である。

❺ タイムアウトのとり方

　重要な局面であれば，第1ゲームであってもタイ
ムアウトはとるべきである。例えば，格上の選手と
の対戦時，第1ゲーム，10対5でリードの局面で，
10対6，10対7と相手の追い上げムードになった場
合は，タイムアウトをとることが望ましい。何故な
ら，第1ゲームを先取することによって，心理的に
優位に立ち，試合を有利に進めることができるから
である。挽回される前に連続失点したりファインプ
レーで相手に得点されたり，サービスミス等におい
て心理的に崩れるのを事前に防ぐことが大切である。

　試合前に選手とコーチのどちらがタイムアウトを
とるのか決めておくのもよい。または試合中に選手
とコーチのアイコンタクトでタイムアウトをとるこ

タイムアウトは試合の流れを左右する重要なものである

とも方法の１つである。とにかくタイムアウトは試
合の流れを左右する非常に重要なものである。団体

戦の場合でも，選手とタイムアウトのとり方につい
て事前によく話し合っておくことが大切である。

第 5 章

トレーニングとコンディショニング

1. ウォーミングアップとクーリングダウン

●1…ウォーミングアップ

◤1◢ ウォーミングアップの目的

ウォーミングアップは，練習や試合において開始と同時にベストな心身の状態でプレーができるように，事前に身体面だけでなく精神面も含めて準備するために行う。身体の動きだけでなく，傷害の予防に役立ち，練習意欲を高めるなど精神面の効果も高い。

◤2◢ ウォーミングアップの方法

まず全身を使う運動を行って，身体を温める。具体的には，①身体全体の筋膜リリースとスタティックストレッチング，②歩行とジョギングを中心とした軽運動，ダイナミックストレッチングなどを順に行う。そして最後に，ジャンプやスプリント，アジリティーなどで仕上げるのが理想的である。

ウォーミングアップの時間は，15～30分程度が適当であるが，時間帯や気候に合わせた調整も必要である。朝は体温が低いため，歩行やジョギングを少し長めに行うとよい。また，暑いときは少し短めに，寒いときは少し長めに行うとよい。

◤3◢ ウォーミングアップの効果

ウォーミングアップにより体温が上がることで，

表5―1　ウォーミングアップによる体温上昇の身体への効果

効　果	メカニズム
運動に必要なエネルギーをつくりやすくする	人間の身体は，酸素と糖からエネルギーをつくり出すときに酵素の働きを必要とする。体温が若干上がると酵素が活発に動き，エネルギーをつくりやすくなる。
運動で使う筋肉へ血液を流れやすくする	運動時には，酸素を含んだ血液が多く必要になる。ウォーミングアップにより増加したアドレナリンが，骨格筋内の血管を拡張させ筋肉への血液量を増大させる。
筋肉の動きを速くする	体温が上がると，筋肉の温度（筋温）も上昇する。筋温が上がると，筋肉の伸び縮みがスムーズに，しかも速くなるため，全身の動きが速くなる。
反応時間を速くする	体温が上がると，中枢神経系の興奮度が高まり，運動に対する反応が速くなる。
筋肉のパワーを高める	体温が上がると，筋肉のパワーが増大し，より瞬発的な運動ができる。
筋肉や関節を柔らかくし外傷を予防する	筋肉，腱および靱帯が温まると，筋肉の伸び縮みがスムーズになり，関節の可動範囲が拡大する。身体全体の動きの可動範囲が広がるため，捻挫，脱臼および肉離れなどの外傷の予防になる。

身体がより運動に適した状態になる。例えば，体内で運動に必要なエネルギーがつくられやすくなり，筋肉の反応速度が高まる。加えて，筋肉や関節が動きやすくなるため，外傷の予防などの効果が期待できる（表5-1）。

❹ ウォーミングアップで気をつけたいこと

運動の最初は軽い負荷で，次第に負荷を高めていくようにする。突然激しい運動を行うと，運動に必要なエネルギーをつくるための酸素の補給が間に合

わず，酸素のいらない別の方法でエネルギーを補給することになる（無気的代謝）。結果として，調子をよくするためのウォーミングアップが逆に疲労を残すことになる。

●2⋯クーリングダウン

❶ クーリングダウンの目的

クーリングダウンは，運動中に高められた身体的

```
      ┌── アイソメトリック（等尺性筋活動）
      │
      │                              ┌── 短縮性筋活動
      ├── アイソトニック（等張性筋活動）──┤
      │                              └── 伸張性筋活動
      │
      └── アイソキネティック（等速性筋活動）
```

図5―1　筋活動のタイプ

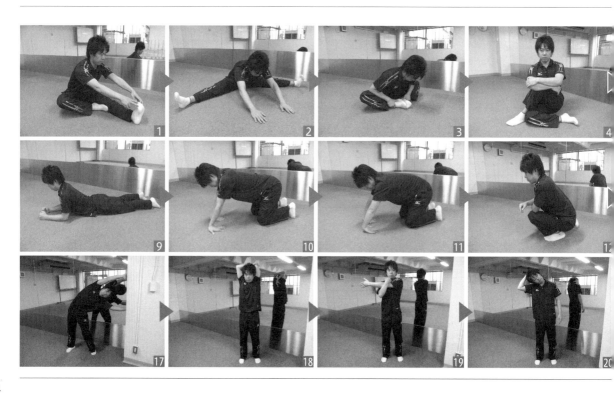

諸機能を，運動前の安静状態へ速やかに回復させる目的で行う。運動終了直後の循環系のアンバランスな状態を正常に戻す。

2 クーリングダウンの方法

　主運動の終了後，ゆっくりした軽運動，あるいはジョギングから始め，次に深呼吸をしながら歩行し，最後にスタティックストレッチング（各種目30秒程度）で終えるのが理想的である。

3 クーリングダウンの効果

　クーリングダウンには，ショックあるいは過換気状態を予防する効果がある。また，筋肉と血液に蓄積した疲労物質をより速く（安静状態にした場合と比較して約2倍）除去することができる。また，緊張した筋肉が徐々に元に戻り，血液が筋肉の毛細血管にいきわたるなど，筋肉の疲労回復効果もある。

　さらに，精神的緊張がほぐれることで，心身ともにリラックスした状態を取り戻すことができる。

4 クーリングダウンで気をつけたいこと

①激しい運動は行わない。軽い運動を行うことで効果が大きくなるため，あまり負荷の高い運動は避けるようにする。

②主運動後すぐに座ったり寝たりせず，速やかに行う。このとき軽い運動へ徐々に移行するようにする。

●**3**…ストレッチング

　ケガを予防する1つの手段としてウォーミングアップの最初の段階で行われる。またクーリングダウンでは，筋肉を緊張から解放し疲労回復の一端を担う役割をもっていると言われている。

1 ストレッチングの目的

　ウォーミングアップを行うことによって筋損傷を予防する効果があると言われている。

　筋肉は通常，身体を動かすために収縮する。この

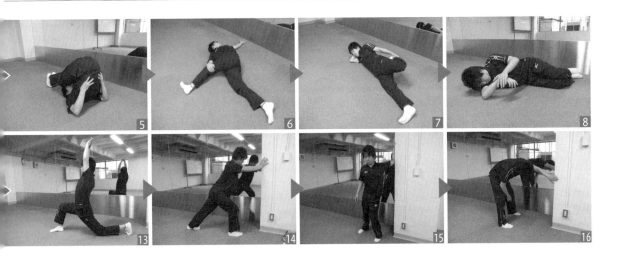

図5−2　スタティックストレッチングの例
1腿の裏　**2**開脚　**3**股関節　**4**お尻　**5**背中〜首　**6**腰　**7**腿の前　**8**肩　**9**お腹　**10**前腕（手の平）　**11**前腕（手の甲）
12アキレス腱　**13**腸腰筋　**14**ふくらはぎ　**15**胸　**16**背中　**17**体側　**18**腕の裏　**19**肩（その2）　**20**首（上下左右）

ような筋活動は神経からの命令で行われており，図5-1のような活動タイプがある。ある動作に関して主として働く筋肉のことを主動筋，その反対の作用を及ぼす筋肉を拮抗筋，そして協同的に力を発揮する筋肉を協同筋という。こういった働きを筋肉はお互いに行い，正確に，速く（もしくはゆっくり），

オーバーヘッドランジ

サイドランジ

ヒップローテーション

サイドランジツイスト

図5―3　ダイナミックストレッチングの例　専門家の指導のもと行うようにする。

複雑に（もしくは単純に），大きく（もしくは小さく）といった動作を起こしている。

スポーツ選手の傷害は，様々な筋肉が活動している際に，そのコントロールがうまく働かず，一部の筋肉に対し過大な力が働いて起こる場合がある。もしくは筋肉の活動をコントロールできず，関節に大きな力が掛かりすぎ，靭帯，半月板などの損傷が起こる。したがって，ウォーミングアップで筋肉の柔軟性，反応性（神経が関わる）を高め，筋のストレス耐性を高めること，またクーリングダウンでは次の活動のために筋肉の疲労回復の促進を行うことが重要なポイントである。

② ストレッチングの種類

ストレッチングの種類には，スタティックストレッチング（図5-2），ダイナミックストレッチング（図5-3）がある。どのストレッチングもケガを予防するために必要である。スタティックストレッチング，ダイナミックストレッチングを行う際に注意すべき内容を表5-2にまとめた。

③ ストレッチングの実際

ここでは，各ストレッチングの実施方法の一部を紹介する。

④ ストレッチングを行うタイミング

筋温を上げなければならないため，他の体操など

と一緒にスタティックストレッチング，ダイナミックストレッチングの両方を行う。また，クーリングダウンではスタティックストレッチングを中心に行う。さらに，気温が低いときは，ジョギングなどで身体を動かしてからストレッチングを行うなど保温にも気をつける。

2. 体力トレーニング

●1…ストレングス＆コンディショニングについて

競技力の向上を目指していく上で，技術練習だけではなく体力レベルを上げていくことが重要である。技術練習の中で体力レベルを上げることには限界がある。そのため，専門的に体力レベルの向上を目指してトレーニングをすることで，効率的に競技力の向上に結びつけていくことができる。基礎的な筋力をベースとして，総合的に体力要素の改善や向上を行っていくことをストレングス＆コンディショニングという。少し専門的になるが，以下にNSCAジャ

表5—2 ストレッチングを行う際の注意点

スタティックストレッチング
• どこの筋肉をストレッチングしているか感じる。
• ストレッチングしている筋肉は強い痛みを感じるほど伸ばさない。軽い痛みを感じる程度で留める。
• その状態で10秒程度保持し，痛みが軽減したら，さらに再度軽い痛みを感じるところまで筋肉を伸ばし10秒程度保持する。
• ストレッチングの最中は必ず呼吸を止めず，呼吸を継続しながら行う。
• 柔軟性は個人差があるため，他人と自分を比べずマイペースで行う。

ダイナミックストレッチング
• 関節可動域全体を使って行う。
• 1つの筋を伸ばすということではなく，動作を重要視して大きな動作で行う。
• ゆっくりとした動作で行う場合は，可動域一杯のところで，できるだけ筋肉を収縮させる。
• 速く行う場合は正確に大きな動作で行う。

パン（全米ストレングス＆コンディショニング協会日本支部）の定めるストレングス＆コンディショニングの定義を紹介する。

■1 ストレングス＆コンディショニングの定義

ストレングス（筋力）とは，筋力，パワー，筋持久力のみならずスピード，バランス，コーディネーション等の筋機能が関わるすべての体力要素に不可欠な能力である。単に力の大きさを表すだけでなく，状況に応じて適切に筋活動をコントロールするための神経–筋系全体の能力と定義される。

コンディショニングとは，スポーツパフォーマンスを最大限に高めるために，筋力，パワーを向上させつつ，柔軟性，全身持久力など競技パフォーマンスに関連するすべての要素をトレーニングし，身体的な準備を整えることである。

つまり，ストレングス（筋力）トレーニングは，本来コンディショニングの一部としてとらえるべきものであるが，ストレングスとコンディショニングの両方を掲げているのはコンディショニングにおけるストレングスの役割を強調しているためである。

■2 ストレングス＆コンディショニングの重要性（体力トレーニングの重要性）

ストレングス＆コンディショニングは，傷害の予防と競技パフォーマンスの向上を目的に行われており，技術要素の強い卓球においても重視すべきものである。

特に傷害を予防することは，競技生活を豊かな充実したものにするためには最優先される。

そのためには，どの年代においてもストレングス（筋力）を高めることで，身体への衝撃や関節にかかる負担を軽減し，オーバーユースを起こしにくくすることができる。

また，目標とする試合に最高のコンディションで迎えるために，ストレングス＆コンディショニングを理解し，長期的に計画を立て卓球に要求される体力要素を向上させるコンディショニング，トレーニングが必要となる。ストレングス（筋力）の向上は短期間で成し遂げられるものではない。また，ただガムシャラに取り組んだとしても，よい結果が得られるというものでもない。そればかりか，無計画なトレーニングは傷害を発生させる原因になる危険性がある。ストレングス（筋力）の不足はどの競技においても将来，より高度な技術を身につける上での制限因子になりうる。そのため，継続的にトレーニングをすることで制限因子を打破し，さらに高いレベルを目指すことが可能となる。

●2…卓球に要求される体力

どのスポーツ種目でも，選手としての活躍を目指すなら，一般的な体力（筋力，パワー，筋持久力，全身持久力，巧緻性，敏捷性，平衡能力，柔軟性など）をバランスよく鍛える必要があるのは言うまでもない。卓球選手の場合も例外ではない。

ただし，スポーツ競技にはそれぞれ種目に特性があり，特に強く求められる体力要素には種目によって違いがある。卓球の競技力向上において，特に重視され必要とされる能力が存在する。ここでは，卓球の競技特性と関連づけながら，卓球の競技力向上に必要な体力要素について取り上げていきたい。

■1 競技特性と体力要素

卓球競技は，往復するボールの球速が速く，しかもその打球タイミングが速いことから，ボールに対する反応の速さ（敏捷性），フットワークの速さ，ラケットスイングの速さが要求される。これらの動きには全身的なパワーや，力の立ち上がり速度も重要となる。加えて，卓球のゲームは個人の対抗戦であり，勝てば勝つほど試合数が増えるため，必然的に高い体力レベルが要求される。

■2 技術習得と体力要素

卓球の技術を習得するためには，長期間にわたる計画的な反復練習が必要となる。ただし，反復練習

を長時間にわたって実施する場合には，疲労蓄積や筋のアンバランスによる傷害の危険性を考慮し，適度な休息や管理された練習スケジュールが必要不可欠である。加えて，反復練習に耐え得る筋力や持久力，柔軟性，および関節可動域の確保なども重要となる。

● 3…長期的な運動能力の開発

1 身体の発育

　卓球選手の長期育成という視点に立って，子どもの発育などの身体の基礎知識について触れることにする。

　年齢による特性に応じたトレーニング内容の特徴はあるが，1つだけの要素をトレーニングするのではなく，総合的にトレーニングすることでトレーニング効果の連続性を見出すことができる。例えば，神経の発達が著しい年代においてストレングス（筋力）トレーニングの様々な動きづくりをすることによって，筋力を高める年齢になったときに，負荷をかけて行うストレングス（筋力）トレーニングをより安全で効果的に行うことが可能となる。

　現在，卓球を始めるタイミングが低年齢化しており，身体のケガを中心とした様々な問題が発生している。過度な練習量や身体が未発達の状態で課す技術練習の偏りは，その年齢で発生してはならないケガを誘発し，後に取り返しのつかない深刻な問題を起こす。これを防止していくためには，卓球を構成する技術，体力要素をあらためて整理し，身体の発育に合わせて計画的な練習を企画・実施することが必要となる。

　まずは，人間の身体の発育に関して考える。図5-4は身体の発育の過程を表した「スキャモンの発育曲線」である。20歳の時点を100%とし，そこまでに身体の諸器官がどのように成長していくかを示している。一般型は身長や体重など体型や内臓諸器

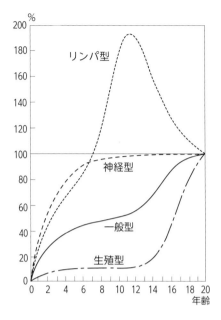

図5－4　スキャモンの発育曲線
【一般型】全身の外形計測値（頭径を除く），内臓器官，筋全体，骨全体の発育を示している。
【神経型】脳，脊髄，視覚器，頭の大きさの発達は脳の重量あるいは頭囲で代表され，知的な発達だけではなく運動機能の発達について示している。

官の成長を示しており，神経型は脳や脊髄，神経の発達を示している。

　卓球は技術系のスポーツと言われるため，この神経系の発達が最も著しい8〜13歳の代が大変重要となる。つまり単に筋力やパワーだけが勝敗の決定要素ではなく，打球感といった手の感覚や，素早く安定した身体の動きを可能とするために必要なコーディネーション能力をこの年代で訓練することが重要である。

　次に，子どもの発育を見ていく際に有効な指標である最大発育速度(PHV : Peak Height of Velocity)を考慮し，男女別でその年齢時にどういった体力づくりに取り組む必要があるかを図5-5に示した。PHVは身長の伸びがピークとなる時期を示してお

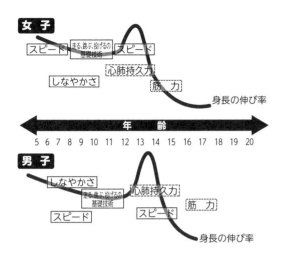

図5―5 スポーツの教育に最適な時期
（BalyiとWay，2005より作成）

り，個人差，男女差があるため，成長期にある選手は継続的な身長計測を行う必要がある。ここでは具体的な運動能力をいつトレーニングするかを示している。

　総合してみると，幼児から小学校低学年の時期では，身長などの発育を表す一般型よりも，脳や脊髄などの神経型の発育が盛んになる。そこで，この時期には走る基礎や動きのしなやかさ，素早さを育成する必要がある。

　小学校高学年のころからは，すべての動作を育成するのに最も有効な時期と言われている。図5-4を見ると，神経型はこの時期までに90%以上の発育を遂げる。つまり，この時期に卓球の基礎動作をはじめとした様々な動きをしっかりと積み重ねて経験し，

表5―3　子どものレジスタンストレーニングにおける年齢別基本的ガイドライン

年齢	内容および注意点
7歳以下	・基本的な練習を軽いウエイトあるいはウエイトなし（自重）で行う。 ・トレーニングの大まかな内容を把握させる。 ・練習のやり方を教え，身体全体を使ったストレッチング，パートナーエクササイズ，軽い負荷を使ったレジスタンスエクササイズを行う。 ・すべての内容は負荷の少ないものにすること。
8〜10歳	・徐々にトレーニングの種類を増やしていく。 ・挙上動作を用いたトレーニングの方法を教える。 ・負荷を少しずつ上げてみる。 ・トレーニングはどれも簡単で分かりやすいものにする。 ・徐々にトレーニングの量を増やす。 ・運動から受けるストレスについて常に注意を払う。
11〜13歳	・すべての基本的なトレーニングの方法を教える。 ・ウエイト（自重含む）を使ったトレーニングでは，少しずつ負荷を上げていく。 ・正しいテクニックで行うことを最優先しながら，少し高度なトレーニングを紹介し，軽いウエイトあるいはウエイトなしで実施してみる。
14〜15歳	・負荷を増やした，より高度な成人向けトレーニングに移行させていく。 ・競技特性に合わせたトレーニングも取り入れていく。 ・正しいテクニックで行うことを最優先しながら，少し高度なトレーニングを紹介し，軽いウエイトあるいはウエイトなしで実施する。
16歳以上	・レジスタンストレーニングについての概念をきちんと理解し，基本的なトレーニングを一通り経験したら，成人のプログラムを教えていく。

※子どもがはじめてレジスタンストレーニングを行う場合は，その子の年齢の1つ前の段階からプログラムを開始する。体力，スキル，トレーニングに費やした時間，理解力を考慮した上で，移行できる状態になってから次のプログラムへ進めていくこと。上記年齢はあくまでも参考であり，その子の精神的・身体的成熟度に応じてプログラムを立案する。

神経の発育・発達を最大限に高めることが重要である。

中学生の時期では，身長や体重を示す一般型が再び発達し（第2次成長期），大人の体格に大きく近づいてくる。そしてこの時期には，動きの速度，筋力，持久力が向上してくる。また，この時期から男女差が出はじめるため，トレーニング内容も変わってくる。身長が伸びている時期に大きな負荷を身体に与えると，骨の成長に重要な骨端線を傷め，骨を含めた身体の成長に著しくマイナスの影響を受けることとなる。

高校生の時期を過ぎると，身体機能としてはほぼ大人と同等レベルまで成長し，男性は18歳くらいで身長の伸びが止まり完成に至る。つまり身長の伸びが止まり，はじめて身体に負荷をかけて筋力を高める本格的なレジスタンストレーニングが十分に実施可能となる。この時期に本格的なレジスタンストレーニングが始められるよう，軽い負荷（自重やダンベル，バーベルなど）からフォームづくりをしておくことが重要となる（表5-3）。

2 トレーニングの基本原則

ここで，体力を表5-4に表すような要素に分けて考えてみよう。これらの要素がいろいろな形で重なり合ってスポーツは成り立っている。卓球も同様であり，筋力，パワー，持久力などが様々な関わり方をする。したがって，1つのトレーニング方法ではなく，前述したように年齢に応じていくつかの種類を年間の中で行っていくことになる。トレーニングを行う前にその原則を知っておくことが大切である。

ここでは3つの原則を紹介する（5原則や7原則とする考え方もある）。

・特異性の原則

そのスポーツが必要とする特異な必要性に合わせトレーニングを行うべきである。

・オーバーロード（過負荷）の原則

日頃経験している以上の負荷を身体に与えなければ，トレーニングの効果は表れない。

・漸進性の原則

計画的にそして継続的にトレーニングを行い，体力の向上とともに負荷と強度を徐々に増加させなければならない。

3 ピリオダイゼーション（期分け）

身体に負荷が加われば一時的にパフォーマンスは下がるが，適切な栄養と休息によって負荷に対する適応が起こり，以前よりもレベルの高いパフォーマンスが獲得できるようになる（図5-6）。

長期的な視点から，トレーニングの負荷（量と強度）を期間によって増減させる計画を立てることをピリオダイゼーション（期分け）という。

ピリオダイゼーションでは，トレーニングの過程をマクロサイクル，メゾサイクル，ミクロサイクルといった単位で分け，目標となる試合に合わせて最大限のトレーニング効果が得られるように調整する（図5-7）。負荷だけでなく，期間によってパワー，

表5－4　行動を起こす体力の要素

行動を起こす能力	筋力，筋パワー
行動を持続する能力	筋持久力，全身持久力
行動を調節する能力	平衡性，敏捷性，巧緻性，柔軟性

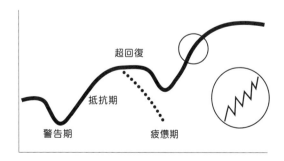

図5－6　負荷，休養とパフォーマンスの関係

一般的適応症候群（GAS）理論のトレーニングプログラムへの適用

マクロサイクル	準備期			試合期		移行期
メゾサイクル	筋肥大期	筋力期	パワー期	ピーキング	維持期	移行期
ミクロサイクル						

図5－7　レジスタンストレーニングの期分けの模式図

マクロサイクル：目的に合わせ数か月単位で分けたトレーニングのサイクル。
メゾサイクル：マクロサイクルをさらに分割した月単位のサイクル。
ミクロサイクル：メゾサイクルをさらに分割した週単位のサイクル。

筋力，持久力と内容を分けてトレーニングを行うことで，さらに効率を高め，目的に合った効果を得ることができる。

また，身体への負担を考えトレーニング負荷に強弱をつけることにより，スポーツ障害やオーバートレーニングを予防することになる。

❹ コンディショニングの種類

❶ コーディネーショントレーニング

コーディネーションとは「動作を行う調整的な能力」を言い，いかに効率よく動けるかということを意味している。コーディネーショントレーニングはフィジカルコーディネーション，技術コーディネーション，戦術コーディネーションに分けることもあり，その対象年代やシーズン別で，それぞれの割合はコントロールされ実施される。

詳しくは第5章6節「コーディネーショントレーニング」の項を参照されたい。

❷ ストレングス（筋力）トレーニング

筋力は冒頭でも説明したように，すべての体力要素の核となる重要な要素である。

卓球の動作は基本的に瞬間的な力を発揮するパワーを必要とする。そのパワーを発揮するために筋力は土台となる。そして，その筋力というのは，1つの筋肉を意識して発揮する力ではなく，より多くの関節や筋群を連動させて発揮する力である。特に地面を踏み込む力を利用する下半身の筋力と，その力をラケットまで伝達するための体幹の意識や筋力は不可欠である。代表的なエクササイズはバックスクワット，ベンチプレス，デッドリフトなどがある（図5-8）。

ストレングストレーニングを安全で効果的に実施するためには，正しいエクササイズテクニックを身につける必要がある。もちろん，負荷（重量）をかけることは必要となるが，まずは負荷をかけることではなく，以下の点を意識しながら身につけてほしい。

・エクササイズに必要な柔軟性（可動性）を獲得する。
・体幹の強化と姿勢への意識を高める。
・1つの筋肉を鍛えるのではなく「動作」を鍛えるという考え方をもつこと。

そして，エクササイズテクニックを習得した後，少しずつ計画的に負荷を上げることで多くのメリットが得られる可能性がある。そのメリットとは，筋力が向上すること以外にも，動的な柔軟性の向上，靭帯や腱など関節まわりが強くなり，骨密度が高くなることである。そして，基礎代謝の向上などが報告されている。

卓球における傷害は，肩，腰などに多く見られる。過度な練習や筋力不足，技術の癖など様々な原因によって生じる。傷害予防のためのエクササイズの中には，1つの関節（単関節）や筋肉を意識して実施するエクササイズが多くある。このように，目的によって方法やエクササイズが変わってくるため，ト

バックスクワット

ベンチプレス

デッドリフト

図5－8　ストレングストレーニングの代表的なエクササイズ

レーニングを実施するときは，トレーニングやリハビリテーションの専門家にそのエクササイズの目的や方法をしっかり聞くことが重要である。

　また，ストレングス（筋力）トレーニングと聞くと，子どもや思春期前の年代には，身体の成長（身長，骨）に悪影響を及ぼすと思われているかもしれないが，年齢に応じた身体活動のガイドラインが守られ，必要とされる栄養が適切に摂取されれば骨密度を最大限に高めることができ，さらに，身長の伸びに対するストレングストレーニングの有害な影響は見られなかったと報告されている。しかし，トレーニングによる傷害などが起こる可能性はあるので，有資格者による指導や監督，適切なトレーニングプログラムを処方してもらうことが重要である。

表5－5　ストレングストレーニングの係数

目的	筋持久力	筋肥大	筋力	パワー
負荷 (%1RM)	≦67	67～85	≧85	75～90
回数	≧12	≧12	≦6	1～5
休息時間	≦30秒	30秒～ 1.5分	2～5分	2～5分

　目的とするトレーニング効果を得るには，利用する重さ（負荷）と実施回数の調整も重要となる。目的から見た負荷の大きさと挙上回数の関係は，表5-5の通りである。また，年間強化計画のどのシーズンに当たるかによって，ストレングストレーニン

表5－6　各シーズンにおけるストレングストレーニ
　　　　ングの頻度

競技シーズン	頻度の目安(回/週)
オフシーズン	4～6
プレシーズン	3～4
インシーズン	1～3
ポストシーズン(積極的休養)	0～3

図5－9　サーキットトレーニングの具体例

グを行う頻度を変える必要もある（表5-6）。

❸ 心肺持久力（代謝系）トレーニング

　激しい練習や試合に向け，長時間の運動を継続で
きる能力を高めるために，心肺持久力を高めるトレ
ーニングを行う。運動中の脈拍を設定し，目標とす
る心拍数を維持しながら運動を継続して行う。トレ
ーニングには，ランニング，自転車こぎ，水泳など
同じ動作を繰り返して行う運動を用いる。目標心拍
数は，以下のように計算する（カルボーネン法）。

$$目標心拍数＝((220－年齢)－安静時心拍数)$$
$$×運動強度＋安静時心拍数$$

　心肺持久力を高めるには，最大心拍数の70～85%
の運動強度が望ましい。脂肪燃焼を目的とする場合
は，最大心拍数の60～70%に運動強度を設定する。
　また，筋力と持久力の両方の向上に役立つサーキ
ットトレーニングという方法もある。5～10ほどの
エクササイズを1ステーションとし場所を変えなが
ら一定時間，もしくは一定回数を繰り返していく方
法である（具体例を図5-9に示す）。

❹ パワートレーニング

　パワーとは何だろうか。科学的な定義は「パワー
＝力×速度」となる。
　卓球において，パワーは非常に重要な体力要素と
なりうる。卓球の競技特性を分析すると，ゆっくり

とした動作はほとんどない。打球するためや打球す
るときの動作は，短い時間（約0.2～0.3秒以内）の中，
脚で地面を踏み込み，地面に対して力を発揮するこ
とで生じる（地面反力）。したがって，ゆっくりで
もよいから大きな力（最大筋力）を発揮すればよい
というわけではなく，限られた短い時間の中で大き
な力を発揮して素早く動くことが求められる。ここ
で，パワーの定義である力と速度が関わってくる。
卓球競技において，より高いパワーを発揮できる選
手が有利となる。
　以下に代表的なパワートレーニングであるプライ
オメトリクスとオリンピックリフティングを説明す
る。

・プライオメトリクス

　プライオメトリクスはパワーを高めるために筋の
伸張反射という特徴を生かして行うトレーニング方
法である。（伸張反射とは，筋内にある筋紡錘が急
激な筋の伸張によって反応し，爆発的な筋の収縮を

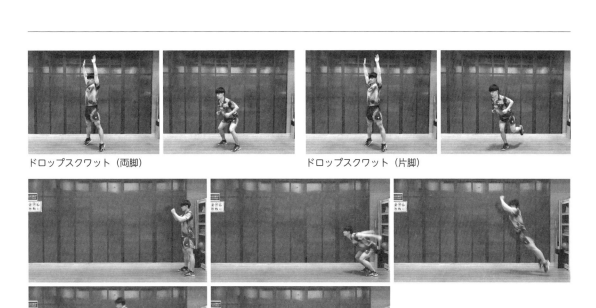

ドロップスクワット（両脚）　　　　ドロップスクワット（片脚）

ロングジャンプ

アイススケータージャンプ

図5－10　プライオメトリクスのエクササイズの例

起こす反射のことである。）

　したがって筋や関節に多大な負荷をかけて，筋力を高め，神経系に刺激を入れるなど高負荷なエクササイズを行いたい場合に用いられる。図5-10にトレーニング方法の実例を示した。主として打球スピードやジャンプ能力を高めるために行うが，敏捷性を

表5—7　プライオメトリクスのシーズン別・
　　　　競技レベル別のジャンプ回数の目安

シーズン	初心者	中級者	上級者	質
オフシーズン	60〜100	100〜150	120〜200	低〜中
プレシーズン	100〜250	150〜300	150〜450	中〜高
インシーズン	スポーツ特性による			中
チャンピオンシップ	回復重視			中〜高

表5—8　一般的なストレングストレーニングと
　　　　プライオメトリクスのスケジュール例

曜日	ストレングストレーニング	プライオメトリクス
月	高強度：上半身	低強度：下半身
火	低強度：下半身	高強度：上半身
木	低強度：上半身	高強度：下半身
金	高強度：下半身	低強度：上半身

※水・土・日は休み。

身につけるために行うことも重要である。

　表5-7にシーズン別に分けた1回のトレーニング
において行うジャンプ回数を示す。またストレング
ストレーニングとプライオメトリクスを同時期に行
った場合のスケジュールを表5-8に記す。

・オリンピックリフティング

　オリンピックリフティング（OL）は，パワート
レーニングの1つの方法であり，ストレングス＆コ
ンディショニングプログラムを実施する中で，多く
の人々やアスリートに様々な効果をもたらすことが
知られている。OLは高重量のバーベルを素早く頭
上もしくは肩まで上げるために非常に大きなパワー
発揮が必要となり，バーベルを挙上するのとほぼ同
時に動作を切り替えて，バーベルの下に素早く入り
込みバーベルを受け止める。その動作特性から以下
の効果が挙げられる。

　①最大のパワー発揮能力を獲得する

　②全身の筋を同時に活動させる

　③筋間，関節間の動きをコーディネートする

　④バランスがよくなる

　⑤関節可動域を向上させる

　上記以外でも，骨密度の増加や結合組織の強化，
心肺機能向上につながることが考えられる。また，
OLを実施することで起こるその他の筋骨格系の適
応には，筋肥大なども考えられる。アスリートに対
しては，傷害予防や競技力向上を目指す上で必要不
可欠なパワー発揮能力，柔軟性獲得，身体感覚の向
上などを得られる可能性が高まる。子どもにおいて
も，神経–筋コーディネーションの発達により傷害
予防や基本的な動作の習得が期待できる。特にキャ
ッチ動作は衝撃を受け止めるための動作習得や姿勢
の改善として，とても重要となる。

　OLにはスナッチ，クリーン，スプリットジャー
クなどがある。これらを効率よく習得するために，
OLの動作をいくつかに分けて行う分習法と1つの
完成した動作で行う全習法がある。ここでは図5-11
でスナッチの分習法の例を紹介する。

　上記に示す分習法はOLを習得するためのエクサ
サイズとしてだけではなく，分習法自体が効果的な
エクササイズとなる。そのため，1つひとつの目的
を理解しながら正確に行うことで効果を得られる。

　基本的にはバーベルで実施されることが多いが，
バリエーションとしてダンベルで実施することもで
きる。ダンベルはバーベルほどの重量は扱えないが，
比較的簡単に習得でき，片手で実施することもでき
るため，動きはより複雑となり神経系への刺激とな
る。図5-12にダンベルで実施するエクササイズの例
を紹介する。

❺ スピード（速さ），アジリティーのトレーニング

　速く走るためには腕の振り，足の運び，走る姿勢
を改善する必要がある。卓球は直線を走るスポーツ
ではないが，下半身と上半身の連動性や地面反力の
獲得に役立つ。また，卓球は基本的には横方向，前

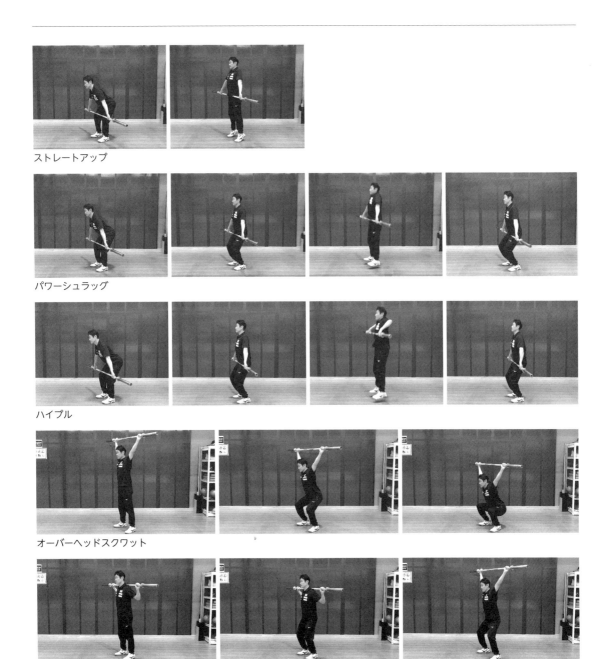

ストレートアップ

パワーシュラッグ

ハイプル

オーバーヘッドスクワット

バランススナッチ

図5—11　スナッチの分習法　すべてスナッチの手幅で行う。

ワンハンドダンベルスナッチ

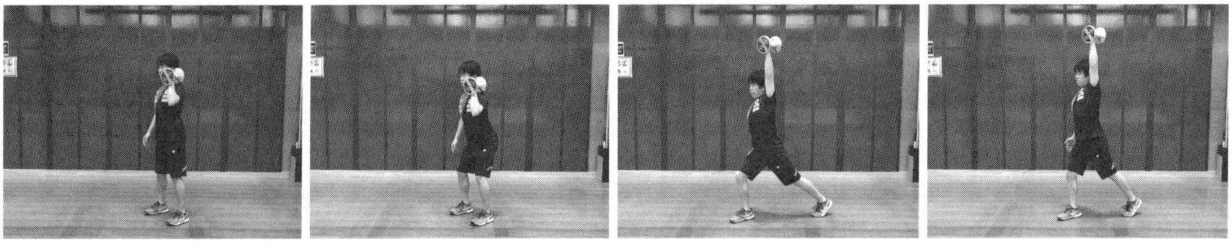

ワンハンドダンベルスプリットジャーク

ダンベルスクワットプレス

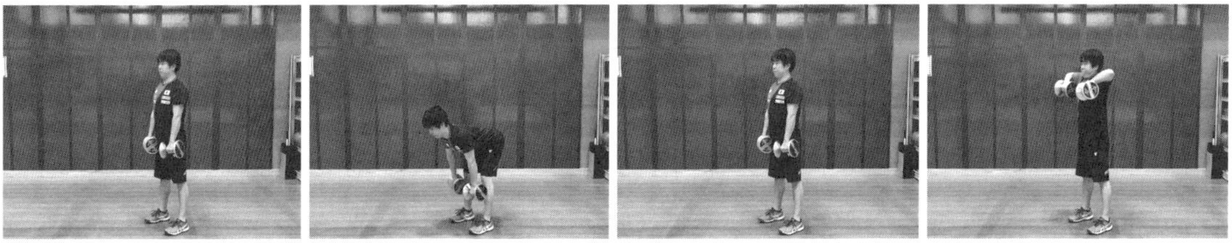

ダンベルルーマニアンデッドリフトプル

図5—12　ハンドダンベルで実施するエクササイズの例

後方向に移動し，打球を行うため敏捷性も必要となる。アジリティー（敏捷性）とは，このような俊敏に速く動く能力のことをいう。図5-13のように様々な要素が関わり，これら1つひとつが機能しなければ動きは速くはならない。

●4…体力測定と評価

　選手の体力的到達度を調べるためには，体力測定が必要である。卓球は様々な体力要素が含まれる競技であるため，どれかの体力要素が突出していても，必ずしも競技成績においてよい結果が出るとは言えない。用具や技術，戦略が他のスポーツ以上に試合結果に関わる競技である。しかし近年は，よりパワ

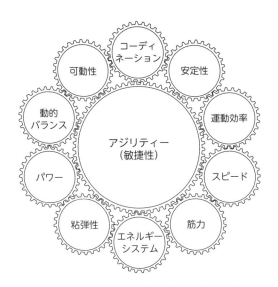

図5―13　アジリティー（敏捷性）に関わる要素
(Foran, 2001)

フルな動きや打法が勝敗に大きな影響を与えるようになり，より高い体力レベルが求められるようになってきた。ここでは，卓球に必要な基礎体力の代表的なテスト例を挙げる。

❶ パワー

・垂直跳び（静止姿勢よりできるだけ高く跳び上る）

・立ち幅跳び（静止姿勢よりできるだけ前方遠くへ跳ぶ）

・３段跳び（両脚もしくは片脚，交互脚で両腕の反動を使い連続して前方へ跳ぶ）

・２kgチェストパス（椅子に座り背中が離れないようにしてから２kgのメディシンボールを押し出す）

❷ 走力

・20m走

・Pro Agility Test（アジリティーを調べるテストで５m，10m，５mのターンのある往復走）

❸ 全身持久力（スピード持久力も含む）

・20mシャトルラン（新体力テスト）

・Yo-Yo Intermittent Endurance テスト

・Yo-Yo Intermittent Recovery テスト

まとめ

　卓球選手の体力を向上させるに当たり，これまで多くの方法が行われてきた。最良のものは１つではなく，適切に組み合わせることも重要と言える。一般的に幅広くトレーニングしていた選手が，高い競技成績を達成することもありうる。ここまで説明してきたように，継続して長期にわたり，トレーニングの指導・管理ができれば，目標としていた成果が現実のものとなりうる。選手育成の過程の中で，きちんと選手の体力を把握すること，そして向上を目指し，教育することが重要である。技術と体力を高いレベルへと導き，目標を達成するためには，監督や技術コーチとストレングス＆コンディショニングコーチが互いを理解・尊重し，選手のために連携することが重要である。

3. スポーツマッサージ

●1…スポーツマッサージの基礎知識

　マッサージとは主に手（手掌・指）などを使い，一定の方法・手技で末梢から中枢へ向かって，皮膚を直接さする，圧迫する，叩く，揉むなどの力を加えることで，身体の治療や体調の調整を図るものである。

１ スポーツマッサージの目的

　スポーツマッサージは，特にスポーツ選手のコンディショニングを目的につくられたものである。

　身体の疲労回復や体調の調整のため，またウォーミングアップ，クーリングダウンの１つとして用いられる。さらに，スポーツ外傷・障害の治療と予防

表5—9　スポーツマッサージの生理学的効果

対象	内容
皮膚	皮膚の血行を改善し感受性を高め，皮膚呼吸，皮脂腺，汗腺の働きを盛んにする。
循環系	血液・リンパの流れを促進させ，2次的に全身の血行を良好にする。
神経系	知覚神経に対して，強い刺激は神経系の働きをやわらげ，弱い刺激は神経系の働きを活発にする。
筋肉	筋の疲労を回復し，収縮力や弾力性を高める。

のためにも利用される。

スポーツマッサージはスポーツ選手の競技力向上だけでなく，健康の維持と増進など，それぞれの目的を達成させるために有用な手段の1つである。

2 スポーツマッサージの効果

筋肉，腱，関節をマッサージすることによって以下の作用がある。

①疲労して縮まった筋肉や腱を緩め，可動域を回復させる。

②皮膚や筋肉の温度を上昇させる。

③血液やリンパ液の循環を促進させる。

④新陳代謝を活発にさせる。

これにより，疲労回復や身体の機能が改善され，人間が本来もっている自然治癒力が高まり，パフォーマンス向上や障害を未然に防ぐことにつながる（表5-9）。

3 スポーツマッサージを行うときの注意

❶ スポーツマッサージを行ってはいけない場合

筋に激しい痛みのある場合や捻挫，肉離れ，打撲など，外傷の直後に受傷した部位にマッサージを行うと，炎症を促進する恐れがある。応急手当（RICE処置）を行い，その後医師や専門家の診断を受ける。

また，発熱のある場合，風邪や皮膚炎など伝染性の病気の場合は，他の人に広がる可能性があるので中止する。

さらに，飲酒により血圧が上昇している状態とマッサージにより血流がよくなる状態が合わさると，身体への負担が大きい。このため，飲酒前後のマッサージは避ける。

❷ 施術者の注意事項

マッサージは，左右どちらの手でもできるようになることが望ましい。肩に力を入れず，力みすぎたりしないようにする。

そして，マッサージする手の保温に努めるようにし，手指・爪は清潔に保つ。腕時計や指輪などを付けていると施術部位を傷つける恐れがあるため，外して行うことが望ましい。

また，マッサージを受ける者に対する配慮が必要となる（施術部位や環境など）。事前に疾病・傷害の有無を確認し，傷や皮膚炎のある場所は避けるようにする。

❸ スポーツマッサージの効果を高めるために

効果を高めるためには，以下のことに気をつける。まずマッサージの前後で，施術部位を温めるようにする。そして，マッサージは末梢から中枢に向かって行う。また，潤滑をよくするためにクリーム，ローション，パウダーなどを使う。マッサージ後には，ストレッチングを行うようにする。

マッサージを受けている人が刺激をくすぐったいと感じる場合には，接触する面積の広い軽擦法や圧迫法を用いるとよい。

セルフケア（マッサージ，ストレッチングなど）と並行して行うと，効果を持続することができる。

4 試合とマッサージ

大会期間中は，次の試合までに早い回復が重要である。失われた栄養（水分，エネルギー）の補給と

合わせてマッサージやセルフケアを行い，身体の回復に努める。

　筋肉が緩みすぎると，力が入りにくくなる場合もある。マッサージの反応には個人差があるため，タイミングに気をつけて適切な内容で行う。

　また，練習の疲労をとることを目的とし，普段からスポーツマッサージを行うことで，よりよいコンディションで大会を迎えることができる。

① 試合前

　ウォーミングアップの1つとして行う。その競技に使う筋に対し，軽い刺激により短時間で行う。

② 試合間

　次の試合までの合間に行う。疲労している部分，また血行をよくしたい部分に対し，短時間で行う。

③ 試合後

　疲労を翌日に残さないように十分に行う。温熱療法や入浴を併用すると効果がより高まる。

●2…スポーツマッサージの基本手技

　手技は部位によって異なるが基本的には軽擦で始まり，揉捏，圧迫，叩打，振せん，伸展，軽擦で終わる。それぞれの手技で用いる手の部分はマッサージする部位によって変わる。

1 基本手技

❶ 軽擦法（けいさつ）

　末梢（手足の指先）から中枢（体幹）に向けて軽くなでる，さする方法。マッサージによって最初の緊張をやわらげていくために，身体のどの部分においても行う技術である。「軽擦から始まり軽擦で終わる」というくらい重要な手技の1つである。

❷ 圧迫法（あっぱく）

　手のいろいろな部位で，対象部位を適度な力を加えて圧迫する方法。神経・筋の機能を高め，筋のけいれんや痛みなどを抑制する作用がある。

❸ 揉捏法（じゅうねつ）

　ほとんどの筋肉を対象として行う技術である。筋肉の線維に沿って揉む，こねる方法で，基本手技の中でも重要なものとされる。

❹ 伸展法

　疲労している筋肉を伸ばし，運動によって緊張した筋の柔軟性を高めるとともに，血行を促進させる方法。基本的にはストレッチングと同じである。

　ここで説明した基本手技を図5-14に示す。

2 その他の手技

　基本的な手技以外にも，知っておくとよいマッサージ方法を以下に示す。

❶ 叩打法（こうだ）

　両手あるいは片手でリズミカルに叩く方法で，筋の硬くなっている部位を比較的短時間で弛緩させる方法。

❷ 振せん法（しん）

　疲労した筋肉を震わせて，硬くなった筋肉をやわらげる方法。関節を含め，余計な力みをとることができる。

❸ 強擦法（きょうさつ）

　関節のむくみや腫脹の除去を目的として，関節や靭帯のこわばりに対し，母指・四指の先で強く圧を加え，関節の動きを取り戻すように行う技術である。

❹ 運動法

　関節を中心として運動を繰り返す方法。関節可動域を広げ，筋力アップさせる効果がある。

3 セルフマッサージ

　他人の施術を受けるのではなく，自分一人で実施可能なセルフマッサージの方法も知っておくとよい。

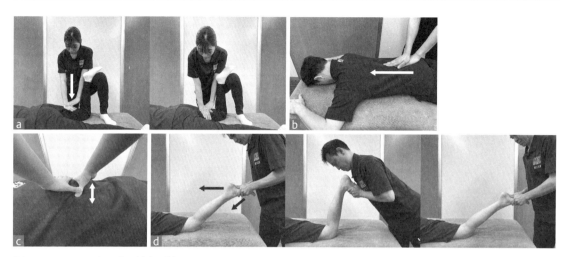

図5―14　マッサージの基本手技

a軽擦法：マッサージを行う部位に手のひら全体を密着させ，軽く圧を加えながら，さする。

b圧迫法：片手または両手を重ね，手のひらを広く大きく密着させる。息を吐きながら筋肉に対し垂直に体重をかけ，息を吸いながら圧を抜く。

c揉捏法：親指の腹を筋肉に密着させ，筋繊維に対し横方向に動かす。動かすときは適度に体重をかけ，親指だけでなく手首を動かす。

d伸展法：マッサージをした筋肉や腱などをゆっくり伸ばし，可動域を拡大させる。

●3…セルフケアによる障害予防と年代別の注意事項

　卓球競技を開始する時期が低年齢化したこと，技術が進化したことにより，身体へかかる負担も増え，様々な障害が発生している。

　身体の成長や変化に合わせて，ケアも変化させていく必要があり，定期的なスポーツマッサージと毎日のセルフケアで身体の変化を見逃さず障害を予防することが必要になる。

　柔軟性の低下や関節可動域制限，関節の不安定性がある状態では，障害のリスクが上がるだけでなく，正しい姿勢（フォーム）がとれず，結果として競技力向上の妨げとなる。

１ 中学生以下（〜14歳）

　個人差はあるが，12〜15歳のころに発育のピーク

が見られる。成長期には月に１cm以上も身長が伸びるなど成長スピードが急激に上昇するため，柔軟性が低下することもあり，身体は痛みを感じやすい状態である。

　クラブチームや部活動では，１人の指導者が複数の選手を同時に指導していることもあり，障害を発見しにくい環境にある。幼少期では自らの変化に気づきにくく，また不調を訴える手段に乏しい。指導者側からアプローチすることで，早期に障害を察知することが可能になる。

２ ジュニア（〜18歳）

　大きな動きを伴うような強度の高い練習を行うようになると，バランスや敏捷性の能力低下は外傷や障害につながりやすい。自分の身体の状態を知り，セルフケア（マッサージ，ストレッチング，エクササイズなど）を覚えることで障害を予防し，強度の

高い練習を維持することが可能になる。

3 一般（19歳〜）

競技スポーツだけでなく生涯スポーツとして卓球人口は増加しており，様々なカテゴリーやレベルで大会や練習が行われている。

仕事や家事など競技以外でも疲労は加わってくる。疲労が溜まった状態では，身体の動きだけでなく判断力の低下も見られるため，思わぬ外傷につながりやすい。

競技力向上や健康の維持と増進のためには，よいコンディションを維持しなくてはならない。筋肉の張りや可動域の低下を感じた段階でケアを行うことで，障害は予防できるものが多い。

セルフケアを続けても改善が見られない場合は専門家へ相談し，客観的な判断と対応を仰ぐ。

4. 食事と栄養

競技力の向上のために，体力づくりや様々な技術的なトレーニングが必要であるように，食事も身体づくりの上では欠かせないトレーニングの1つである。また，試合前後の食事戦略や水分補給は，勝敗を決める重要な要素になる。

卓球の指導者が，基本的な栄養学の知識を習得するとともに，食事に関して選手や保護者に対してどのように指導するべきかを理解し，指導に適切に生かすことが求められる。

●1…選手にとっての食事・栄養摂取の意義

1 年代別栄養指導・教育内容

選手に対する栄養指導は，トレーニング論と同様に，発育発達や理解度に合わせて実施する。

小学校低学年から中学校くらいまでは，身体づくりや食事の重要性，基本の食事方法を中心とした指導が重要である。この時期に身につけた食生活は，生涯にわたって，その選手の食生活，ひいては健康状態に影響する。中学校後半から高校生にかけては，試合時の食事のとり方や筋力や持久力を高めるための食事のとり方や栄養学的な講習が必要になる。

2 食生活上，普段から気をつけたいこと

強い選手を育てるためには，トレーニングだけではなく，食事や普段の生活面にも目を配る必要がある。

1 睡眠

練習強度が高くなるほど，練習時間が長くなるほど，睡眠時間を確保するよう指導を行うことが大切である。十分に睡眠が確保できていないと，風邪を引きやすい，口のはしが切れる，口内炎ができるなど，コンディションの悪化が見られる。

2 欠食

欠食があると，1日にとるべきエネルギー量や栄養素は不足する。特に朝食は食事量，バランスともに乱れやすい。朝から基本の6皿をそろえて食べられるように指導をするべきである（図5-15参照）。

3 偏食

強い選手の条件は，どこでも何でも食べられることである。好き嫌いが多い選手は，食環境が変わるだけで体調不良を訴える確率が高くなる。常によいコンディションを保つ秘訣は，普段から好き嫌いを減らすことである。

4 共食

食事はエネルギーや栄養素の補給の他に，親子や仲間とのコミュニケーションやリラックス，楽しみという重要な時間である。エネルギーや栄養素の補給以外の食の役割を知り，適切な食環境づくりを意識する必要がある。

5 体重測定・除脂肪体重の測定

一番簡単なコンディションの確認方法は，体重や除脂肪量の測定である。特に成長期のジュニア選手

は，体重は増えて当たり前の時期であるが，体調不良や食欲不振，練習量の増加などがあれば，減少することもある。若いときから体重や除脂肪体重をモニタリングする習慣をつけるようにするとよい。

●2…卓球選手の基本の食事

◼ 基本の6つの皿

栄養計算をしなくても，常に栄養バランスを整える方法としては，毎食，6つの役割を果たしている皿（料理）をそれぞれそろえて食事をすることが大切である（図5-15）。

❶ 主食

ごはん，パン，めん類など。炭水化物の供給源となる。運動時のエネルギー源として重要である。

❷ 汁物（副菜）

緑黄色野菜，その他の野菜，海草類，イモ類などのビタミンやミネラルの供給源で，身体の調子を整える働きがある。汁物は具だくさんにする。

❸ 主菜

肉・魚・卵・大豆製品など。たんぱく質の供給源となる。たんぱく質は，血や筋肉など身体をつくる栄養素である。

❹ 副菜

緑黄色野菜，その他の野菜，海草類，イモ類など

---

❹副菜の皿（野菜・きのこ・海藻など）

副菜の皿は…エンジンオイル
- ・色の薄い野菜　・色の濃い野菜
- ・しいたけ　・わかめ　・こんにゃく
●身体の調子をととのえる微量栄養素の供給源です。
●毎食欠かさずに両手いっぱいになるくらい食べましょう。

❺フルーツの皿（季節の果物や100％ジュース）

フルーツの皿は…エンジンオイル
- ・いちご　・りんご　・スイカ　・ぶどう
- ・グレープフルーツ　・バナナ　・みかん
●酸味の強い果物はビタミンCを含んでおり，疲労回復，貧血予防，風邪予防にもなります。
●甘い果物はエネルギー補給になります。試合間の補食としても活躍します。

❸主菜の皿（たんぱく質を多く含む食品）

主菜の皿は…強いボディと高性能エンジン
- ・卵　・ウインナー　・ハム
- ・納豆　・魚貝類　・肉類　・豆腐
●良質のたんぱく質を多く含みます。
●強い筋肉をつくり，ケガをしにくく，ふんばりの効く身体をつくるために毎食，上に記載されている食品のどれかを選んで食べましょう。

❻乳製品の皿（牛乳・ヨーグルト・チーズ）

乳製品の皿は…強いボディの素
- ・チーズ　・牛乳，低脂肪乳
- ・ヨーグルト
●強い骨格をつくります。
●毎食欠かさずとるようにしましょう。
●乳製品が苦手な選手は，小魚や緑の濃い葉野菜を積極的に食べるようにしましょう。

❶主食の皿（糖質を多く含む食品）

主菜の皿は…ハイオクガソリン
- ・ごはん　・パン　・めん類　・もち
●運動時の重要なエネルギー源になるので，毎食欠かさず必ず食べましょう。
●おおよその摂取目安
　男子…体重60kgでどんぶり4杯／日
　女子…体重50kgでどんぶり3杯／日

❷汁物の皿（野菜たっぷり具だくさん）

汁物の皿は…エンジンオイル
- ・みそ汁　・けんちん汁，豚汁　・ミネストローネ　・クラムチャウダー　・コーンスープ
●汁物のお皿は食卓にうるおいや，満腹感を与えます。
●条件は具だくさんにすること。もしも，汁物が揃えられないときは，野菜のお皿（副菜の皿）を増やしましょう。

図5─15　基本の6つの皿

のビタミンやミネラルの供給源で，体の調子を整える働きがある。毎食2皿以上そろえることを目標にする。

❺ 果物

果物全般は，ビタミンを豊富に含み，身体の調子を整える働きがある。また，甘みの強いものは，エネルギー供給源となる。

❻ 乳・乳製品

牛乳，チーズ，ヨーグルトなど。カルシウムの供給源となる。

❷ 消費エネルギー量と摂取エネルギー量の計算

1日に必要な摂取エネルギー量は，消費エネルギー量とほぼ一致する。1日の消費エネルギー量は，下記の計算式からおおよそ求めることができる。

まずは，選手の体重に年齢別の基礎代謝基準値（表5-10）をかけ合わせて，基礎代謝量を求める。

こうして求めた基礎代謝に1日の練習時間別のPAL（身体活動レベル）をかけ合わせれば，各自のおおよその消費エネルギー量を求めることができる。この消費エネルギー量分を毎日摂取するようにすれ

ばよい。PALは表5-11を参照のこと。

> 1日の消費エネルギー量＝目標摂取エネルギー量
> ＝基礎代謝基準値×体重×PAL

（例）15歳女子1日の練習量が4時間，体重50kgの選手の場合
基礎代謝基準値25.3kcal/kg/日×50kg×PAL2.00
＝2530kcal/日

すなわち2530kcal/日がこの選手の消費エネルギー量なので，その分の食事をとればよい。

●3…エネルギー量・体重・体組成とモニタリング

前述したエネルギーバランスのコントロールは，日々の体重・体脂肪率測定を行うことで可能となる。ベスト体重は各選手で異なるが，消費したエネルギー量と同等のエネルギー量を摂取できている場合には，理論上，急激な体重変動は見られない。しかし，体重を増加させたい場合や減らしたい場合には，消費エネルギー量よりも多く，もしくは少なく食べる必要がある。指導者は，体重・体組成の変化と選手の疲労度やコンディションの変動をモニタリングしながら選手に，エネルギー摂取量の調整を指示する必要がある。

スポーツ選手の理想的な身体組成を見ると，身長に対して除脂肪体重（脂肪を除いた体重）が多く，体脂肪率は，競技特性にもよるが，男子トップ選手では5～15％，女子トップ選手では10～20％くらいの者が多いようである。したがって，指導するに当たっては，体重を減らすことを重視するよりも，筋肉量を増加させ，理想的な体組成に近づけることが大切だと言えるだろう。

表5—10　基礎代謝基準値（kcal/kg/日）

年齢（歳）	男性	女性
6～7	44.3	41.9
8～9	40.8	38.3
10～11	37.4	34.8
12～14	31.0	29.6
15～17	27.0	25.3
18～29	23.7	22.1
30～49	22.5	21.9
50～	21.8	20.7

基礎代謝量(kcal/日)＝基礎代謝基準値(kcal/kg/日)×体重(kg)
（厚生労働省『日本人の食事摂取基準2020』より）

表5—11　練習時間別PAL（身体活動レベル）係数

	1時間	2時間	3時間	4時間	5時間	6時間	7時間
PAL	1.70	1.80	1.90	2.00	2.10	2.20	2.30

●4…補食の役割およびとり方

　練習量が多い選手は，１日３食の食事の他に補食からのエネルギー補給も重要である。補食として望ましい食材は，ごはんやサンドイッチ，100％フルーツジュース，果物，乳・乳製品などの炭水化物やビタミン，ミネラル，たんぱく質の補給源になるものが望ましい。摂取する大まかな量の目安としては，１日の摂取エネルギー量の10～20％に収まる程度が妥当だと思われる。例えば，１日の消費エネルギー量が2500kcalの選手であれば，補食からの補給量は250～500kcal程度となる。図5-16の上段の食材は，おやつ，下段は補食という位置づけであるが，上段の甘いお菓子やジャンクフードは高エネルギーであるにもかかわらず，ビタミン・ミネラル，たんぱく質がほとんど含まれない。

　ただし，これらの菓子類を絶対に食べてはいけないというわけではない。我慢している意識がストレスを増強させることもある。食事に影響しない程度の量であれば差し支えないだろう。

●5…たんぱく質食品と身体づくり

　筋肉をはじめ，骨，各組織，消化酵素やホルモンなど様々な身体の主要な構成成分は，たんぱく質である。食品中に含まれているたんぱく質は，摂取後，腸管内で消化・分解を受けアミノ酸となり，アミノ酸は，腸管より体内に取り込まれ，人の身体をつくるためのたんぱく質に再合成される。

　人の身体を構成するアミノ酸は，20種類ほどあるが，そのうち生体内では合成することができない必須アミノ酸は食品から摂取しなければならない。図5-17に描かれている肉，魚，卵，大豆製品，乳・乳製品などのたんぱく質食品は，良質のたんぱく質食品と呼ばれ必須アミノ酸の含量が高い。

　例えば，高校生の男子選手が１日に必要な良質のたんぱく質食品は，牛乳３本，肉150g，魚１尾（100g），卵２つ，納豆１パック，豆腐1/3丁くらいである。高校生の女子選手や小・中学生は，この2/3くらいを目安に食べるとよい。具体的には，毎食，良質のたんぱく質食品を２～３種類組み合わせて食べるようにする。数種類のたんぱく質食品が組み合わさることにより，必須アミノ酸の組成がさらによ

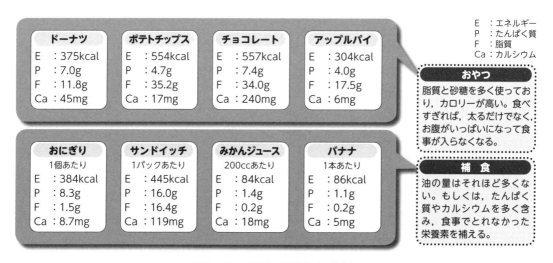

図５—16　選手の間食および補食

くなるからである。

　さらに，筋肉をつけたい選手は，エネルギー源である炭水化物（ごはん，めん，パンなど）の摂取量を確保することが大切である。エネルギー源栄養素が不足すると，身体を構成しているたんぱく質の分解が進むだけではなく，摂取したたんぱく質もエネルギーに変換されてしまう。筋肉は筋組織内部で絶えず合成と分解を繰り返しているが，筋肉量を増やすためには合成が分解を上回る状態にする必要がある。筋の合成量を高めるために大切なことは，3食の食事で適度なたんぱく質食品を摂ることと，十分なトレーニングを欠かさないことである。

●6…疲労回復と炭水化物摂取

　ごはん，パン，めん類などの主食には，炭水化物（糖質）が，でんぷんという形で含まれている。でんぷんは，身体の中に入ると消化分解されグルコース（ブドウ糖）になり，このグルコースは，腸管から体内に吸収されて，筋肉や肝臓でグリコーゲンという物質に合成される。つまり，グリコーゲンはグルコースの重合体であり，身体を動かすときの重要なエネルギー源になる。

　特に，運動強度が高くなれば高くなるほど，炭水化物（糖質）をエネルギーとして使う比率が大きくなる。したがって，体内のグリコーゲン量の消耗は，パワーの低下，持久力の低下や疲労度の増加とも関連すると言われている。

　指導者は，身体の動きが鈍くなってきた選手や疲労を強く訴える選手に対しては，トレーニング前後，トレーニング期間中の炭水化物の摂取量にまで目を配る必要がある。

　1日当たりの摂取目安量は，表5-12に示したように，数時間後にまた試合や練習があるというときには，速やかな回復のために，1時間当たりで体重1kg当たり1〜1.2gの炭水化物を摂取するとよい。例えば体重50kgの選手ならば，50〜60gくらいの炭水化物を1時間当たりに摂取することが推奨される。

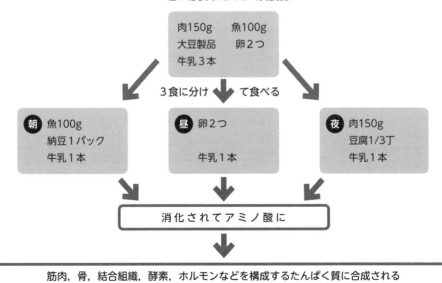

図5—17　筋肉の材料：たんぱく質食品

表5—12　炭水化物（糖質）の摂取目標量　　　　　　　　　　　　　　　　　　　　　　　　　　　＊体重50kgの選手の場合

目的	炭水化物摂取目標量 （体重当たり）	1日の摂取量＊ （ごはんだけで摂る場合）	1日の摂取量＊ （パンだけで摂る場合）
速やかな回復のため （次にまたすぐ試合があるとき）	1～1.2g／時間	おにぎり大1つ （ごはん130g位）	6枚切り食パン1.6枚
低強度トレーニング後	5～7g／日	ごはん茶碗4～5杯	6枚切り食パン8～11枚
中～強度の持久性運動後	7～12g／日	ごはん茶碗5～9杯	6枚切り食パン11～20枚
高強度運動 （運動4～6時間／日以上）	10～12g／日	ごはん茶碗7～9杯	6枚切り食パン16～20枚

（左端に縦書き「日々の回復」）

ごはんは100g当たりで約40g，パンは100g当たりで約50gの炭水化物を含む。1回摂取量が多いごはんは，パンよりも効率よく炭水化物を補給できる。
（IOCのガイドラインより）

したがって，試合後，できるだけ早いうちに，大きめのおにぎり1つ分くらいを食べるとよい。また，日々の回復のためには，翌日のトレーニングに向けた炭水化物の摂取が必要になる。例えば，軽いラリー練習しかなかった日は，体重当たり5～7g程度の炭水化物を摂るようにする。体重が50kgくらいの選手ならば，毎食どんぶり1杯分くらいである。普通のご飯茶碗なら毎食2膳くらいを目安に食べるとよい。

●7…食生活面での新たなルール

感染症等の流行の有無にかかわらず，屋外から室内へ移動したときや練習の前後，食事前などは，こまめに石けんを用いて手洗いをする習慣，うがいをする習慣をつけておくことが極めて重要である。もし，手が洗えないときには，アルコールスプレーや除菌用ウエットティッシュなどで手指消毒を行うようにする。

また，他者とともに食事をする場合には，十分な座席の間隔を確保し，食事中の会話を慎むなどの配慮が求められる。その他，他者が口をつけたものを食べたり，飲んだりすることも衛生管理上避けるべきである。

●8…試合戦略としての食事

1 食事の基本事項

❶ 食中毒の予防

季節を問わず，魚介類は食中毒の原因となりやすいため，十分に加熱したものを食べるように指導をする。また，常温下ではお弁当やおにぎり類は調理後2時間以内に喫食することが望ましい。特に夏季は食材が傷みやすいため，お弁当類は喫食まで保冷した状態にできるとよい。

❷ 水道水

日本の水道水は厳しい衛生試験を通過しているため問題はないが，井戸水や湧き水，海外の水道水などは，衛生上の保証はない。できるだけ市販されているミネラルウォーターなどを用意するとよい。一度口をつけたペットボトル類は，数時間で飲み切るようにする。

❸ サプリメント

長期遠征や合宿などで，食生活が乱れる可能性がある場合は，いざというときのために，安全性が確認できているマルチビタミンやミネラル類のサプリメントを用意しておくとよい。しかし，試合会場や練習会場などで，誰かに勧められたサプリメントは容易に口にしないよう指導する必要がある。

②　具体的な試合前の食事

❶ グリコーゲンローディング

　試合が１日中，数日にわたって続くような場合は，試合の３日前くらいから炭水化物を意識した食事に切り替えるようにするとよい。小学校や中学校のジュニア選手の試合では，前日の夜くらいから炭水化物の量を増やすようにすれば十分である。

　炭水化物の増やし方は，いつもよりも1.2倍程度を目安にする。例えば，ご飯茶碗にいつもより少し多めにご飯を盛りつける，パンを１枚多く食べる，もちを焼いて補食をとる，汁物にかぼちゃやイモ類を追加して入れる，めん類をプラスするなどが考えられる。

❷ 脂質を減らす

　揚げ物などの脂質を多く含む料理は，炭水化物やたんぱく質食品よりも，消化時間が長く，胃腸に負担がかかる。したがって，試合前は，油を多く使う料理は通常よりも控えめにするとよいだろう。例えば，主菜となる料理を例に挙げると，あじフライよりも白身魚の蒸し焼き，野菜炒めよりも豚しゃぶ，麻婆豆腐よりも湯豆腐などの方が，少ない油脂量で調理が可能である。

❸ 時間をかけて，よく噛んで食べる

　大切な試合ほど，緊張するものである。緊張すると，交感神経が亢進するため，食欲が低下し，消化吸収能力が減少する。したがって，少しでも消化吸収を助けるために，試合前は，少し食事時間にゆとりをもたせ，よく咀嚼して食べるように指導するとよい。

　また，食後は副交感神経が亢進し，身体が戦闘モードに切り替わりにくい。食事は試合開始時間を考えて，３時間くらいのゆとりをもたせ食べ終わるように指導するとよい。

③　具体的食事戦略の立て方

　試合は，当日だけではなく，試合日程や試合の時間，対戦相手が決まった時点からはじまっている。

・チェックポイント１

　試合回数，試合と試合の空き時間，昼食時間，起床時間，移動時間など，あらかじめ試合日のスケジュールを頭に入れる。

・チェックポイント２

　時間等の確認が終わったら，試合と試合の合間にとる補食や軽食などを考えておく。試合会場のそばに，コンビニやスーパーがなければ，補食や軽食をとり損ねる可能性が出てくる。家を出る前に何を用意していけばよいかを考えるように指導する。

　そこで，試合の前には，選手個々に，試合の開始時間，試合数，帰宅時間や昼食時間，休憩時間などを把握させるため，食事戦略表（図5-18）をあらかじめ作成させておくとよい。前もって，補食には何を用意したらよいかなどを確認させておくと，試合に対する意識も高まり，当日慌てることなく，自分自身で試合日の食事管理ができるようになる。

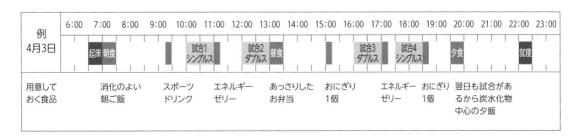

図５—18　試合当日の食事戦略表

●9…試合後の食事と疲労回復

1試合が終わっても，まだその日のうちに数試合が残っている場合や，翌日に試合がある場合は，引き続き，食事の配慮が必要になる（図5-19）。

・チェックポイント1

試合後はできるだけ早く食事をとらせ，筋グリコーゲンの回復を図るように促す。すぐに何かを食べられる状況であり，選手の食欲があれば，速やかに補食をとらせる。この際，補食はおにぎりやサンドイッチ，カステラなど炭水化物が含まれているものを選ぶようにする。

食欲がなく，すぐに何かを食べられない状況では，100％果汁や果物などで水分と糖分を補給し，試合後なるべく早いタイミングで用意しておいた補食を食べるように指導する。

・チェックポイント2

次の試合までの空き時間を考えて補食をとるように指導する。基本的に，空き時間が少ないときには，水分の多いもの，空き時間が30分〜1時間くらいであれば，果物やエネルギーバーなどが推奨される。空き時間が1時間以上あれば，おにぎりやサンドイッチなどの固形物を口にしてもよいだろう。ただし，たくさん食べると腹痛の原因になる可能性があるので，少しずつ摂取させ様子をみるとよい。2時間以上の空きがあれば，普通の食事をしてもよいが，これもよく咀嚼するように指示し，食べすぎないように配慮することが大切である。

●10…暑熱環境と水分摂取

■1 体水分の役割と脱水の影響

体水分の重要な役割は，異常な体温上昇を防ぐこ

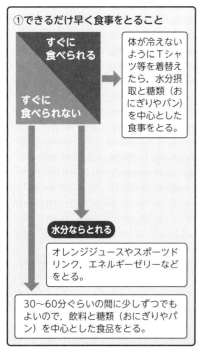

①できるだけ早く食事をとること

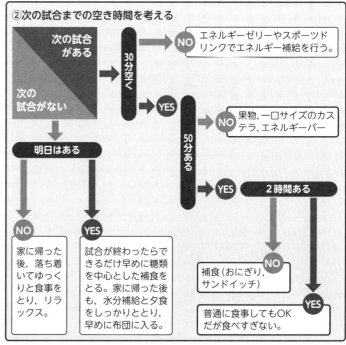

②次の試合までの空き時間を考える

図5—19　試合後の食事のポイントと疲労回復

とと，十分な栄養素や酸素を体内に循環させること
にある。発汗には，身体の中に溜まった熱を外に放
散させるという重要な意味があり，汗の量が多いと
きに水分摂取を怠れば，体内に熱が籠もり熱中症の
症状が現れる。

　身体が脱水状態になると，熱中症の症状だけでは
なく，競技力にも影響することが分かっている。例
えば，2〜3％の水分ロスがあると持久力は10％も
落ちることが知られている。2〜3％の水分ロスと
は，発汗量で500mL〜1L程度であるが，この程度
の発汗は通常の練習でも見られる量である。

　トップ選手にとれば10％の持久力の低下は大きい。
したがって，のどが乾く前に，こまめに水分をとる
ように指導し，脱水防止に努める必要がある。

❷ スポーツドリンクの特徴

　スポーツドリンクは，適度な糖分と塩分が含まれ
ているのが特徴である。糖分は運動時のエネルギー
を補給する目的で含まれており，糖質量が多い（甘
い）ほど，エネルギー補給ができるようになる一方
で，水分の吸収は阻害される。したがって，4〜8
％程度の糖濃度のドリンクを選ぶようにするとよい。
また，スポーツドリンクに含まれている塩分は非常
に重要な意味があり，適度な塩分を補給することに
より，体内での水分貯留がよくなる。スポーツドリ
ンクがない場合は，自分で塩分や糖分を持参したド
リンクに追加させ，自家製のスポーツドリンクをつ
くるように指導するとよい。

❸ 水分摂取の方法

①練習前からコップ1杯程度の水分補給をさせる。
②1回にコップ1杯程度の水分を補給する。
③気温や湿度が高いときには，多めに水分をとる。

　発汗量は気温と湿度が高いときに増加する。また，
練習量が長くなるほど，発汗量も増える。したがっ
て，このような状況下では，水やお茶以外にも，前
述のようにスポーツドリンクなどを用意し，熱中症
対策を心がけることも大切である。

　選手は自分の口に入れるものすべてに責任をもた
なくてはならない。私達の身体はすべて食べた物か
らできているため，バランスのよい食事をとってい
ればスポーツに適した強い身体をつくり出すことが
できるが，食生活が乱れていれば簡単に身体を弱化
させてしまうことになる。

5. メンタル

　卓球競技の選手とそのコーチの中には，お互いの
競技人生の夢を共有しながら歩んでいる人たちがい
るだろう。インターハイ優勝を悲願としている人た
ちもいれば，もしかするとオリンピック出場やメダ
ル獲得を二人三脚で目指している人たちもいるかも
しれない。

　「悲願の共有」は，選手とコーチとの協働をより
力強く，粘り強いものにさせて，夢への到達可能性
を高めてくれる。もし，「悲願の共有」（何のために
協働するのか）がなされていない場合は，そこから
はじめるとよい。それこそが協働の原点であり，核
心となるはずである。

　夢は叶うときもあれば，叶わないときもあるが，
その道のりは華々しく駆け登っているときも，また
壁にあたって先の見えないときや，泥水の中を這い
進むような苦労をしているときも，すべてが輝いて
おり，人々の心を打つものである。

　本項では，充実した競技生活を送っていくための
ヒントを，メンタルの側面から記述していきたい。

●1…目標設定技法

　実力の向上や実力発揮度の向上を図っていくのに
有効なメンタル技法の1つに，「目標設定技法」が
ある。以下に目標設定の大きな流れを示す。目標は

一度設定して終わりというものではなく，常に更新可能性をもち，その時々の自分にとって，よりしっくりとくる設定内容に変更していくとよい。

❶ 長期目標設定

①数年〜十数年後の未来に何を成し遂げていたいか。

②数年〜十数年後の未来にどのような卓球選手になっていたいか。

③そこに向けて，明日から何を大事に過ごしていくと，①・②への到達可能性が上がると思うか。

❷ 短期目標設定

①1年以内にどのような結果を出すか（主要大会において）。

②各大会時点で，どのようなプレーができるようになっていたいか。

③そこに向けて，明日から何を大事に過ごしていくと，①・②への到達可能性が上がると思うか。

❸ 次の大会の目標設定

①次の大会で，どのような結果を目指すか。

②次の大会のプレー内容目標（局面・プレーイメージ・大事なこと）の設定。

③そこに向けて，明日から何を大事に過ごしていくと，①・②への到達可能性が上がると思うか。

❹ 大会の振り返り

上記の❸で目標設定した大会を終えた後，大会を振り返り，それに基づいてさらに次の大会について目標設定を行う。大会の振り返りのポイントは，以下の通りである。

① 重要度の高い試合の敗因を振り返る

自分が乗り越えなくてはならない現時点での課題とは何かを鋭くとらえる。

② 重要度の高い試合の勝因を振り返る

今回の試合で勝った選手に次回の再戦時に負けてしまうというケースがあるが，勝因分析の不十分さがその一因となりうる。そのときに敗北した相手選手は，「敗因」を振り返り，再戦時に相手選手がどのように対策してきそうかを予想し，それに対策す

るための振り返りを行う。

③ 具体的かつ多角的に記述する

敗因や勝因は，記憶に残っている試合場面を思い出しながら，具体的かつ多角的に（技術面・戦術面・心理面）記述する。「他には？」と自問自答していくとよい。また，敗因や勝因をより深く掘り下げていくために，いったん記述した敗因や勝因に対して，繰り返し「なぜ？」と問いかけることが有効である。

④ 改めて次の大会の目標設定を行う

上記の①〜③の振り返りを念頭に置きながら，上記の❸で示した次の大会の目標設定①〜③を記述する。

●2…イメージ技法

目標設定の「次の大会のプレー内容目標」の欄に文字で書かれている内容について，イメージ上でその課題となっている局面でのプレーをリハーサルする。それによって，次の試合に向けた準備の質が向上し，同時に，文字で書かれている「次の大会のプレー内容目標」が，より実践的に試合で発揮できるようになる。

「イメージ」という言葉は学術的に確定した唯一の定義があるわけではないが，大雑把に言えば，頭の中で浮かべる映像に様々な感覚など（聴覚，嗅覚，味覚，触覚，筋運動感覚，感情，思考）が乗ったものだと言える。この「イメージ」を活用し，実際の試合がやってくる前に，繰り返しイメージ上で自分の試合時の課題の乗り越えをリハーサルしていくのである。

イメージを想起する力は選手によってまちまちであり，「イメージがあまり浮かばない」という選手は基礎トレーニングが必要である。具体的には，例えば目を閉じて，いつも使っているボールペンを頭に浮かべ，ボールペンの色や持ったときの持ち心地や文字の書き味などを感じようとしたり，大好物の

食べ物を頭に浮かべて匂いや味を感じながらイメージの中で食べてみたり，自分の部屋を頭に浮かべてあちこちに視線を動かしながら移動して探索したり，ということを行う。1回のイメージ想起時間は3分程度にして，イメージ想起を終えるときは「消去動作」（肩の上げ下げ，手のグーパー，グーッと手足を伸ばすなどの動作のこと）を行うようにする。「消去動作」のねらいは，イメージ想起を終えて目を開ける前に身体の目を覚ますこととされ，忘れないように実施する。

このような基礎トレーニングを経て，イメージ想起力がついてきた選手は，以下の手順の「イメージリハーサル」に進むことができる。

■ リラクセーション技法

イメージをよりよく想起するためには，リラックスした状態が望ましいと言われている。主なリラクセーション技法は，以下に示すように数種類ある。イメージ技法に合わせて実施されるものとして，「呼吸法」が使用されることが多い。

① 呼吸法

鼻から3秒かけて吸う（お腹をふくらませる）→2秒保持→口から15秒かけて細くゆっくり吐く

② その他のリラクセーション技法

ここでは内容を記述しないが，筋弛緩法，自律訓練法などがある。

■ イメージリハーサル

① イメージ課題の作成

まずは試合の状況設定をする（大会名，会場，何回戦目，対戦相手，何ゲーム目，現在のスコア，どちらがサービスか，審判の傾向，観客の様子，自分に今わいている感情や気持ち等）。そして，その状況下でどのようにプレーをするのかを，「次の大会のプレー内容目標（局面，プレーイメージ，大事なこと）」をベースに記述する。

② イメージリハーサルの手順

以下の手順で行う。閉眼→呼吸法1分→イメージ

課題の想起3分→消去動作→開眼。

③ イメージ想起の感想記述

開眼後，イメージ想起していて気づいた自分の気持ちの流れやプレーの流れなどについて記述しながら，この状況に立ち向かう際に大事になってくることを見つける。

●3…選手とコーチの関係について

ここでは，選手の行うトレーニングやコンディショニングの基礎知識や指導方法ではなく，コーチの側に起こりがちなメンタル面の問題を取り上げる。

メンタル面の指導を考えるに当たって，実は選手ではなくコーチ自身に問題があることは見逃されがちである。選手だけではなく，自分のメンタル面についても振り返るようにすることが重要なため，ここで簡単に触れておく。第2章，第3章の内容と通じるところもあるので，あわせて参考にしていただくとよい。

卓球競技は，選手とコーチの関係が密接になりやすい競技の1つである。それゆえ選手への影響も大きく，問題が生じやすいとも言える。以下に，コーチングの際の問題現象をいくつか挙げる。

「問題現象」とは言っても，選手・コーチ関係をある角度から見たときに，そのように見えうるということであり，現実には，その必要性がありよい面が含まれていたりすることもある。

本書を読んでいるコーチ自身が，選手・コーチ関係の一側面に気づくのを助け，その関係をよりよくしていくために，どうしていけばよいかを考えるきっかけとなればと思う。

■ 選手自身の道を奪う

選手が試合で負けた後に生じることが多い。試合に負けたのはコーチの言うことを聞かなかった（実践しなかった）ためだと口にして，明日の練習からコーチの言うことを聞かせる度合いを強めたり，次

の試合でコーチの思い通りにプレーさせようとしたりする。

負けた試合の後に行われる「試合の振り返り」は，ほとんどコーチによる振り返りであり，選手はほとんど話をしていない。なぜ負けたのか，明日から何が必要なのか，を選手自身が考える機会をコーチが奪っている。「選手自身に考えさせている」というコーチもいると思うが，コーチの思う結論に誘導していたり，コーチの思いから外れないように選手に気遣わせたりしていることもある。

次の試合に向けた戦術の組み立て，今後のプレースタイルの変更，重視する技術，明日から重点的に練習する内容，明日から大事にしなくてはならないこと等について，実質的にコーチが決めている場合がある。そのような選手・コーチ関係下において，選手が自分で考える力は育ちにくい。

選手自身がなぜ負けたと思っているか，明日から何が必要だと思っているか，それを自分なりにどのように実践していこうとしているか。そういう選手の思いや行動を忍耐強く大事にする姿勢が，「自分で考えることができる選手」の育成に向けたコーチングに必要だと思われる。

❷ 色メガネをかけて選手を見る

コーチが言葉に出して言うことが，その思いのすべてではないだろう。もし，そのようにとらえられたら，誤解だと言うに違いない。しかし，コーチが選手の負の一面をとらえて，それが主たる特性であると言っていることがある。

「自分の意見」（それが未熟なものであることもあるが）をもっている選手の中には，コーチや周囲の人に反発している場合もあり，周囲の人たちにとっては，その選手の負の一面が見えやすくなっている。そのため，コーチの意見への賛同者も多くなるかもしれない。

このようにして，負の一面が「色メガネ化」した場合，その選手の「よい面」や，さらに言えば「そ

の負の一面の前向きな面」が見えなくなる可能性がある。周囲の多くの人が，「色メガネ」をかけて自分の負の一面を選択的に見ている状況は，その選手にとって，とても辛い日々となるだろう。

ただし，誰か1人だけでも，その選手の「よい面」や「前向きな面」を見つめてくれている人がいると，「色メガネ」で見られる辛さを乗り越えて，よい方向に進むことがある。しかし，コーチから見ると，その「1人」の存在によって，選手が変わる機会を逸しており，悪い方向に進んでいるように見えることもあるのが，難しいところである。

たとえその選手がコーチの思い通りには変化していかないとしても，その「1人」の支えを受けながら選手が自分なりにどのように変わっていくか，見守っていく姿勢があることが望ましい。

❸ 選手の責任のみを追求する

試合に負けたとき，コーチが「なぜ言った通りにやらないのか」と選手に対して口にすることがある。この発言の背景には，自分が言った通りにやっていれば勝っていた可能性があり，今回の敗北はそれをやらなかった選手の責任が大きい，という思いがあるのだろう。その後，選手に何かをやらせて，選手をコーチが操作していくような状況になっていくと，「卓球をやらされていて」「自分で考える力の低い」選手となっていく可能性がある。

このような状況への突入を避ける方法の1つは，コーチが自分自身に「なぜ選手は自分が言った通りにやらなかったのか」と問うことである。もしかすると，選手との信頼関係が築けていなかったのかもしれないし，選手が自信をもってはやれないプレーを指示していたのかもしれない。もしくは，コーチの指示の実践で，この対戦相手に対応できると選手が思えなかったのかもしれない。こうして，選手との信頼関係の形成，普段の練習指導，自分の戦況分析力，戦況転換の引き出し数など，コーチ自身がどの辺りについて変わっていく必要があるかを見つめ

ていき，選手も自分なりに変わり，コーチも自分なりに変わっていく，という状況をつくっていくとよいと思われる。

❹ 選手を囲い込む

　選手を囲い込むということは，選手を守っているとも見ることができ，常に「問題現象」であると言えるわけではない。しかし，選手の可能性を制限してしまっているように見えることがある。

　「囲い込んでいる」というのは，他のコーチや情報医科学サポートスタッフを自分の選手に近づかせないようにコーチがしている状況を言う。確かに，例えば複数のコーチによる選手の綱引きが生じてしまうと（それぞれが自分の言うことを選手に聞かせようとする），選手が混乱してしまうことがあり，ここで焦点を当てているものとは別の「問題現象」となってしまうので，注意が必要である。しかし，コーチにとって自分の力だけでは乗り越えられない壁に当たることもある。そのときに周囲の人たちと手をとり合おうとするのか，逆にとり合おうとしないのかで，壁の乗り越えられる可能性が変わってくるだろう。壁を乗り越えるということは，例えばどうしても勝てなかった選手に勝てるということであり，夢に向けた成果を1つ積み上げられるということである。

　コーチが選手を囲い込んでいると自覚しているとき，なぜそうしているのかを自問自答し，また，その理由で囲い込んでいることが適切なことなのかを，自分の心に問いかけるとよいと思われる。

6. コーディネーショントレーニング

● 1…コーディネーション能力

　コーディネーション能力とは，周囲の状況を目や耳などで感知して，さらにそれを頭で判断し，具体的に筋肉を動かす過程をスムーズに行う能力のことである（図5-20，5-21）。

　これは，専門的な卓球の技術を覚える前提条件と

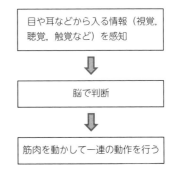

図5—20　コーディネーション能力の意味
上に示した流れをスムーズに実行する力が，コーディネーション能力である。

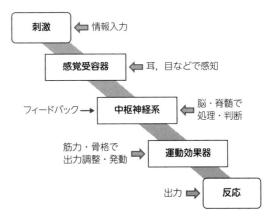

図5—21　刺激の感知から身体の反応までの流れ

155

なる「動きづくり」や「動きの構造」と関係性が深いと言われている。

　子どもの時期にコーディネーション能力を高めておくと，運動学習の進み具合を速めることや目的とする動きを獲得しやすくなる。また，よりレベルの高いスキルを獲得するためにも役立つと言われている。

●2…コーディネーショントレーニング

■ 専門的な技術を覚える上での前提条件となる

　先に説明したコーディネーション能力を向上させるために行うのが，コーディネーショントレーニングである（図5-22）。コーディネーショントレーニングは，神経系の最も発達する8〜12歳ころ（ゴールデンエイジ）を中心に，5，6歳から14，15歳までの時期に重点的に取り組むことがベストであると言われている。

　この時期はトレーニング全体の40〜50％をコーディネーション能力の開発・向上に充てると効果的である。

　子どもの体は柔軟性に富んでおり，いろいろな動

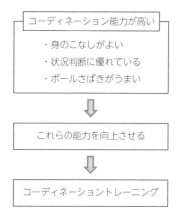

図5—22　コーディネーショントレーニングの意図
コーディネーショントレーニングを行うことが，卓球の競技力向上につながる。

きに対応が可能である。動きを覚えるスピードも速いため，多くの動きを取り入れたコーディネーショントレーニングを無理なく行うことができる。

　また，このトレーニングは，「鬼ごっこ」「お手玉」「木登り」など，子どもたちの「遊び」の中にも多数存在している。

■ 状況に応じたプレーの選択が的確にできるようになる

　コーディネーショントレーニングの特性（種類や原則など）を把握した上で，対象者の年齢や体力レベルに合わせてトレーニング内容を考える。その際に欠かせない視点は，「運動条件」を変えることである。

　運動条件を様々に変化させてトレーニングを行うと，状況の変化に対する判断や対応が素早くなり，身体のキレやバランス，そしてスムーズな動作など協調性が養われる。また，状況に応じたプレーの選択が的確にできるようになる。特に，感覚器の機能を高めることによって，状況判断に必要な情報収集の精度が高まり，その結果，無駄のない正確で素早い「読み」を伴った動きができるようになる。

　例えば，卓球競技では，相手からのボールが近いか遠いか，右か左か，高いか低いか，回転はどうなっているか，アウトかインかなどを瞬時に判断する能力は大変重要である。経験や分析などによる情報に加え，多くの情報を的確に処理する能力がコーディネーショントレーニングによって身につく。

■ 方法

　コーディネーショントレーニングと一口に言っても方法や種類は様々である。道具を使わなくてもできるものから，色々な道具を活用して行う方法もある。

　具体的な方法は，JTTAが作成しているDVDなどを参照されたい。

スポーツビジョン
トレーニング

スポーツの場合，特にボールゲームスポーツにおいてはボールや選手は常に動いており，しかも動く範囲は広く，状況を瞬時に判断し，最適なプレーを発揮しなければならない。このような外的情報を収集する能力のことをスポーツビジョンと呼ぶ。ひらたく言えば「見るチカラ」である。もっと正確に言えば，視機能として動体視力，眼球運動，周辺視野，瞬間視と呼ばれる能力の総称である。無意識下であるためスポーツビジョンへの関心は低いが，スポーツビジョンの差がスポーツパフォーマンスのレベルを決める要因の1つになっている。

スポーツビジョンを向上させる取組みがスポーツビジョントレーニングである。スポーツビジョンはトレーニングにより向上し，パフォーマンスもアップするが，研究・実践例が少ないため内容，回数，頻度，期間などのトレーニング要素は明確ではなく試行錯誤の段階である。

卓球におけるスポーツビジョントレーニングにおいて，基礎になるのがフォーカスのあったよい視力なので，最初にまず卓球と視力の関係について説明する。

●1…卓球と視力の関係

一般に「眼はよいですか？」と聞かれたら，視力1.0とか0.7などと答えるだろう。ここでいう視力とは数値が高いほどフォーカスがよい，つまり細かいところまで見えることを表している。卓球においては小さいボールが高速で飛び交い，しかも回転を見極めなければならないので，視力が低い場合には十分なパフォーマンスを発揮できない。

普段コンタクトレンズを使用していて視力が1.2

ある卓球選手5名を対象に，度の合わないコンタクトレンズを使って人工的に視力を低下させたところ，視力0.7ではパフォーマンスは平均で90％，0.5と0.3では80％，0.1では45％に低下した。

つまり，視力が低くボールがはっきり見えない場合にはベストパフォーマンスを発揮できないことを示している。選手に「ボールは見えている？」と聞けば「見えています」と答える。見えていることに違いはないが，どのくらいはっきり見えているかが重要である。

視力は照度により変動するので，暗い体育館ほど視力は低下する。視力0.7以下の人では明るさによる影響が特に大きく，暗い体育館ではボールを見にくいと感じることが多く，無意識のうちにハンディになっている。視力が低い場合，それぞれ片眼1.0以上に矯正するのが望ましい。これにより両眼では1.2以上となる。

卓球選手の視力実態についての調査（卓球選手325名，平均18.7歳，2003年実施）によれば他のスポーツと比較して視力矯正は適正に行われていないようである。卓球では他のスポーツに比較して中学生，高校生の視力矯正率が高く（それぞれ48％，63％），かつ他のスポーツに比較して視力が低い傾向にあった。さらに矯正している人を比較すると，矯正（メガネ，コンタクトレンズ）により両眼とも1.0以上あるものは他のスポーツでは72％であるのに対し，卓球では60％であった。

また，卓球選手はメガネ37％，コンタクトレンズが59％であり，他のスポーツと比較してメガネの割合が高い。これは選手同士で接触することが少なく，ボールによりメガネが壊れることなどがないためと思われる。指導者は選手の視力を正確に把握し，不足の場合には適正な矯正を指導する必要がある。

●2…スポーツビジョン

スポーツビジョントレーニングは動体視力や瞬間視などの要素を伸ばす基礎的トレーニングと，そのスポーツに特有な要素をスキルとリンクさせて向上させる個別的トレーニングに分けられる。個別的トレーニングは，例えば後述するように卓球ではボールを見つつも相手の動きを視野にとらえておく周辺視野の広さが必要なため，視野を広げるトレーニングを卓球のスキルとリンクさせるのがその例である。

卓球では非常に速いラリーを眼で追い，球種などを一瞬で判断する。さらにボールだけを見ているようであるが視野の周辺で相手の位置や動きをとらえている。これらはすべて無意識下である。しかし，もし相手選手の打つボールの回転やコースの判断が遅れたらどうなるだろうか。毎秒20mのボールは，5m離れた選手に0.4秒で届く。選手の判断が早ければ思い通りに打球できる。しかし，判断が遅ければ，まともに打ち返すこともできなくなる。また，速いボールに眼がついていかなかったら微妙に変化しているボールを正確に打つことはできない。さらに相手の動きが視野の中に入っていない場合も同様

である。このような情報を集める力が卓球の競技力に影響することは容易に想像がつく。

これまでの研究から，卓球選手は他のスポーツ種目の選手に比べて動くものを識別する動体視力が非常に高いレベルにあることが明らかになっている。優れているのは高度な練習で獲得したものか，それとも生まれつきのものなのかは分かっていない。

ところが意外と早い時期に決まっているというデータもある。図5-23，5-24は小中学生と大学生を対象とした卓球の競技レベルとスポーツビジョンの関係結果である。興味深いのは，小中学生で指導者がAレベルとした子どもの方がスポーツビジョンはよく，その中でも特に周辺視野が広かった。大学生でも同じく周辺視野の広さで差があった。この結果から，視野で相手をとらえる能力が卓球と関わっていることが推測される。おそらく視野が広ければボールを見ながらも相手の動きをわずかに速くとらえることができ，それが次のプレーにつながっているのではないかと考えられる。小中学生ですでに差があり大学生でも差があることは，早期にこの能力に差がついてしまい，そのまま大人になるのではと推測される。

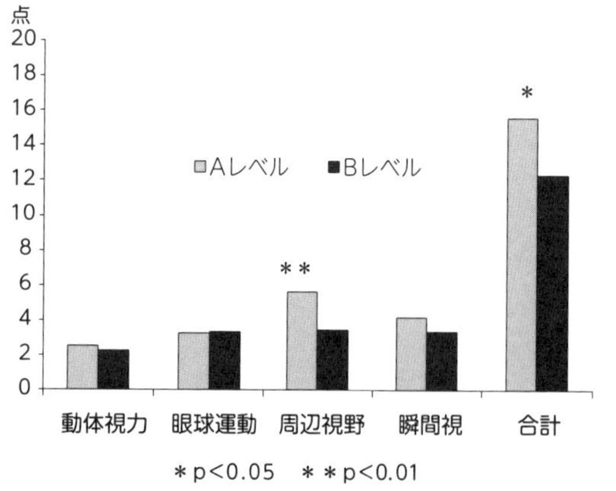

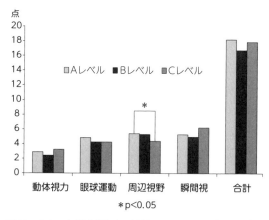

図5—23　小・中学生選手の競技レベルとスポーツビジョンとの関係（石垣，2005）

（競技レベル：Aレベル＞Bレベル）

図5—24　大学生選手の競技レベルとスポーツビジョンの関係（石垣，2005）

（競技レベル：Aレベル＞Bレベル＞Cレベル）

視野の広さに差があることは，研究の結果によって分かったことである。無意識なため選手自身はもちろんのこと，指導者にもその差がプレーに関わっていることは意識ない。指導者は，選手に対して見ることとパフォーマンスは深く関連していることを教える必要がある。選手は技術の善し悪しだけに注目しがちであるが，選手に見ることを意識させ，トレーニングすることでパフォーマンスが高まる可能性があるのである。

●3…トレーニングの方法

スポーツビジョンは小学生期に急速に発達し，20歳ごろにピークを迎え，以降，加齢とともに低下する。したがって小学生のころにスポーツビジョンを伸ばすように働きかけると効果的である。大人になってからもトレーニングは可能であるが早期であればあるほどよい。能力には性差があり男性がやや優れているが，その差は数％とわずかであるので性差は考慮しなくてよいであろう。

■ 基礎的トレーニング

図5-25にトレーニングの例を示す。その他の様々なメニューや方法は他書を参照されたい。週3回で2～3か月で効果が出るので継続する必要がある。

❶ 眼球運動のトレーニング

・親指フォーカストレーニング
両手を肩幅に開き，指の爪がはっきり見えるように頭を動かさず左右の親指を交互に見る。それを1秒1往復で20秒間行う。さらに左右の幅を広くする，斜めにするなどの負荷をくわえる。

・10本指フォーカストレーニング
左右10本指を親指→親指→人差し指→人差し指のように順番に見ていくトレーニング。さらに幅を広く，斜めにする，手を前後にするなどの負荷をかける。

❷ 視野のトレーニング

・ナンバータッチ
①～⑳の数字を書いたマグネットを用意し，順番にタッチする時間を計測する。往復する，数字を増やす，範囲を広げるなどで，広い視野でとらえるトレーニングになる。

親指フォーカストレーニング

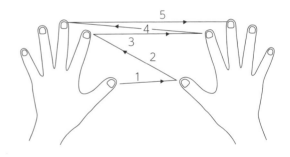

10本指フォーカストレーニング

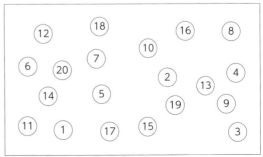

ナンバータッチ

図5―25　スポーツビジョンの基礎的トレーニング

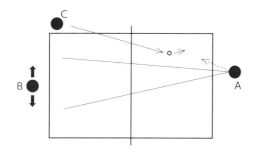

図5−26　視野を広げるトレーニング

Bはラケットを右か左に動かす。AはCの出すボールを見ながらBのラケットの方向へ返球する。

2 卓球の個別的トレーニング

練習の中で視野を広げるトレーニング例である（図5-26）。まだ卓球で実際にこのようなトレーニングは行われていないものと思われるが，これを参考に様々なメニューが考案できるであろう。

8. 安全管理

ここまで取り上げたような競技力向上のための様々なトレーニング方法は重要であるが，選手のコンディションを整えて安全に指導し，勝利を目指すためには，スポーツ医学の知識をある程度身につけ，状況に応じてそれを活用していく必要がある。

また，近年の競技スポーツにおいてトップアスリートは"ドーピング検査"を避けることができない。若い選手が多く活躍する卓球競技においても早くからの教育が求められ，指導者にはアンチ・ドーピングの基本知識も必要となる。

●1…年代・性差による特徴と注意点

1 子どもの安全対策

卓球に限らずスポーツ競技の指導者は，保護者から勝つことを求められ，子どもを勝たせれば"よい指導者"と言われるため，勝つための技術指導を最優先にしてしまう傾向がみられる。しかし，目の前の試合に勝つことにこだわりすぎて，子どもたちが安全に卓球に取り組める環境づくりが疎かになっていないかどうか，注意する必要がある。子どもたちには輝かしい未来があり，小中学生の間に身体を壊すことがあってはならない。

卓球競技では，各地域の熱心な指導者により，学校やクラブ単位での選手育成がなされ，競技開始の低年齢化が進んで，4〜5歳からの英才教育も行われている。JTTAも子どもたちの育成・強化を重要視しているが，長い将来を一貫した指導プログラムと，スポーツ医学の視点からの対策が重要である。

1 子どもの運動能力の発達

思春期前，特に小学生の身体は，成人とは明らかに異なっている。指導に当たっては，身体的な特徴を考慮した練習を行うことが大切である。

子どもは無酸素性のエネルギーを使って運動しないので，運動後の回復が早いという利点はあるが，繰り返し全力疾走できる身体ではなく，運動強度に対する認識力も低い。心拍出量が少なく，呼吸数は多く，発汗率は低い。短時間の運動を一定の間隔をおいて行うのに向いているが，持久的トレーニングは効果が期待できず，熱中症になりやすい。

運動能力の発達を見ると，5歳を過ぎたころから脳・神経系の発達が進み，7〜9歳ごろにピークを迎える。この時期に卓球の動作を習得させると大きな効果が期待できる。10歳を過ぎると呼吸・循環器系の発達が進んで，粘り強さが出てくる。個人差はあるが，15歳ごろまでに骨格が急激に発達する"発育スパート"を迎え，その後に力強さが増してくる。

発育スパート期はスポーツ障害が起こりやすい時期なので，それまでにウォーミングアップ，クーリングダウン，ストレッチングをしっかりと行うように習慣づけておくことが重要である。身長が急速に

伸びる時期には不良姿勢を矯正し，体幹トレーニングを重視すべきである。本格的な筋力トレーニングは骨格が完成してからでよい。選手にこれらの意義を十分に理解させ，指導をすることが安全対策になる。

❷ 子どものコンディショニング

子どもは身体だけではなく精神（メンタル）も不安定なので，コンディショニングは非常に重要であり，指導者，保護者の理解が不可欠である。

小中学生には体内に十分なエネルギーを蓄える能力がないので，朝食を食べなかったり，練習前の栄養補給が十分でなかったりすると，身体は疲れやすく，痛みやすくなる。身長が伸びない，体重が増えないなどの成長障害さえ生じる可能性がある。卓球競技をする子どもたちは，学校の部活動が終わった後にクラブチームの練習を行っているケースも多く，就寝時間が遅い傾向にある。年齢に応じた適正な就寝時間の設定と睡眠時間の確保が，身体を大きく成長させることにつながるので，十分に注意してもらいたい。

普段の練習から選手の状態をチェックすることは当然であるが，学校の健康診断は必ず受けさせるようにし，できれば定期的にメディカルチェックを受けさせて健康管理をすることが望ましい。少しの練習でもフラフラになり息が上がる場合は，貧血や心臓病などの可能性もあるので，かかりつけの医師や学校医に相談させる必要がある（かかりつけのスポーツドクターが決まっていれば，なお安心である）。

また，小・中学生は発達途上の不安定な精神状態にあり，勝つことを求められることがストレスとなり，スポーツができなくなる状態に追い込まれる事態も生じる。競技力だけを重視した狭い見方ではなく，選手が健全に卓球に取り組めるような精神状態にあるかどうか，広い視野から選手をフォローすることが求められる。

小・中学生の選手のなかにもオーバートレーニング症候群で競技を中断する例が見られる。オーバートレーニング症候群とは「過剰なトレーニングによって運動能力の低下や疲労症状が持続し，容易には回復しなくなった状態」である。一種の慢性疲労状態であり，神経系，内分泌系，免疫系などの機能異常が起こっていると考えられている。

身体症状としては，動悸，息切れ，立ちくらみ，手足のしびれなどが挙げられ，精神症状としては，不眠，不安，情緒混乱，うつなどが見られる。トレーニングによる身体への強すぎる負荷や，過密スケジュール，休養・栄養不足など様々な原因により，このような症状が出現してくる。まじめで几帳面で嫌と言えない選手に見られる傾向があるので，指導者の気づきが重要となる。すべての選手が卓球を愛し，生涯卓球を続けられるように配慮したい。

❷ 中高年者の安全対策

中高年の選手は，コンディションづくりに特に気をつけたい。この年代になると高血圧や心臓病などの持病がある選手も見られ，普段からの健康管理が重要となる。競技として卓球を続ける限りは，毎年の健康診断を必ず受け，病気が見つかった場合には，治療を開始して運動継続の許可をもらう必要がある。

ラージボールやマスターズなどの全国大会に参加し，前日の飲酒や夜更かしの影響で体調不良のまま翌日の試合に臨むことや，風邪などで体調が悪いときに無理してプレーしたりすることは避けなければならない。また，遠方から車を運転して到着後，すぐに大会に参加してプレーすることもやめるべきである。地域の大会では，ダブルスに加えてシングルスの一般と年代別の両方にエントリーして勝ち進む上級者もいるが，自身の体力を過信せず，1日の試合数にも注意したい。地方大会ではメディカルサポートも不十分で，悲しい事故も発生しているため，プレー中に気分が悪い，吐き気，冷や汗，顔色蒼白，めまい，立っていられないなどの症状が出たときは，すぐにプレーを中止する必要がある。

❸ 女性選手の安全対策

　子どもの発育過程において，8歳ごろまでは明らかな男女差は見られないが，14歳以降で性差が明らかになってくる。一般的に発育速度のピークは，女子が12歳，男子が14歳とされる。思春期以降の性差を見ると，身体組成では女性は体脂肪率が高く，筋肉量や骨量は低い。重量比で女性と男性を比較すると，脂肪は150％，筋肉90％，骨は75％である。形態では，上・下肢長が女性は男性の93％で，女性にX脚が多く，骨盤は女性が円形である。筋力は男性の60〜65％で，最大酸素摂取量は75％，1回の心拍出量は85％である。

　上記の身体的性差を頭に入れ，指導者は女性アスリートの三主徴と貧血が男性より多い（20〜50歳代にかけては男性の8〜10倍）ことを知る必要がある。

❶ 女性アスリートの三主徴

　女性アスリートが競技から長期離脱を余儀なくされる健康障害の三主徴が，「利用可能エネルギー不足」「無月経」「骨粗鬆症」である。競技開始の低年齢化が進み，初経開始以前から過剰なトレーニングを繰り返し，骨密度の獲得が十分でない状態で，競技を継続しているケースが増えている。

　利用可能エネルギー不足とは，運動によるエネルギー消費量に見合ったエネルギー摂取量が確保されていない状態で，神経性食思不振症や過食症などの摂食障害の有無によらない。スクリーニングとして，成人ではBMIが17.5kg/㎡以下，思春期では標準体重の85％以下という指標が用いられている。利用可能エネルギー不足があると，脳からのホルモン分泌が低下し，低エストロゲン状態となる。それが持続すると無月経を来たし，さらに持続すると骨粗鬆症を引き起こす。疲労に伴う食事量低下によって低体重や低栄養状態が起こり，体脂肪率が15％以下になると30〜40％月経異常を来たすが，体脂肪率10％以下になると100％月経異常となる。無月経や閉経後の選手では骨塩量が低下し，疲労骨折や脆弱性骨折

を起こしやすくなるので注意を要する。食事や栄養でカバーできる範囲か本格的な治療を必要とするのか，医療機関で見極めることが大切である。

　卓球選手が減量を強いられることは少なく，深刻な三主徴を訴える選手はほとんどいないが，女性選手はこれらのことを十分に理解し，重症になる前に気軽にスポーツドクター資格を有する婦人科医を受診することが望ましい。

❷ 貧血の予防

　女性選手には貧血が時々見られる。練習中にめまいがしたり気が遠くなったりという，いわゆる脳虚血状態が生じ，もう少し症状が強くなると失神したり，立っていられなくなって座り込む。このような場合は，貧血や心臓病などを疑う必要がある。

　貧血が疑われる場合，病院で血液検査が必要である。ヘモグロビン値によって貧血の有無を調べ，血清鉄とフェリチン値により体内の鉄貯蔵状態を調べる。網状赤血球数とハプトグロビン値は溶血状態をみる。ヘモグロビン値の正常範囲は，一般男性14〜18g/dL，一般女性12〜16g/dLで，貧血により酸素運搬能が低下して，全身持久力の低下につながる。日常生活はもちろん競技能力にも悪影響が出てくる。

　貧血は，オーバートレーニング症候群とともにスポーツ選手において非常に発生頻度が高い。スポーツ選手に見られる貧血の多くは，鉄欠乏性貧血である。その原因は，①鉄の摂取量の不足や吸収障害による不足，②練習中の大量発汗や発育成長するために使われることによる鉄の需要の増大，③消化管出血や月経過多などによる鉄の排泄増大，などである。

　予防のために一番大切なことは，食事をしっかりとることである。もし貧血と診断されたときは，食事療法のみでよいのか，貧血の薬を飲んだ方がよいのか，医師の判断が大切になる。

● 2…卓球競技の傷害と対策

　卓球台が常設でない練習場の場合は，練習の準備段階として卓球台を移動して設置することが多いが，過去には重大な事故の報告例がある。大きなケガをさせないために使用方法を順守し，子どもだけで卓球台を設置させることがないよう指導者が注意深く見守る必要がある。

　卓球競技はノンコンタクトスポーツで急性外傷は多くないが，俊敏な動きを要求されるため，競技中に発生する下肢の外傷として足関節捻挫や大腿・下腿の肉離れなどがある。また，上肢では卓球台を介して，手指の打撲・骨折や裂傷が見られる。一方で，練習や試合での打球回数が多く，繰り返し動作によるオーバーユースが原因で，意外と多くの慢性障害を引き起こす。国内ではJTTAの調査が報告されているが，卓球の外傷・障害では障害が全体の70％以上を占め，18歳以上の日本ナショナルチームメンバーの３年間の部位別外傷・障害発生件数は，①足・足関節部71.4％，②腰部52.9％，③大腿部52.8％，④肩部45.7％，⑤肘部20.0％の順に多かった。競技種目特性として特に注意すべきは，急性外傷としての足関節捻挫と，慢性障害としての肩，腰の障害と考えられる。

　足関節捻挫はあらゆるスポーツ競技で多い外傷であるが，前後左右の激しいフットワークを要求される卓球では特に注意したい。捻挫後に適切に評価されないと，足関節の不安定性が見逃されて，気づかない間に徐々に状態が悪化していく場合が少なくない。また，幼少期から競技を開始している選手が多いため，過度の練習によって外反母趾や扁平足などの変形を生じやすい。子どもに適切なシューズサイズを選択させ，靴ひもを一度緩めて前足からきちんと締めていくなど，シューズの履き方を細かく指導していく必要がある（図5-27）。

　体幹を軸としたラケットハンドによる一側性の繰

図5―27　シューズの適切でない履き方の例
シューズの靴ひもを適切に締めないルーズな履き方が多い。この場合，シューズの中で足が安定せず，動いてしまう。

り返し動作は，筋疲労や関節可動域の低下を来たして，肩や腰の障害をもたらしやすい。特に肩甲上腕関節や肩甲帯，胸郭や股関節の可動域低下は障害につながりやすいので重視すべきである。肩では肩腱板炎や上腕二頭筋長頭腱炎などが障害の代表で，腰では筋・筋膜性腰痛が最も多いが，成長期の腰椎疲労骨折を見逃してはならない。成長期の子どもに，１週間持続する腰痛や，身体をそらしたときの腰痛を認めれば，整形外科のスポーツドクターへの積極的な受診が勧められる。

　中高年では過去のデータから運動器障害が約60％に認められ，障害部位は膝＞腰＞肩＞肘＞足の順であった。競技年数と運動器障害の相関は認めていないが，高血圧症や高脂血症などの運動疾患以外の内科疾患が増えてくるので注意を要する。試合会場で救急搬送されているケースも散見され，大会を計画する場合，大会主催者は感染症流行時期だけにとどまらず，試合当日の体調報告を大会参加条件として義務づけるなどの検討が必要である。

●3…熱中症の対策

熱中症とは，高温多湿な環境下において，体内の水分および塩分（ナトリウムなど）のバランスが崩れ，循環調節や体温調節などの体内の重要な調整機能が破綻するなどして発症する障害の総称である。

症状として，めまい・失神，筋肉痛・筋肉の硬直，大量の発汗，頭痛・気分の不快・吐き気・嘔吐・倦怠感・虚脱感，意識障害・けいれん・手足の運動障害，高体温などが現れる。日本国内でも夏の暑熱環境は年々激しさを増し，熱中症は死に至る可能性があるため，予防法と応急処置（図5-28）はスポーツ

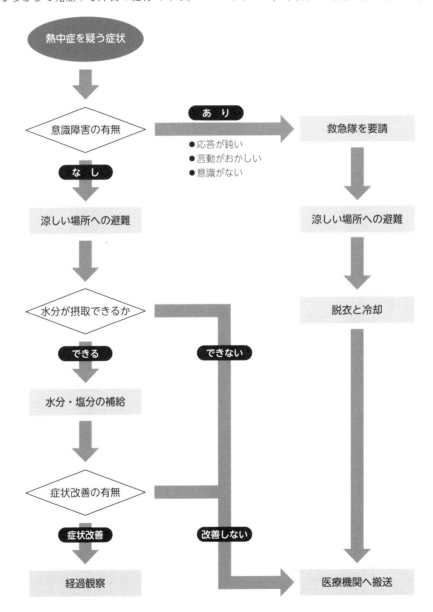

図5—28　熱中症の応急処置（日本スポーツ協会『スポーツ活動中の熱中症予防ガイドブック』より）

指導者の必須知識である。

　熱中症の発症は65歳以上の高齢者がおよそ半数を占めるが，学生にも見られ，学校管理下における熱中症死亡事故は，ほとんどが体育・スポーツ活動によるもので，それほど高くない気温（25〜30℃）でも湿度が高い場合に発生している。日本スポーツ振興センター（JSC）の統計によれば，1975〜2017年の43年間で学校管理下での死亡事故は170件にものぼる。屋外スポーツで多く発生しているが，屋内スポーツでも見られ，その中で卓球は部活動で3人の死亡が発生している（表5-13）。

　熱中症はめまいのような軽い症状から，意識障害や全身のけいれんのような重度の症状まで見られる（表5-14）。熱中症診療ガイドラインでは，重症度分類II度とIII度は医療現場での対応が求められ，中枢

神経症状や臓器障害が見られる場合には入院治療が必要となる。重度の熱中症になった場合，救命できたとしても脳細胞が死滅して，永久的な障害を残す場合があり，予防が最も重要である。

　熱中症予防の根本は，環境温度を熱中症が発症する温度以下にすることである。気温が35℃以上の環境ではスポーツ中止が大原則であるが（図5-29），卓球競技では，室温に応じて休憩時間の変更，水分補給の頻度の調整，空気の入れ替えなどこまめな調整をすることが不可欠となる。室温が30℃を超えれば，激しい運動は中止と考えるのが安全である。それでも練習を続ける場合は，15分ごとの休憩を入れる，水分補給を頻回に取り入れるなど，選手の状況を見ながら対処することが大切である。

表5—13　学校管理下における熱中症死亡事例の発生状況（1975〜2017年）

スポーツ種目（クラブ活動）	例数
野球	36
ラグビー	17
柔道	14
サッカー	13
剣道	11
山岳	10
陸上	8
ハンドボール	7
バレーボール	4
バスケットボール	4
アメリカンフットボール	4
卓球	3
レスリング	3
相撲	3
ソフトボール	2
テニス	2
その他	4
小計	145
クラブ活動以外の学校行事	25
合計	170

（日本スポーツ振興センター「熱中症予防のための啓発資料」より抜粋して作成）

表5—14　熱中症の分類と主症状，対処法

重症度分類	主症状	初期対応
I度（軽症）	めまい，立ちくらみ，生あくび，大量の発汗 筋肉痛，筋肉の硬直，（意識障害は伴わない）	応急処置と見守り
II度（中等症）	頭痛，嘔吐，倦怠感，虚脱感 集中力や判断力の低下	医療機関での診察
III度（重症）	中枢神経症状（意識障害，けいれん発作など） 肝・腎機能障害 血液凝固異常	入院加療

WBGT℃	湿球温℃	乾球温℃		
			運動は原則中止	特別の場合以外は運動を中止する。特に子どもの場合には中止すべき。
31	27	35	厳重警戒（激しい運動は中止）	熱中症の危険性が高いので，激しい運動や持久走など体温が上昇しやすい運動は避ける。10〜20分おきに休憩をとり水分・塩分を補給する。暑さに弱い人※は運動を軽減 または中止。
28	24	31	警戒（積極的に休息）	熱中症の危険が増すので，積極的に休憩をとり適宜，水分・塩分を補給する。激しい運動では，30分おきくらいに休憩をとる。
25	21	28	注意（積極的に水分補給）	熱中症による死亡事故が発生する可能性がある。熱中症の兆候に注意するとともに，運動の合間に積極的に水分・塩分を補給する。
21	18	24	ほぼ安全（適宜水分補給）	通常は熱中症の危険は小さいが，適宜水分・塩分の補給は必要である。市民マラソンなどではこの条件でも熱中症が発生するので注意。

1）環境条件の評価には WBGT（暑さ指数とも言われる）の使用が望ましい。
2）乾球温度（気温）を用いる場合には，湿度に注意する。湿度が高ければ，1ランク厳しい環境条件の運動指針を適用する。
3）熱中症の発症のリスクは個人差が大きく，運動強度も大きく関係する。運動指針は平均的な目安であり，スポーツ現場では個人差や競技特性に配慮する。
※暑さに弱い人：体力の低い人，肥満の人や暑さに慣れていない人など。

図5—29　熱中症予防運動指針（日本スポーツ協会『スポーツ活動中の熱中症予防ガイドブック』より）

●4…応急処置（RICE処置）

　卓球競技は急性外傷の少ないスポーツと考えられがちであるが，競技中に下肢では足関節捻挫やアキレス腱断裂，大腿・下腿の肉離れ，上肢では卓球台を介して手指の打撲・骨折や裂傷などが発生する。スポーツ活動中に外傷が発生した場合，応急処置として，直ちに「RICE」を行う必要がある（図5-30）。運動器の損傷に伴い，損傷部位の毛細血管が破綻して出血が起こる。出血とそれによる腫脹は損傷部位の治癒を阻害し，炎症や痛みを引き起こす。これらの発生を抑制し，早期の競技復帰を目指す最善の治療法がRICE処置である。RICEとは，Rest（安静），Ice（冷却），Compression（圧迫），Elevation（挙上）の4つの頭文字をとったものである。

❶ Rest（安静）

　外傷が発生した場合，まずは運動を中止して安静にすることが大切である。副子などで患部を固定し，局所的な安静を保つことで，損傷の拡大を防ぐことができる。また，安静にすることで患部への血流が抑えられるため，腫れがひどくなるのを防ぐ効果もある。

❷ Ice（冷却）

　受傷後は直ちに患部を冷却（アイシング）する。

R(est)

I(ce)

C(ompression)

E(levation)

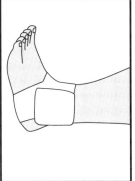
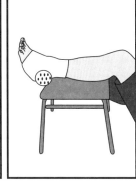

［安静］：患部の安静，運動の制限。

［冷却］：患部に対して氷をビニール袋に入れたアイスパックなどを使用して行う。

［圧迫］：患部を弾性包帯，パットなどで圧迫を加える。

［挙上］：患部を心臓より高い位置に保つ。

図5—30　RICEの基本

冷却することで血管を収縮させ，炎症や内出血を抑えたり，痛みを軽減させたりすることができる。また，細胞の代謝レベルを下げることで，周囲に損傷が広がるのを防ぐ効果もある。

1回の冷却時間は15〜20分程度が適当で，あまり長くアイシングを続けると凍傷を起こすことがあり，注意が必要である。患部の感覚が麻痺したら外して，しばらく経ってから再度冷却を行う。損傷程度によって異なるが，冷却は24〜48時間は続ける。

アイシングは氷を使って行うのが原則であり，ビニール袋と氷で簡易的なアイスパックを作成できるようにしたい。なお，コールドスプレーや湿布薬では，本来のアイシング効果は得られない。

❸ Compression（圧迫）

患部を圧迫することで内出血や血腫の形成を抑える。これは，周囲の組織や血管を圧迫することで，血液や細胞液がにじみ出す現象を抑えることができるからである。

ただし，圧迫が強すぎると末梢の血流が悪くなるので，圧迫する部位や加える力に注意する。一般的には弾性包帯を用いて，上下肢ともに末梢から巻き始める。処置後にしびれの有無や，手足の爪を押して爪の色がすぐに元に戻ることを確認する。

❹ Elevation（挙上）

患部を心臓よりも高い位置に持ち上げる。これにより，内出血や腫れを抑えることができる。椅子や台，クッションなどの上に患部をのせて，リラックスした状態で患部を挙上することが大切である。

急性外傷だけではなく，慢性の痛みや障害予防のためにも，運動後のアイシングは効果的である。そのため，選手や指導者は常にRICE処置が行えるよう準備しておくことが望ましい。なお，RICE処置はあくまでも応急処置であるため，その後の競技復帰や練習計画を立てるために，選手はスポーツドクターの診断を受け，骨折，脱臼，靱帯損傷，筋腱断裂などを否定するだけではなく，選手，指導者，スポーツドクターの間で損傷程度の理解を共有することが重要である。

●5…救命救急処置

スポーツ活動中に心肺停止や呼吸停止となった人がいた場合，現場に居合わせた指導者や選手は，救急車を手配してその到着を待つだけでなく，一次救命処置として一刻も早く心肺蘇生法を施し，傷病者

（倒れた人）の命を救う努力が求められる（図5-31）。また，電気ショック（除細動）を行うことで救命できる可能性が非常に高まることから，一般市民でも使用できるAED（自動体外式除細動器）の設置場所を事前に確認しておき，いざという場合に迅速に使用できるように準備しておくことが望ましい（図

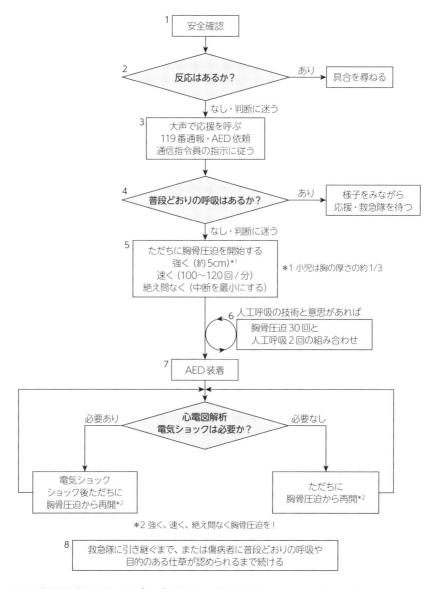

図5—31　一次救命処置（市民用アルゴリズム）（JRC『蘇生ガイドライン2020』より）

5-32）。

❶ 安全の確認

救助者自身の安全が優先されるため，まず周囲の状況が安全かどうかを確認する。危険な場所であれ

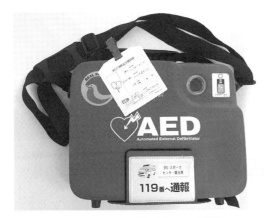

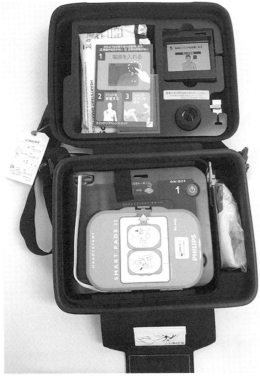

図5—32　AED（自動体外式除細動器）
可能であれば中身を確認しておく。AEDは開けると電源が入る機種もあるが，写真に示したものは電源を押すタイプである。

ば，傷病者を安全な場所に移動させる。

❷ 反応の確認

「大丈夫ですか」などと大きな声を掛けながら，傷病者の肩をやさしく叩いて反応を確認する。目を開ける，何らかの返答がある，目的のある仕草をするなどの反応がなければ，大きな声で叫んで，まわりの人の助けを求める。協力してくれる人がいた場合は，119番通報や，近くにあるAEDを持ってきてもらうように依頼する（協力者がいない場合は自分で119番通報をする）。応答があり，会話が可能であれば，容体を聞いて応急手当を行う。

❸ 呼吸の確認

呼吸の状態を確認するために，傷病者の胸が動いているか，腹部が動いているかを10秒以内で確認する。普段通りの呼吸がない，あるいは判断に迷う場合は，心停止と見なして直ちに心肺蘇生を胸骨圧迫から開始する。心停止から1分ごとに救命率は7〜10%下がるため，ためらわずに心肺蘇生を行う必要がある。

❹ 胸骨圧迫

傷病者を仰向きに寝かせて，エアロゾルの飛散を防止するためにタオルやハンカチなどを鼻と口にかぶせる。傷病者の胸のわきに膝をつき，傷病者の胸骨の下半分に手の平の付け根を置き，もう一方の手をその手の上に重ね，重ねた手の指を組む。垂直に体重が加わるように両肘をまっすぐに伸ばし，肩が圧迫部位の真上になるような姿勢をとり，傷病者の胸が約5cm沈むよう圧迫する。これを1分間に100〜120回のテンポで行う。強く，速く，絶え間なく行い，中断は最小限にする。圧迫と圧迫の間は，胸が元の高さに戻るように力を完全にゆるめる必要があるが，手は胸から離さないようにする。他に救助者がいる場合は，1〜2分ごとを目安に交代する。

人工呼吸を確実に行える技術を身につけている場合は，頭部後屈顎先挙上法で気道確保を行った上で，胸骨圧迫に人工呼吸を組み合わせて行う（胸骨圧迫

30回＋人工呼吸２回の組み合わせを繰り返す）。

❺ AEDの使用

傷病者に普段通りの呼吸がないことを確認した後，AEDが手元にある場合はすぐに，手元にない場合はAEDが到着するまで胸骨圧迫を繰り返し，到着したら中断してAEDを装着する。AEDの電源タイプには，フタを開けると自動的に電源が入るタイプと，電源を押す必要のあるタイプの２種類がある。右胸部と左わき腹に電極を貼りつけ，AEDの出す音声指示に従って必要な場合は電気ショック（除細動）を行う。その際，傷病者から手を離し，その後すぐに胸骨圧迫を再開する。AEDは約２分おきに自動的に解析を行うので，救急隊に引き継ぐまで，胸骨圧迫とAEDの手順を繰り返す。途中でやめてはいけない。明らかに心拍が再開し，呼吸が回復した場合は，気道を確保した状態で救急隊の到着を待つ。

なお，AEDは製品によって使い方が異なる場合があるので，AED本体のガイドに従って使用する。ここでは概略のみを説明したが，さらに専門の書籍やホームページを参考にしたり，実際に講習会を受けたりして，詳しい知識と技能を身につけておくことが望ましい（例えば，日本赤十字社などが救急法の講習会を行っている）。

●6…アンチ・ドーピングの基本知識

ドーピングとは，競技力を高めるために，禁止されている薬物などの物質や方法を使用したり，それらの使用を隠したりする行為である。アンチ・ドーピングは，スポーツの価値を守って育み，アスリートの健康と権利を守る活動で，全世界・全スポーツ共通のルールがある。

ドーピングは，禁止物質や方法を使うだけでなく，検査を拒否することや，違反をした人と関係をもつことなども規則違反に当たる。違反が確定すると，大会成績が失われ，資格停止により一定期間競技への参加が禁止される。それだけではなく，選手自身が周りの人からの信頼を失い，卓球競技全体が社会からの信頼を失う危険性がある。

スポーツで使用が禁止されている物質は，病院で処方される薬や，サプリメントなどに含まれていることがある。病院で治療を受ける場合や，薬局で薬を購入する場合には，まず自身がアスリートであることを伝え，違反になる禁止物質や方法を使わないようにしなければならない。卓球競技において意図したドーピングが行われるとは考えていないが，知識がないためのうっかりドーピングはありうる。また，日本でも他者から意図的に薬を混入されて陽性となった事例があり，体内に摂取するものはすべて競技者の責任となるため，日頃から注意する必要がある。

日本国内での過去のドーピング検査陽性例と，これまでの卓球選手からの相談事例をもとに，特に注意したい物質や方法を以下に示す。

❶ 注射治療（病院やクリニックでの点滴治療を含む）

ケガや病気の治療に必要な方法だが，ドーピングの問題がないか必ず確認する。

❷ 喘息治療薬

使用可能なものと，不可能なものがある。医師と相談して使用可能な種類に変更する。

❸ 目薬，外用薬（塗り薬，貼り薬）

多くの選手が大丈夫だと思っているが，禁止物質が含まれている薬がある。

❹ 漢方薬

成分表に書かれていない成分が含まれていたり，明らかな禁止物質が含まれていることがある。

❺ 風邪薬（市販薬）

市販されている多くの風邪薬に禁止物質が含まれている。使用頻度も高いため，厳重な注意が必要である。

❻ のど飴

　意外な盲点であるが，のど飴には禁止物質が含まれているものが市販されている。

❼ サプリメント

　禁止物質が含まれ，これまでも多くの検査陽性例が報告されている。サプリメントや栄養ドリンクは「食品」に分類され，全成分の表示義務がなく，表示されていない禁止物質が含まれている可能性がある。また，製造過程で禁止成分が混入する可能性もあり，海外製品は特に注意を要する。サプリメントが競技のために本当に必要かを考えることは重要で，食事で摂取しにくい栄養素を補充する場合などの使用にとどめるべきだが，使用する場合は，少なくともアンチ・ドーピング認証を取得しているものが推奨される。アンチ・ドーピングのためのスポーツサプリメント製品公開情報サイトもあるので参考にしてほしい（アドレスを巻末に示す）。

　禁止物質や方法は毎年改定されるため，最新の知識が必要で，気になることがあれば，アンチ・ドーピングに詳しいスポーツドクター，スポーツ薬剤師，スポーツ栄養士に相談する。指導者が安易に薬やサプリメントを選手に薦めることがあってはならない。

第 6 章

競技力向上における科学的知見の活用

本章では，卓球の競技力向上を目的とした様々な取り組みの中で，技術や戦術の指導において，科学的知見をどのように生かすことができるかについて述べる。

ここで紹介したい内容は多いが，ページ数の制約もある。そのため今回は，これまで筆者が担当した日本スポーツ協会公認スポーツ指導者養成講習会「公認卓球コーチ3」をはじめ，指導者や選手を対象とした講習会などにおいて，受講者の関心が高かった内容を中心とした。具体的には，最初に「国際大会における選手のパフォーマンス[注1]」，次に「選手の動き」とした。どちらも，卓球指導者にとって身近でコーチングに応用しやすいと考えられる内容を，できるだけ分かりやすくまとめるように努めた。

本章がきっかけとなって，卓球の競技力向上における科学的知見の活用への関心が一層高まることを期待したい。なお，今回の内容に関連した情報がさらに必要な場合には，巻末の文献リストを参考にしてほしい。

1. 国際大会における選手のパフォーマンス
ゲームパフォーマンス分析から得られた知見を生かす

スポーツの強化では，試合における選手の実際のパフォーマンスを正確に理解することが極めて重要となる。それによって，有効な練習計画の立案や次の試合に向けた修正点の抽出などが可能となるためである。球技を対象に選手のパフォーマンスを分析する主要な方法の1つとして，「ゲームパフォーマンス分析」がある。ゲームパフォーマンス分析は，様々な球技の競技力向上などで大きな役割を果たしている。

卓球の国際大会を対象としたゲームパフォーマンス分析では，①ラリー中の打球回数（1ラリーにおける正規のサービスと正規のリターンの合計数[注2]），②サービスの回転数（1秒間におけるボールの回転数），③ラリーにおける打球到達時間（2名の対戦選手間における打球から打球までの時間）などを明らかにしている。

注1：「パフォーマンス」という言葉はいろいろな意味で使われているが，ここでは球技におけるパフォーマンスの定義に基づき，「ゲームで遂行された運動行為の過程およびその結果を指す概念」（文献11より）とした。

注2：これまでの研究では，ラリー中の打球回数について，1ラリー中に「ラケットでボールを打った数」という定義で用いているものも見られる。研究などにおける分析結果を理解する場合には，その言葉がどのように「定義」されているかに注意する必要がある。

● 1…ラリー中の打球回数

卓球の戦い方は，相手が返球できないように先に攻撃する先攻型と，相手より1本多く返球する耐久型の2つに大別できる。選手は，試合において，自分と相手のプレースタイル，得失点パターン，試合局面などを考慮しながら，これら2つの戦い方を適宜選択する必要がある。

試合中の指導者から選手へのアドバイスを見ると，「もっと早く攻める」「もう少しねばる」など，これら2つの戦い方の選択に関連した内容が多いことが分かる。これは，卓球の試合において，「攻める」と「ねばる」の選択が重要であることを示している。ラリー中の打球回数は，こうしたアドバイスの論拠や，戦い方の選択の成否に関するデータとなる。

ここでは，オリンピック・ロンドン大会（2012年）の149試合（男子・女子シングルス）を対象に，ラリー中の打球回数を測定し，卓球ワールドクラスのラリーの特徴を明らかにした研究（文献20を参照）を見ていきたい。

この研究では，選手の戦型について，耐久型の戦い方を特に多用することが知られているカット型（以後，「ディフェンス型」とする）と，それ以外（以後，「オールラウンド型」とする）の2つに分類している。試合タイプについて，オールラウンド型選手vsオールラウンド型選手の試合を「AAタイプ」，オールラウンド型選手vsディフェンス型選手の試合を「ADタイプ」，ディフェンス型選手vsディフェンス型選手の試合を「DDタイプ」の3つに分類している。そして，男女間，試合タイプ別の男女間，男女別の試合タイプ間で，ラリーの特徴を比較している。

◪ 卓球ラリーは，何回くらい続いているか？

卓球のラリーについて，「1本のラリーで何回の打球を行っているか」「サービスが返球されず得点となったラリー（ラリー中の打球回数が1回のラリー。以後，「サービスエース」とする）は1試合何本くらいか」「男女や戦型で，ラリーの長短は異なるか」など，ラリーの実際を理解している指導者や選手は少ないようである。

ラリー中の打球回数が示す内容を表6-1，ラリー

表6―1　ラリー中の打球回数が示す内容

ラリー中の打球回数	内容	得点者
0	サービスミス	レシーバー
1	サービスによる得点（レシーブミスも含む）	サーバー
2	レシーブによる得点（第3打球のミスも含む）	レシーバー
3	第3打球による得点（第4打球のミスも含む）	サーバー
4	第4打球による得点（第5打球のミスも含む）	レシーバー
5	第5打球による得点（第6打球のミスも含む）	サーバー
6	第6打球による得点（第7打球のミスも含む）	レシーバー
⋮	⋮	⋮
⋮	⋮	⋮
	以降再帰的	

ラリー中の打球回数：1ラリーにおける正規のサービスと正規のリターンの合計数。

（吉田ほか，2014bを改変）

中の打球回数の分布を図6-1，試合タイプ別に見た試合ごとのラリー中の平均打球回数[注3]を表6-2に示した。これらから，以下のことが分かる。

①ラリー中の打球回数は，男女いずれも3回が最も多かった（図6-1）。

②サービスミスの割合は男子が1.1%，女子が1.2%，サービスエース（相手のレシーブミスを含む）は男子が11.5%，女子が9.7%であった（図6-1）。

③ラリー中の平均打球回数は，全試合で男女間を比較すると，女子の方が統計的に大きかった。試合タイプ別に男女間を比較すると，AAタイプでは統計的に意味のある差は見られず，ADタイプでは女子の方が統計的に大きかった。男女別に試合タイプ間を比較すると，男女いずれもADタイプの方がAAタイプより統計的に大きかった（表6-2）。

④DDタイプのラリー中の平均打球回数は男子が6.5回，女子が17.6回であった。DDタイプについては試合数が少ないため，男女間の差や，他の試合タイプとの差に関する統計的分析は行われなかった（表6-2）。

　上記の結果は，ワールドクラスのパフォーマンスを参考にした目標の設定などに用いることができる。例えば，以下などが考えられよう。

・試合で最も多く見られたラリー中の打球回数が3

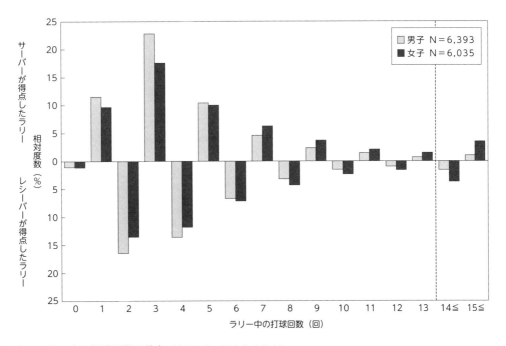

図6−1　ラリー中の打球回数の分布（吉田ほか，2014bを改変）
オリンピック・ロンドン大会（2012年）の卓球競技シングルス149試合（男子76試合，女子73試合）におけるラリー12,428本の分析結果を示す。図中，「14≦」はラリー中の打球回数が14回以上の偶数，「15≦」はラリー中の打球回数が15回以上の奇数を示す。ラリー中の打球回数は，男女いずれも3回が最も多かった。

注3：男女別あるいは各試合タイプ男女別のラリー中の平均打球回数は，試合ごとのラリー中の平均打球回数から算出している。

表6－2　試合タイプ別に見た試合ごとのラリー中の平均打球回数

試合タイプ	性別	試合数	試合ごとのラリー中の平均打球回数（回）					
			平均値±標準偏差	P-value_1	P-value_2	中央値	最大値	最小値
すべて	男子	76	4.4±0.9	**<0.001**	—	4.2	7.2	3.2
	女子	73	5.6±2.6		—	4.6	17.6	2.8
AA	男子	66	4.1±0.6	0.356	**0.003**	4.1	5.7	3.2
	女子	48	4.3±0.8		**<0.001**	4.1	7.0	2.8
AD	男子	9	5.8±1.2	**0.008**	—	6.1	7.2	4.3
	女子	24	7.9±2.0		—	7.7	12.0	4.9
DD	男子	1	6.5±—	—	—	—	—	—
	女子	1	17.6±—	—	—	—	—	—

P-value_1：男子vs.女子［対応のないt検定］，P-value_2：男女それぞれのAA vs. AD［ウェルチのt検定］，太字：統計的に意味のある差が見られた項目。
試合タイプ別に男女間でラリー中の平均打球回数を比較すると，AAタイプでは統計的に意味のある差は見られず，ADタイプでは女子の方が統計的に大きかった。

（吉田ほか，2014bを改変）

回のラリーにおいて，自分の得点率を上げる，また，相手の得点率を下げる。

・サービスエースでの得点率（ラリー中の打球回数が1回のラリーの割合）からサービスミスでの失点率（ラリー中の打球回数が0回のラリーの割合）を引いた値（効果率：文献2を参照）が+10%以上を目指す。

2 サービス，レシーブ，3球目などを打つ割合はどのくらいか？

「卓球選手にとって，どの練習が重要か」については，選手の競技レベル，試合までの日数などによって，様々な考え方が見られる。例えば，大切な大会の続く時期において，「試合でよく使う技術や戦術の水準を高めるための練習を特に重視する」は，その1つである。

ラリーにおけるサービス（第1打球），レシーブ（第2打球），第3打球などの各打球場面が，全ラリーの何％で見られるか（以後，「出現率」とする）を男女別に図6-2に示した。この図から，以下のことが分かる。

①サービス（第1打球）の出現率は100%であった。

サービスはすべてのラリーで行われていた。
②レシーブ（第2打球）の出現率は，サービスミスの出現率（男子が1.1%，女子が1.2%）を除き，男子は98.9%，女子は98.8%であった。
③第3打球の出現率は，サービスミスとサービスエース（レシーブミスを含む）の出現率を除き，男子が87.4%，女子が89.1%であった。
④出現率が全ラリーの50%未満となるのは，男子では第5打球以降，女子では第6打球以降であった。

大半の選手は，サービス，レシーブ，第3打球などの各打球場面で自分がよく使う技術（打法，そのために必要なフットワークなど）や戦術を具体的に理解していると考えられる。各打球場面の出現率により，それらの技術や戦術について，試合全体ではどの程度使っているかを大まかに見積もることができよう。

一方，各打球場面の出現率を考慮して練習内容を検討していると，選手自身が「重要」と考えている技術や戦術の出現率の低さに気づくことがある。こうした場合，「試合での出現率が，そのまま重要度と一致するわけではない」点に留意し，それらがな

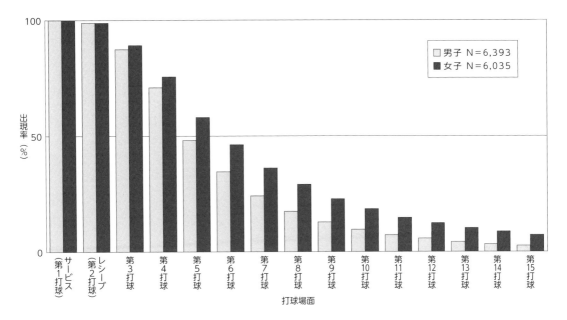

図6－2　各打球場面の出現率（吉田ほか，2014b；吉田，2020を改変）

サービス（第1打球）から第15打球までの打球場面が，男女それぞれに全ラリー（男子6,393本，女子6,035本）の何％で出現したかを示す。

サービス（第1打球）の出現率は男女とも100％であった。レシーブ（第2打球）の出現率は，サービスミスを除き，男女いずれも99％であった。第3打球の出現率は，サービスミスとサービスエース（レシーブミスを含む）を除き，男子が87％，女子が89％であった。出現率が50％を切るのは，男子では第5打球以降，女子では第6打球以降であった。

表6－3　試合タイプ別に見たサービスからのラリーとレシーブからのラリーの得点率

試合タイプ	性別	のべ選手数	サービスからラリーにおける得点率（%）								レシーブからラリーにおける得点率(%)			
			平均値±標準偏差	P-value_1	P-value_2	P-value_3	中央値	最大値	最小値		平均値±標準偏差	中央値	最大値	最小値
すべて	男子	152	54.8±11.4	**<0.001**	0.913	—	55.1	85.3	20.7		45.2±11.4	44.9	79.3	14.7
	女子	146	54.6±12.2	**<0.001**		—	55.0	84.8	27.3		45.4±12.2	45.0	72.7	15.2
AA	男子	132	54.9±11.8	**<0.001**	0.883	0.774	55.6	85.3	20.7		45.1±11.8	44.4	79.3	14.7
	女子	96	55.1±12.4	**<0.001**		0.483	55.6	84.8	28.6		44.9±12.4	44.4	71.4	15.2
AD	男子	18	54.2± 8.3	**0.004**	0.838	—	51.8	68.4	41.7		45.8± 8.3	48.2	58.3	31.6
	女子	48	53.6±12.2	**0.002**		—	54.0	80.0	27.3		46.4±12.2	46.0	72.7	20.0
DD	男子	2	52.6±11.5	—	—	—	52.6	60.7	44.4		47.4±11.5	47.4	55.6	39.3
	女子	2	55.6± 7.9	—	—	—	55.6	61.1	50.0		44.4± 7.9	44.4	50.0	38.9

P-value_1：サービスからのラリーvs.レシーブからのラリー［対応のあるt検定］，P-value_2：男子vs.女子［対応のないt検定］，P-value_3：男女それぞれのAA vs. AD［ウェルチのt検定］，太字：統計的に意味のある差が見られた項目。

全試合，AAタイプ，およびADタイプにおける男女それぞれのサービスからのラリーの平均得点率はいずれも約55％であり，レシーブからのラリーの約45％と比べて統計的に高かった。

（吉田ほか，2014bほか改変）

ぜ重要なのかを明らかにする必要がある。その上で、「試合でよく使う技術や戦術の練習を特に重視する」考え方に立つのであれば、出現率の高いサービス、レシーブ、第3打球などを軽視しないように意識しながら、練習時間を有効配分したい。

❸ サーバーとレシーバーでは、どちらが有利か？

卓球のラリーには、その選手のサービスから始まるものとレシーブから始まるものの2種類のタイプ（以後、「ラリータイプ」とする）がある。卓球では、ラリー中の打球回数が奇数であればサーバーの得点、偶数であればレシーバーの得点となる（表6-1）。そのため、ラリー中の打球回数を測定することにより、試合を行っている選手それぞれについて、ラリータイプごとの得点率が算出できる。

試合タイプ別に見たサービスからのラリーとレシーブからのラリーの得点率を表6-3に示した。この表から、以下のことが分かる。

①全試合、AAタイプ、およびADタイプにおける男女それぞれのサービスからのラリーの平均得点率は、いずれも約55%であり、レシーブからのラリー

コラム 01
試合映像を利用しよう

卓球の大会会場において、試合を撮影する指導者や選手は多い。撮影された映像を見ることは、課題発見や選手の特徴理解などのために有効である。その際、撮影映像をそのまま見るだけではなく、映像を編集することにより、さらに有効な映像利用が可能となる。

日本卓球協会の強化指導指針（2017〜2018年）には、コーチングにおける編集映像利用の具体例として、以下の内容が紹介されている（文献23を参照）。

①ラリー集
ボール拾い、ゲーム間のアドバイス、タイムアウトなどのシーンを削除し、ラリーのシーンのみを集めた映像である。映像の時間が、実際の試合と比べ1/3から半分程度に短縮されるため、短時間で試合を振り返ることができる。しかし、ボール拾いの際の表情などを観察することはできない点に注意が必要である。

②得点集
選手ごとに得点したラリーのシーンのみを集めた映像である。各選手の得点パターンや長所が分かりやすい。大会前に自分の得点集を見れば、よいプレーのイメージづくりなどに役立つ。大会後に対戦相手の得点集を見れば、自分の技術・戦術課題の発見などに役立つ。

③失点集
選手ごとに失点したラリーのシーンのみを集めた映像である。各選手の失点パターンや短所が分かりやすい。大会前に対戦相手の失点集を見れば、彼らに勝つイメージづくりなどに役立つ。大会後に自分の失点集を見れば、技術・戦術課題の発見などに役立つ。

ラリー集、得点集および失点集についてはそれぞれ、ラリータイプ別、サービスの種類別、レシーブの種類別、第3打球の打法別などで作成することにより、選手の長所や短所に関する詳細な検討が可能となる。他に、ファインプレー集、モチベーションビデオを作成し、試合前や合宿時などに見ることにより、選手のやる気やチームの士気を高める効果が期待できる。

これらの編集映像は、コンピュータや携帯端末で無料ソフトウェアなどを用いて作成できる。また、スポーツの映像編集に適した有料ソフトウェアを用いることにより、編集作業の効率化や高度化が可能となる。

映像利用の前提となるのは、選手の映像への高い関心である。選手の関心が高い場合でも、指導者は、状況に合わせて「映像を見せた方がよいか、見せない方がよいか」「編集映像がよいか、編集していない映像がよいか」などを適切に判断する必要がある。こうした判断を重ねることにより、映像の効果的な利用が可能になると考えられる。

の約45％と比べて統計的に高かった。

②DDタイプにおけるサービスからのラリーの平均得点率は男子が52.6％，女子が55.6％であった。DDタイプについては試合数が少ないため，男女それぞれのラリータイプ間における平均得点率の差や，以下の③と④に関する統計的分析は行われなかった。

③サービスからのラリーの平均得点率について，全試合，AAタイプおよびADタイプではいずれも，男女間に統計的に意味のある差は見られなかった。

④サービスからのラリーの平均得点率について，男女それぞれに，AAタイプとADタイプ間に統計的に意味のある差は見られなかった。

　上記の結果から，卓球ではいずれの試合タイプでも，サーバーが得点しやすく有利であると考えられる。

　競技現場では，チキータを使うトップ選手が増え始めたとされるオリンピック・北京大会（2008年）前後から，台上ボールに対する攻撃力が増したと言われている。そうした中，「卓球では，レシーバーの方がサーバーと比べ有利である」との指摘が見られるようになった。しかし，オリンピック・ロンドン大会（2012年）を対象にした研究（文献20を参照）に加え，オリンピック・リオデジャネイロ大会（2016年）を対象にした研究（文献3を参照），オリンピック・東京大会（2021年）を対象にした分析（未発表資料）ではいずれも，「レシーバーが有利である」ことを示すデータは得られていない。

　新たな技術や用具の開発，あるいは，ルール変更などの影響により「ラリーの特徴が変化した」と感じられることがある。その場合，選手や指導者の主観的な評価は必ずしも正確ではないことに注意し，客観的なデータを用いてラリーの実際を正確に理解したい。

コラム ⑫
簡単にできるゲームパフォーマンス分析

　ラリー中の打球回数は，試合観戦をしながら誰でも簡単に測定できるデータである。本節で見てきたように，ラリー中の打球回数を測定することにより，ラリー中の打球回数の分布，各打球場面の出現率，サーバーおよびレシーバーの得点率などが分析できる。指導している選手を対象にラリー中の打球回数の測定・分析を繰り返すことにより，その選手の特徴や課題などが明らかになる。ライバル選手を対象にすれば，データに基づいた対策立案が可能になる。

　例えば，ライバル選手について「サービスからのラリーでの得点が多い」という印象をもっている場合でも，ゲームパフォーマンス分析の結果，「レシーブからのラリーでの得点が多い」という特徴が明らかになることもある。選手のプレーの特徴に関する正確な理解は，合理的なコーチングのために極めて重要と言え

る。対人型競技である卓球は，「自分の長所を生かす」「自分の短所を隠す」「相手の短所を責める」「相手の長所を抑える」などの戦い方が重要となる。ここで大切となるのは，データをもとに考えることである。

　選手自身がゲームパフォーマンス分析を行うことにも大きな意味がある。試合において，必要な情報を収集し，合理的な戦い方を選択する能力の向上が期待できるためである。ラリー中の打球回数以外にも，「フォアハンドとバックハンドでは，どちらのミスが多いか」「どのサービスのときに得点率が高いか」など，様々な観点での分析が考えられる。これらの分析は，紙と鉛筆を用意して記録と計算をすることで簡単にできる。このような手作業によるゲームパフォーマンス分析の利点や効果について，様々な競技の事例が報告されている（文献10を参照）。

● 2…サービスの回転数

　野球の投球，サッカーのシュートなど，様々なスポーツにおけるボールの回転は，マグヌス力（図6-3）を発生させ，飛行中のボールの軌道を変化させる。この軌道の変化には，対戦相手がボールを時間的・空間的に正確にとらえることが難しくなるという効果がある。卓球におけるボールの回転も，ボールの軌道を変化させるが，その大きな効果としては，ラケットとボール接触時の摩擦力により，対戦相手が返球の方向を正確にコントロールできなくなることが知られている。

　卓球ボールの回転は，肉眼では十分に観察できないことから，回転数の大小については，対戦相手や観戦者により主観的に評価されてきた。これまでの世界トップレベル選手のコメントを見ると，「中国選手のサービスは回転数が大きく，威力がある」との理解が，競技現場において広く定着していることが分かる。

　ここでは，2009年世界卓球選手権横浜大会シングルス準々決勝の男女各4試合を対象に，世界トップレベルの卓球選手（男子選手8名，女子選手8名）のサービス回転数を明らかにした研究（文献19を参照）を見てみよう。この研究では，329本のサービスについて回転数を測定している。さらに，サービス回転数の分布，サービス回転数の男女間や国籍間における差，回転の影響によるサービスエース（以後，「回転によるサービスエース」とする）の発生

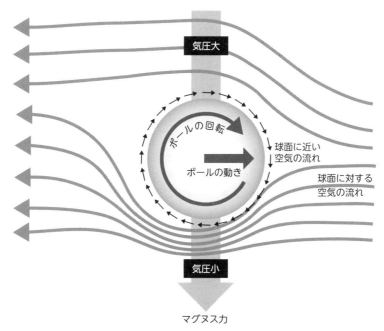

ドライブ打法などにより打ち出された上回転ボールに対して，ボールの上側の表面では，（相対的な）空気の流れとボールの表面について回る空気の層の移動の向きが逆になり，この部分のボールへの圧力は高くなる。一方，ボールの下側の表面では，空気の流れとボールの表面について回る空気の層の移動の向きが同じになり，この部分のボールへの圧力は低くなる。以上のことから，上回転ボールの上側は高圧帯に，下側は低圧帯になり，この圧力差がボールを押す力（マグヌス力）として働き，ボールは下に落ちやすくなる。カット打法などにより打ち出された下回転ボールでは，上回転ボールの逆の現象が起こっている。つまり，ボールを押す力（マグヌス力）により，ボールは下に落ちにくくなる。

図6—3　マグヌス力（吉田，2005を改変）

する回転数などを検討している。

サービス回転数の分布を図6-4，男女，国籍（中国と中国以外），グリップ（シェークハンドとペンホルダー）間におけるサービス回転数の比較を表6-4，選手ごとのサービス回転数の分布を図6-5に示した。これらから，以下のことが分かる。

①サービス回転数の分布から，男子選手では50回転/秒以上60回転/秒未満（出現頻度：40.0%），女子選手では40回転/秒以上50回転/秒未満（43.8%）のサービスが最も多かった。男子選手では，40回転/秒以上50回転/秒未満（39.5%）のサービスも多かった（図6-4）。

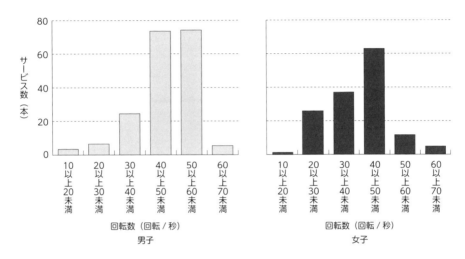

図6―4 サービス回転数の分布（吉田ほか，2014aを改変）
2009年世界卓球選手権横浜大会シングルス準々決勝における329本のサービス回転数の分布を示す。男子は185本，女子は144本のサービスのデータである。
男子選手では，40回転/秒以上50回転/秒未満と50回転/秒以上60回転/秒未満の回転数のサービスが多かった。女子選手では，40回転/秒以上50回転/秒未満の回転数のサービスが多かった。

表6―4 男女,国籍(中国と中国以外),グリップ(シェークハンドとペンホルダー)間におけるサービス回転数の比較

		男子			女子		
		選手 (人)	サービス (本)	回転数 (回転/秒)	選手 (人)	サービス (本)	回転数 (回転/秒)
すべて		8	185	**46.0±9.0**	8	144	**39.2± 9.3[a]**
国籍	中国	5	124	**43.5±8.9**	4	77	39.9±10.2
	中国以外	3	61	**51.0±6.8[b]**	4	67	38.5± 8.2
グリップ	シェークハンド	5	120	46.0±9.0	8	144	39.2± 9.3
	ペンホルダー	3	65	45.9±9.1	nil	nil	n. a.

回転数（回転/秒）：平均値±標準偏差，太字：統計的に意味のある差が見られた項目。
サービスの平均回転数を男女間，男女別国籍間，男女別グリップ間で比較すると，男子間では男子（46.0±9.0）の方が女子（39.2±9.3）より（表中のa），男子の国籍間では中国以外の選手（51.0±6.8）の方が中国選手（43.5±8.9）より（表中のb）統計的に大きかった。これら以外では，統計的に意味のある差は見られなかった。女子のペンホルダー選手はいなかった。

（吉田ほか，2014aを改変）

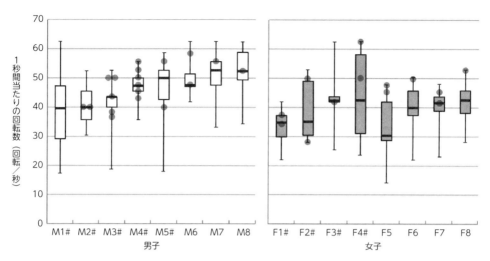

図6−5　選手ごとのサービス回転数の分布 (吉田ほか，2014aを改変)

2009年世界卓球選手権横浜大会シングルス準々決勝出場者16名（男子8名，女子8名）それぞれのサービス回転数の分布を示す。このようなグラフは箱ヒゲ図と呼ばれる。この箱ヒゲ図では，選手ごとの回転数について，「●」が回転の影響によるサービスエースのときの値，箱の上端が回転数の75パーセンタイル値，下端が25パーセンタイル値，太線が中央値，ヒゲの上端が最大値，下端が最小値を示す。「#」は中国選手を示す。
回転によるサービスエースについては，絶対的に高い回転域に集中してはいなかった。

②サービス回転数の平均値±標準偏差については，男子選手が46.0±9.0回転/秒，女子選手が39.2±9.3回転/秒であり，男子選手の方が女子選手と比べ統計的に大きかった（表6-4）。

③中国選手と中国以外の選手間でサービス回転数の平均値を比較すると，男子では中国以外の選手の方が中国選手より統計的に大きく，女子では統計的に意味のある差は見られなかった（表6-4）。

④男女のサービス回転数の最大値はいずれも62.5回転/秒であった（図6-5）。

⑤回転によるサービスエースについては，回転数の範囲が，男子選手で37.0〜58.8回転/秒，女子選手で27.8〜62.5回転/秒であり，絶対的に高い回転域に集中してはいなかった（図6-5）。

　上記の結果から，中国選手のサービス回転数が絶対的に大きいわけではないと言える。さらに，回転によるサービスエースを奪うためには，サービスの

回転数が絶対的に大きいことが必ずしも重要ではなく，対戦相手が正確に回転判別できないサービス動作などが重要であると考えられる。

　卓球ボールの回転数は，室内の練習場において，高速度撮影機能を有する家庭用デジタルカメラなどにより簡単に測定できる（図6-6）。こうした方法でサービス回転数を測定することにより，指導している選手の課題が，ボールの回転数の絶対的な大きさに関連するものか，あるいは，（サービス回転数は世界トップレベルに近いので）対戦相手が正確に回転判別できない動作など，ボールの回転数以外に関連するものかを見極めることが可能となる。

　対戦相手が正確に回転判別できないサービス動作に関しては，次節「2．選手の動き：実験から得られた知見を生かす」において，「●2…球質判断が困難なサービス動作」と「●3…球質の誤判断を導くサービスフェイント動作」を紹介している。参考にしてほしい。

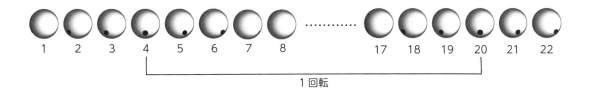

図6―6 ボールの回転数の測定

1秒間当たりのボールの回転数は次のように測定する。①ボールを高速度撮影する。②ボールのマークが1回転するコマ数を数える。③そのコマ数から，ボールが1回転する時間を算出する。④その時間から，1秒間当たりのボールの回転数を算出する。図は，毎秒1000コマで高速度撮影されたボールの連続写真をイラスト化して示す。この図では，ボールに印されたマークが4番目と20番目のコマ（16コマ）の間で360°回転している。この場合，1回転する時間は0.016秒，1秒間当たり62.5回転となる。

ボールの回転数のデータは，サービス以外にも多くの打法に関する新たな評価などに有用であるため，今後，競技現場で広く活用されるようになると思われる。

● 3…ラリーにおける打球到達時間： 卓球選手の素早い反応

卓球は，台をはさんで約3mという近い距離で，スピード，コースおよび回転の異なるボールを打ち合う競技である。そのため，選手には，対戦相手が打ち出すボールへの素早い反応が必要となる。

ここでは，1989年アジア卓球選手権大会において，卓球ラリーの時間的特性を検討した研究（文献13を参照）を取り上げたい。この研究は，男子トップ選手1名（左利き，ドライブ型）が戦型[注4]の異なるトップ選手5名と対戦したゲームを対象に，一方の選手の打球を他方の選手が打球するまでの時間（以後，「打球到達時間」とする）などを明らかにしたものである。その後，それらのデータと，相手打球をラケットに当てることができなかった「ノータッチ」[注5]との関係などをさらに分析し，興味深い結果

表6―5 対戦相手の戦型ごとの打球到達時間

	対 前陣	対 ドライブ	対 カット	全ゲーム
サービス	0.71	0.75	0.80	0.75
サービス以外	0.55	0.64	0.78	0.64
全ラリー	0.59	0.67	0.78	0.66

表中の値：平均値（秒）。
打球到達時間の平均値は，サービスで0.71～0.80秒，サービス以外で0.55～0.78秒であった。サービスと比べサービス以外では，対戦相手の戦型により打球到達時間が大きく異なった。

（吉田，1999を改変）

注4：選手の戦型について，この研究では，ドライブ型，前陣型，カット型の3つに分類している。

注5：ノータッチについて，この分析では，相手打球のネットインやエッジボール，相手打球を受ける側の明らかなミスと判断される空振りなどによるものは含めていない。

表6―6　打球到達時間とノータッチの割合

打球到達時間	ノータッチ（回）	実打（回）	ノータッチの割合（%）
0.3秒未満	9	3	75.0
0.3秒以上0.4秒未満	6	43	12.2
0.4秒以上0.5秒未満	6	88	6.4
0.5秒以上0.6秒未満	5	92	0.2
0.6秒以上0.7秒未満	0	160	0
0.7秒以上0.8秒未満	0	176	0
0.8秒以上0.9秒未満	0	99	0
0.9秒以上1.0秒未満	0	37	0
1.0秒以上	0	33	0

ノータッチ：相手打球をラケットに当てられなかった場合（相手打球のネットインやエッジボール，単純な空振りなどによる場合を除く）。実打：相手打球をラケットに当てた場合。ノータッチの割合：打球到達時間ごとに，「ノータッチの回数／打球場面の総数（ノータッチと実打の合計）×100」から算出。
打球到達時間が0.3秒未満と比べ，0.3秒以上でノータッチの割合は著しく低かった。0.6秒以上で，ノータッチの割合は0%であった。
（吉田，1999；吉田，2012を改変）

を報告している（文献14を参照）。卓球ラリーの時間的特性に関する研究が他に見られないことから，これらは今も，卓球トップレベルの試合における選手の素早い反応を示すデータとして着目されている。

　対戦相手の戦型ごとの打球到達時間を表6-5，打球到達時間とノータッチの割合を表6-6に示した。これらから，以下のことが分かる。

①全ゲームにおいて，サービスの打球到達時間の平均値は0.75秒，サービス以外の打球到達時間の平均値は0.64秒であった。サービスと比べサービス以外では，対戦相手の戦型により打球到達時間が大きく異なった（表6-5）。
②打球到達時間が0.3秒未満では75%と高かったノータッチの割合は，0.3秒以上では著しく低下していた。打球到達時間が0.6秒以上では，ノータッチの割合は0%であり，すべての打球場面でラケットにボールを当てていた（表6-6）。

　人間が刺激に対して応答するまでの時間は，「反応時間」と呼ばれ，反応の素早さの目安となる。人

間の反応時間について，「視覚刺激によりボタンを押す」という単純反応課題における動作で約0.2秒，「視覚刺激により，4つの中から1つのボタンを選択して押す」という選択反応課題における動作で約0.4～0.6秒とされている。このように，測定時の刺激と動作の対応関係が複雑になると，反応時間は長くなる。

　卓球のラリーでは，相手打球の球質への素早い反応が必要となる。卓球における打球の球質は，スピード，コースおよび回転の組み合わせからなり，無数にあると理解できる。そのため，卓球ラリーは，上記の選択反応課題と比べ，刺激と動作の対応関係が複雑であると言える。それにもかかわらず，選手は打球到達時間が0.3秒以上0.4秒未満の場面の約90%，0.4秒以上0.5秒未満の場面の約95%で，相手打球をラケットに当てることができている。このような短時間での素早い反応は，対戦相手の動作などに基づく精度の高い予測により可能となると考えられる。この予測には，対戦相手の戦い方のクセや，自分が1つ前に打ち出したボールの球質などの情報も利用されている。

　相手がどのようなボールを打ってくるかの予測能

力を高め，ラリー中に素早い反応ができるようになるためには，多くの人との試合や練習の経験が不可欠である。また，チームメイトなどとのいつもの練習においても，スピード，コース，回転が不規則で，相手打球の球質予測が必要な練習が効果的であると考えられる。

コラム 03
瞬時の動作修正

アンケート調査によると，卓球選手のほとんどが「相手打球のネットインやエッジボール，卓球台に付着していたほこりなどによるイレギュラーバウンドに対応して，スイングを瞬時に修正した経験がある」と回答している。視覚的な情報を受容してから動作を修正するまでには，筋へ修正の指令が出される時間と，それが実際に修正動作として現れる時間が必要となる。これらの時間に対して，目で見てから動作の修正を終えなければならない時間が短いと，うまく打球できないことになる。卓球のプレーにおいて，選手は打球からどのくらい前の視覚情報を利用できるのだろうか。

ここでは2つの研究を紹介したい。最初は，外国の卓球一流選手を対象とした，フォアハンドドライブ強打におけるラケットの動きに関する研究（文献1を参照）である。この研究では，「選手は最初にプログラム化された動作をそのまま実行するのではなく，打球時点の0.1秒程度前までは視覚情報を利用して動作をコントロールしている可能性がある」ことを示唆している。次は，表面に凹凸をつけたボールを使ってイレギュラーバウンドを発生させ，卓球選手がフォアハンドフリックでどのように対応するかを検討した研究（文献17を参照）である。この研究では，「イレギュラーバウンドの発生からラケットの軌道修正が見られるまでの最も短い時間は0.1秒程度であった」ことを報告している。

スポーツ選手の動作修正に要する時間が反応時間より短い可能性は，他の競技に関する研究でも指摘されている。すでに開始している（熟練された）動作を修正する場面では，静止した状態から刺激に応答して動作を開始する反応時間の測定場面と比べ，視覚情報を短時間に利用できると考えられよう。

---

2. 選手の動き
実験から得られた知見を生かす

卓球選手の打球動作への関心は通常，自分が「どう動くか」から始まり，競技レベルが高くなるに従い，対戦相手に「動きをどう見せるか」など，相手への意識が高くなる。競技現場において，動きの見せ方は，相手の対応の難易に強く関係することから，試合での有効性の高い技術を習得するために重要とされている。

スポーツにおける打球動作に関するこれまでの研究は，「どう動くか」をテーマとしたものが多く，「動きをどう見せるか」をテーマとしたものは少ない。ここでは，対応が重要な卓球競技の特性を考慮し，後者の研究知見をやや多く取り上げたい。

具体的には，卓球選手を対象とした実験的研究などから，最初に，「どう動くか」に関する知見として，①威力のあるボールを打ち出す動作について紹介する。次に，「動きをどう見せるか」に関する知見として，②球質判断が困難なサービス動作と，③球質の誤判断を導くサービスフェイント動作について紹介する。そして最後に，研究知見を実際のコーチングに「生かす」という観点から，「動き方に関する選手へのアドバイス」について考察する。

● 1…威力のあるボールを打ち出す動作

卓球において打球の威力（ここでは，ボールのスピードと回転数により定義する）を高めるには，打球時点のラケットスピードが大きいことが重要となる。ラケットスピードが大きいほど，ボールに大き

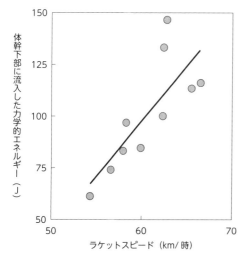

図6—7　フォアハンドドライブによる強打における
　　　　ラケットスピードと体幹下部に流入した力
　　　　学的エネルギーの関係(稲葉ほか，2020を改変)
脚のパワーなどで生み出され体幹下部に流入した力学的エネルギーが大きいほど，ラケットスピードは大きかった。

な力学的エネルギーが伝わるためである。

　卓球の全身を使った強打において，打球時点のラケットスピードを高める動作については，野球やハンドボールでの投球，サッカーでのボールキックなどと同様に，身体の中心部から末端部に向けて，順次加速させることが合理的であると考えられる。これは，人間の身体が，関節でつながった複数の部分からなっていることと関連している。このような動作は，「運動連鎖」「キネティックリンク」「ムチのような運動」などと言われるものであり，バイオメカニクス関連の多くの本などで紹介されている。

　ここでは，トップ選手のフォアハンドトップスピンストローク（以後，「フォアハンドドライブ」とする）に関する研究（文献4, 7, 8を参照）を，それらの成果報告（文献5, 9を参照）とともに見ていきたい。これらの研究は，日本ナショナルチームの男子選手10名を対象に，全力強打の特徴を明らかにするために実施した1回の実験データを，それぞれ異なる観点から検討したものである。

　一連の研究では，チャンスボールに対する強打について，多くのことを明らかにしている。ラケットスピードと体幹下部に流入した力学的エネルギーとの関係を図6-7，フォワードスイングにおける打球

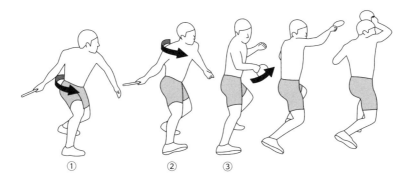

図6—8　フォアハンドドライブによる強打におけるフォワードスイングの動作(城所ほか「サポートのたね」を改変)
骨盤の前方への回転（図中①）が打球時点の約0.2秒前から始まり，胸郭（図中②），上肢（図中③）の順に加速していた。体幹下部に流入した力学的エネルギー（図6-7参照）が骨盤，胸郭，上肢，手，ラケットと順次伝わり，大きなラケットスピードを生み出していると考えられる。

動作を図6-8に示した。主要な結果は以下の通り。

①打球時点におけるラケットスピードの平均値±標準偏差は時速82.8±5.4kmであった。打球直後のボールのスピードと回転数の平均値±標準偏差はそれぞれ，時速82.1±5.8kmと毎秒137.0±5.6回転であった。
②打球時点のラケットスピード，打球直後のボールのスピードと回転数について，それぞれの範囲は，時速69.1〜92.9km，時速72.7〜94.0km，毎秒122.3〜148.1回転であった。
③打球直後のボールのスピードと回転数について，ナショナルチームの男子選手における最大値と最小値の差は，スピードで時速20km以上，回転数で毎秒20回転以上であった。このように，トップ選手間でも，打ち出したボールの威力に差が見られた。
④打球直後のボールのスピードが大きいほど回転数も大きかった。打球時点のラケットスピードを大きくすることが，ボールのスピードや回転数を大きくするために重要であった。
⑤打球時点のラケットスピードを大きくするために，脚で生み出される大きな力学的エネルギーが貢献していた（図6-7）。
⑥打球動作については，骨盤の前方への回転が打球時点の約0.2秒前から始まり，胸郭，上肢の順に加速していく運動連鎖が観察された（図6-8）。

　上記の④〜⑥から，卓球フォアハンドドライブによるチャンスボールに対する強打において，威力のあるボールを打ち出すためには，脚の働きや身体の運動連鎖が重要であると考えられる。

　スイングスピードを高めることを目的とした打球動作の指導では，選手がラケットや上肢の動きに意識を向けやすい点に注意する必要がある。トップ選手のデータは，そうした選手が身体全体の動きに意識を向けるために有用であると思われる。

　同じフォアハンドドライブによる強打であっても，

相手の打球から自分の打球までに時間的余裕がある場面とない場面，打球体勢が十分な場面と不十分な場面などで，それぞれに適した打球動作は異なると考えられる。本項で見てきた研究（文献7，8を参照）では他にも，バックサイドへの回り込みとフォアサイドへの飛びつきでの強打における動作についても分析し，興味深い結果を示している。

　あらゆる競技レベルの選手が，「どのような打球動作がよいか」に頭を悩ませることは多い。このような問いに対して，研究知見，動作の力学的特性，身体の解剖学的特性などを参考にした科学的検討は，動作がもつはたらきを明確にし，原理に基づく回答を導き出すために有効であると考えられる。

● 2 … 球質判断が困難なサービス動作

　卓球サービスでは，ボールを最初に自領コートでワンバウンドさせてから相手コートでバウンドさせるように打つ。この点が，相手コートで直接バウンドさせるように打つ第2打球以降と大きく異なり，サービスでボールスピードを高めることを難しくしている1つの要因となっている。

　卓球のラリーについて，「スピードボールが最も得点打となりやすい」と言われている（文献6を参照）。ボールスピードを高めることが難しいサービスでは，球質を決定するスピード，コースおよび回転の3つの要素の中で，ボールのコースと回転の重要性が，第2打球以降と比べて高いと考えられる。

　ここでは，卓球サービスの技術水準の向上を目的として実施された，JOCエリートアカデミーの選手を対象とした5年間の科学サポート（文献21を参照）を取り上げたい。この科学サポートは，異なるコースや回転のボールを対戦相手に分かりにくく打ち分ける技術の習得を課題としたものであった。毎年2回の実験を行い，サービス動作，ボールの回転などを測定した。

| 選手名 | | 観察者名 | | 日付 | 年 | 月 | 日 |

サービス1：サービスタイプ _____ コース _____ 回転 _____
サービス2：サービスタイプ _____ コース _____ 回転 _____

1）選手に「レシーバーにコースや回転の違いを判別されないように，類似した動きによる2種類のサービスを行う」と指示する。
2）表の下の「コースや回転の異なるサービスにおいて違いが生じやすい動き」を参考に，レシーバー視点から，2種類のサービス間においてサーバーの動きに違いが見られる箇所について，以下の表に「✓」マークを記入する。

	(1)ラケット	(2)ラケットハンドの肘	(3)フリーハンド	体幹 (4)傾き	(5)向き	(6)しゃがみ込みの程度	(7)立ち位置	足 (8)スタンス*	(9)踏み込み*	(10)顔の向き	(11)首の屈曲	(12)トスされたボールの高さ	インパクト位置 (13)高さ	(14)左右	(15)第1バウンドの位置*
構え												—	—	—	—
打球前													—	—	—
打球時	—											—			—
打球後												—	—	—	

①表中の「—」は「✓」マークを記入しない箇所を示す。②異なるサービスであれば，打球時のラケットとボールの衝突の仕方は必ず異なるため，打球時のラケットには「✓」マークを記入しないこととする。③「*」マークは，レシーバー視点のみではなく，選手のラケットハンド側から観察することにより，違いがさらに分かりやすくなることが多い箇所を示す。

━━ コースや回転の異なるサービスにおいて違いが生じやすい動き ━━

(1)ラケット
ラケット面の向き，ラケットの位置，それらの時系列変化など。

(2)ラケットハンドの肘
打球から打球後にかけて肘を引き上げる動き，レシーバー視点から見た体幹での肘の隠れ方など。

(3)フリーハンド
様々なタイミングにおける肘の屈曲，肩関節の外転など。

(4)体幹の傾き
打球前後における体幹の前傾の程度（右図参照）

(5)体幹の向き
左右のコースへサービスを打ち分ける組み合わせにおける体幹の向き。右図のように，卓球台に向かった対戦者の左側へのサービス（左側の図）と，対戦者の右側へのサービス（右側の図）で違いが見られることが多い。

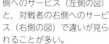

上方から見た模式図

(6)しゃがみ込みの程度
しゃがみ込みサービスなどの際のしゃがみ込む大きさ（右図参照）。

(7)立ち位置
構え，あるいは打球前後での立ち位置。右図のように，卓球台に向かった対戦者の左側へのサービス（左側の図）と，対戦者の右側へのサービス（右側の図）では，左右の立ち位置に違いが見られることが多い。

(8)スタンス
構え，あるいは打球前後などにおけるスタンスの広さや，左右の足の関係。

(9)足の踏み込み
フォワードスイングにおける足の挙げ方や着地の仕方。

(10)顔の向き
打球前後における顔の向き。右図のように，顔の向きがサービスを打ち出す方向になることが多い。

(11)首の屈曲
打球前後における首の屈曲の程度。

(12)トスされたボールの高さ
トスされたボールの頂点の高さ。

(13)打球位置の高さ
長短のコースへサービスを打ち分ける組み合わせにおける上下の打球位置。右図のように，長いサービスの際は低い打球位置（左側の図），短いサービスの際は高い打球位置（右側の図）になることが多い。また，下回転の際は低い打球位置（左側の図），無回転の際は高い打球位置（右側の図）になる選手も見られる。

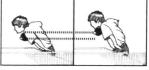

(14)左右の打球位置
左右のコースへサービスを打ち分ける組み合わせにおける左右の打球位置。右図のように，卓球台に向かった対戦者の左側へのサービス（左側の図）と，対戦者の右側へのサービス（右側の図）で違いが見られることが多い。

(15)第1バウンドの位置
長短のコースへサービスを打ち分ける組み合わせにおける第1バウンドの位置。右図のように，長いサービスの際はエンドライン寄り（左側の図），短いサービスの際はエンドラインから離れてネット寄り（右側の図）になることが多い。また，無回転や横回転の際はエンドライン寄り（左側の図），下回転の際はエンドラインから離れネット寄り（右側の図）になる選手も見られる。

図6−9 レシーバーにコースや回転を判別されないためのサーバーの動きに関するチェックシート
（吉田ほか，2016；吉田，2019を改変）

その成果として，レシーバーにコースや回転を判別されないためのサーバーの動きに関するチェックシート（図6-9）が作成された。このチェックシートには，サービスにおいて異なるコースや回転のボールを打ち出そうとする際，レシーバーから見て違いが分かりやすいサーバーの動きが具体的にまとめられている。科学サポートの分析担当者は，このチェックシートを用いる効果として，「新たな選手を対象にする場合も，コースや回転が異なるサービスについて，サーバーの動きの違いに早く気づくようになった」などと指摘している。

このチェックシートを用いて明らかにされた動きの違いは，①類似性を高めるように修正して，レシーバーにサービスのコースや回転を正確に判別させない，②試合の重要な局面などでその違いを利用することにより，レシーバーにサービスのコースや回転の誤判別をさせる，などに生かすことができる。また，選手がこうしたチェックシートなどを参考にサービス動作を分析することは，試合時に相手の動きのクセや意図を見抜く能力を高めるために有効であると考えられる。

このチェックシートは，日本ジュニア世代のエリート選手を対象にした科学サポートの中でまとめられたものであるが，他の競技レベルの選手に共通する内容も多いため，広く役立てることができると思われる。

● 3…球質の誤判断を導く　サービスフェイント動作

卓球サービスにおいて，対戦相手に正確に球質判断されないために，前項の「球質判断が困難な動作」とともに，「球質の誤判断を導くフェイント動作」の効果は大きい。

卓球でボールに上回転を与える場合と下回転を与える場合について，打ち方に大きな違いがあること

は広く知られている。そうであるにもかかわらず，卓球サービスの中には，ワールドクラス選手でもサービスの上回転と下回転の判別を誤り，レシーブミスを繰り返すほどのものもある。

ここでは，歴代日本代表の元選手らによる，卓球サービスの回転を誤判別させる優れたフェイント動作に関する研究（文献24を参照）を見ていきたい。

この研究では，卓球サービスの優れたフェイント動作には，打球前のものと後のものがあることを示唆している。優れたフェイント動作（A選手の下回転サービス）をスティック画で図6-10に例示した。このフェイント動作について，A選手は「下回転サービスの打球直後に，ラケットの下向きの動き（図中9〜11）を上向き（図中12〜15）に変えることにより，打ち出した下回転のボールを上回転に見せようとした」とコメントしている。この図を見ると，A選手の動きは，本人のコメント通りであったことが確認される。

様々なスポーツのフェイント動作は通常，対戦相手の誤判断を導きたい運動の前に行われる。それらは，バレーボールのアタックであれば，手でボールを打つ前，野球の投球であれば，ボールが手を離れる前となる。図6-10の卓球サービスにおける優れたフェイント動作は，A選手のコメントや動作から，誤った回転判別を導きたい運動である打球より後に行われたものと考えられる。このようなサービス打球後のフェイント動作は，卓球の競技現場ではなじみ深いものであり，選手や指導者の多くがその効果を指摘している。

一方，卓球サービスのレシーブでは，大半の選手が「サービス打球時のラケットとボールの衝突，その後におけるボールに印されたマークの動きや，ボールの軌道などから回転を判別している」と述べている。レシーバーが注視していないとされるサービス打球後のフェイント動作が，レシーバーの誤った回転判別を導く可能性はあるのだろうか。

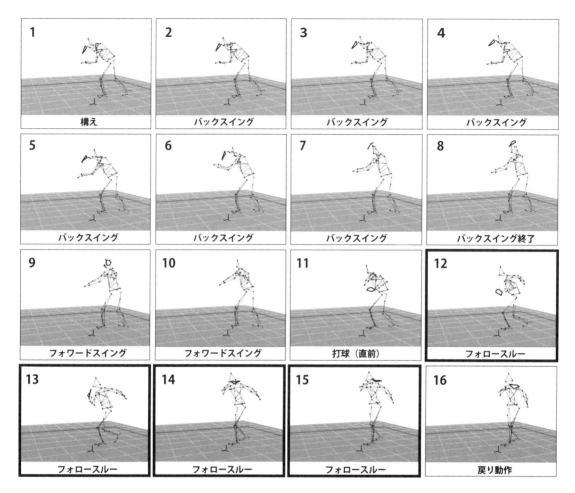

図6—10　卓球サービスにおける優れたフェイント動作［A選手の下回転サービス］
（日本体育学会第68回発表資料：吉田ほか，2017）

サービス動作を0.035秒ごとにスティック画で示す。図中，太線はラケットを示す。

このサービスでは，フォワードスイングにおけるラケットの下向きの動き（図中9〜11）を，打球直後に上向きに変えていた（図中12〜15）。フォロースルーにおけるこの動きについて，A選手は「下回転のサービスを上回転に見せかけるために行った」とコメントしている。

これについては実験的検討の途中であるが，現時点では，「サービス打球後のフェイント動作がレシーバーの周辺視で知覚され，回転に関する誤判別を導いている」と推察している。今後，「卓球サービスにおける優れたフェイント動作で重要な点はどこか」が明らかにされれば，優れた技術の習得や新たな技術の開発などに役立つと考えられる。この研究は，卓球関係者をはじめ，人間の視覚運動制御や予測・意思決定に関する研究者らからも，多くの関心が寄せられている。

● 4 … **動き方に関する選手へのアドバイス**

卓球選手にとって重要なのは，「速いボールを打

ち出す」「対戦相手に分からないようにボールの回転を調節する」などについて，どうすればよいかを頭で理解することではなく，それらができるようになることである。それはつまり，目的とする動きを行うための（身体の）コントロール感覚をつかむことと言える。

スポーツ指導における動き方のアドバイスは，選手が目的とする動きを習得するために重要な役割を果たしている。指導者は，動き方をアドバイスする際，①感覚を言葉で正確に伝える難しさがある，②同じ動きでも選手ごとにコントロール感覚が異なる，などに留意する必要がある。ここでは，動き方を伝えるための有効なアドバイスについて考えてみたい。

野球，テニス，ゴルフ，卓球など，あらゆる打撃型スポーツの多くの指導書が，フォロースルーについて，「打球に威力を与える」「打球の安定性を生む」「打球の飛距離を生む」などと記述している。しかし，いずれの競技においても，打ち出したボールのスピード，コースおよび回転は，打球時点の打具（ラケット，バットなど）とボールの状態で決定され，打球後の動作であるフォロースルーの影響は受けないことを理解しておきたい。これは，フォロースルーが途中で中断されても，打ち出したボールには何も影響しないことからも分かる。フォロースルーを重視する理由は，選手がそれを意識することにより，ラケットやバットが振り切れるようになり，その結果，スイングの速いところで打球できるようになるためであると考えられる。

これらから，動きの指導における有効なアドバイスとは，必ずしも選手が習得したい動きの物理的運動の状態を正確に表したものではないと言える。入門書などの記述において，習得したい動きを正確に表していないものが見られる1つの理由として，このこととの関連が推察される。いろいろな動き方のアドバイスを表6-7に例示した。

動き方の有効なアドバイスが，必ずしも動きを正確に表すものではないとしても，それは，指導者が伝えたい動きを正確に理解しなくてよいということではない。これは選手も同様である。動きの習得の初期段階に続く，動きの安定や発展の段階では，動きの正確な理解が不可欠となるためである。例えば，フォアハンドドライブにおいて，スイングの速いところで打球できるようになった卓球初心者が，次の課題として，早いテンポでの連続打球に取り組む場合を考えてみよう。ここで必要となるのは，素早い戻り動作であり，多くはフォロースルーを小さくすることになる。このとき，フォロースルーについての適切な理解は，選手がフォロースルー重視の意識を変え，動きをスムースに発展させていくために重要となる。

本章では，卓球の競技力向上を目的とした技術・

表6—7　いろいろな動き方のアドバイス

種目	アドバイスの内容
①鉄棒	鉄棒の蹴上がりでは，前振りで鉄棒に近づけた足を蹴る動作を習得する際のアドバイスとして，「ズボンをはくように」がある。
②ゴルフ	ゴルフのドライバーショットでは，スイングの軌道を調整するアドバイスとして，「肘を締める」がある。
③卓球	卓球の打球では，ボールに回転を与える時の感覚に関するアドバイスとして，「ギュッ」「ガツン」などがある。

動き方のアドバイスには，比喩，換言，および擬態語が多いという特徴がある。
表中のアドバイスでは，①が比喩，②が換言，③が擬態語である。

（吉田，2006を改変）

戦術の指導における科学的知見の活用について，具体例を挙げながら述べてきた。既述の通り，「どのようなパフォーマンスが必要か」「いかなる動きが合理的か」「動き方を伝えるために，どのようなアドバイスが有効か」などを考える際，科学的知見が果たす役割は大きいと言える。

今後，卓球も他競技と同様に，科学的根拠に基づいた指導への関心は高まっていくと思われる。また，経験則により導かれた「卓球における常識」の中には，科学的な視点から見直されるものも出てくると推察される。そうした中，卓球のコーチングにおいて科学的知見が一層重要な役割を果たすようになるために，指導者や選手らと連携した実践研究のさらなる推進が必要であると考える。

コラム 04
日本卓球協会スポーツ医・科学委員会の活動

1993年7月，日本卓球の強化を26年ぶりに総括する立場になった荻村伊智朗氏は，日本卓球協会国際競争力向上委員会委員長として，日本オリジナルの強化法の構築を目指した。この強化法は，「科学の導入」や「インターネットを活用した情報共有」などを明確に位置づけた点が，それまでの卓球や他競技の強化法と大きく異なっていたと考えられる。

この国際競争力向上委員会には，戦術分析，動作分析，心理分析，体調分析（医事），環境分析，測定法開発の6つの小委員会からなる戦力分析委員会が作られ，スポーツ科学委員会（委員長：油座信男）の委員がそのメンバーとなった。このことにより，スポーツ科学委員会の競技現場との関わりは一層強くなった。その後，スポーツ科学委員会は，委員会名，組織の構成などを変化させながら，現在のスポーツ医・科学委員会となっている。2023〜24年度のメンバーは30名である。

スポーツ医・科学委員会は，強化部における専門委員会の1つであり，その主要な役割は，ナショナルチームの選手強化，卓球の普及・発展に寄与するための関連諸活動を行うことである。同委員会による，オリンピック・東京大会（2021年）に向けたナショナルチームの選手強化における科学サポートには，主に情報，栄養，医学，メンタル，コンディショニングの5つの部門が大きく関わった。

こうした活動が評価され，日本卓球協会スポーツ医・科学委員会競技サポートチームは，2022年1月，日本スポーツ協会より，第24回秩父宮記念スポーツ医・科学賞奨励賞を受賞した。この賞の対象は，「スポーツ医・科学についてよく研究し，その研究成果が十分にスポーツの現場に生かされ，我が国スポーツの普及発展又は競技力の向上に顕著な実績をあげた者又はグループ」とされている（文献12より）。これは，歴代委員会の想いや成果を受け継ぎ，活動を発展させてきたことによるものと言える。

近年，同委員会は，これまでの研究や科学サポートに加え，卓球の「スポーツ・インテグリティ」「学校体育における教材の開発」「健康スポーツとしての可能性」など，新たな研究プロジェクトに取り組んでいる。その1つの成果として，卓球選手のスポーツ・インテグリティの育成に資するオリジナル教材が2022年4月に発行された。1つの競技に特化したスポーツ・インテグリティ教材は他に見当たらないものであり，卓球関係者はもとより，卓球以外のスポーツ関係者からも高い関心を集めている。

これまで，この教材を用いた講習会は，日本卓球協会ホープスナショナルチームなどで開催された。卓球のスポーツ・インテグリティ教材については，静岡大学現代教育研究所のホームページにおける「スポーツ・インテグリティ入門（卓球編）教材集について」のページからダウンロードできる（巻末にURLを示す）。

スポーツの強化，普及・発展では，多様な視点からいろいろな課題に対応する必要がある。日本卓球協会スポーツ医・科学委員会は，そうした役割をさらに担えるように，これまでのメンバーとは異なる研究領域の専門家などを新たに加えながら，活動を発展させている。

第 7 章

講習会・大会・卓球クラブ運営の実際

1. コーチ養成の必要性と意義

　スポーツはしばしば，国を挙げてのイベントとして競技大会が開催されたり，その国の文化の水準を測るバロメーターとなったりする。また，スポーツに関係する産業は，施設，器具・用具，食品，医薬品，イベント開催，選手契約，コーチング業務など多岐にわたって，莫大な経済効果を生み出しており，社会になくてはならない分野として存在感を見せている。スポーツ競技の種類は数多く存在するが，オリンピックでは，夏季大会で46競技（東京2020大会），冬季大会で15競技（2022年北京大会）が行われて，それぞれ男女別・種目別がある。また，パラリンピックやワールドゲームズなどの国際大会，さらに国内大会にも目を向けると，非常に多くのスポーツが存在している。

　そのスポーツ界全体の中で卓球の価値を高めていくためには，指導者の数が多いこと，その質が高いことが不可欠である。スポーツをしたいと考えている人々に卓球を選んでもらうために，まず大切なことは，トップ選手が世界で活躍してメディアに取り上げてもらい，その素晴らしさや楽しさを伝えてもらうことであろう。そして，卓球に興味をもち卓球を始めた人たちに，楽しさを味わってもらいながら，しっかりと技術や戦術を身につけてもらうことである。その人たちが卓球を継続し，そして卓球人口が増えるというサイクルにつながる。トップ選手の育成とそれを支える卓球人口の増大，そのどちらも指導者の力によるところが大きい。

　2019年度の日本卓球協会（JTTA）会員登録者数は，およそ36万人であった。2020年からの新型コロナウイルス感染症の流行拡大により減少したものの，2022年度の登録者数は約30.3万人である。登録者以外で卓球を楽しんでいる愛好者を含めれば，その数をはるかに上回るであろう。

　しかしながら，コーチ資格の有資格者は3,264人（2023年4月現在）である。これは，1人の指導者が100人以上を指導しなければならない計算となり，とても指導体制が充実しているとは言えない。

　また，現在のコーチ1〜4の有資格者数は，競技別に見ると日本スポーツ協会（JSPO）加盟団体の中で11番目（2019年度）である。このことは，卓球競技のもつステータスの表れに他ならない。卓球競技内での勝ち負けだけに終始せず，卓球そのものの地位を高めるためにも，指導者の仲間を増やし研鑽し合うことが重要である。

●1…コーチ養成の必要性

　今日では，スポーツの社会的価値も高まり，スポ

ーツ選手やその指導者に対する注目度も非常に大きなものとなっている。こうした状況から，選手や保護者および愛好者などからの要求も，それぞれの志向に応じて多様化してきている。

そして，有料・無料を問わず，その指導中に事故や問題が発生した場合には補償問題にもつながるケースがある。このような場合，無資格であることは，指導者本人にも指導を依頼する側にとってもその時点で大きなダメージとなる。有資格者であっても，その知識や指導力が問われることになる。

コーチ資格を取得するには，多くの時間と費用が掛かるのも事実であるが，その過程（養成講習会）において確かな知識と指導上の留意点などを身につけることができる。このことは，指導効果を高めることと事故や問題発生時の適切な対応につながる。そして，何よりも事故などを未然に防げる可能性が高まることになるのである。

また，指導者資格の有無やそのグレードがコーチや監督の採用条件であったり，報酬の違いであったりするのも事実である。国民スポーツ大会（旧国民体育大会）の監督は，コーチ2以上の指導者資格と公認審判員の資格が必要となっている。

現時点で多くの競技において，大会のベンチに入る監督やコーチは有資格者であることが義務づけられている。卓球競技においても，このことは急務となるだろう。なぜなら，選手の安全を守ることや大会を洗練させていくことが，正にスポーツの高潔さ（スポーツ・インテグリティ）の確保に他ならないからである。

●2…コーチ養成講習会の運営

JTTAの専門科目では，スタートコーチおよびコーチ1〜4の養成目的について，それぞれ表7-1に示すように記載されている。

つまり，どのレベルの資格においても，その資格に応じた指導者自身の指導力を培うことはもちろん，他の指導者の育成や養成に寄与していかなければならないということである。具体的には，自身のコーチ資格よりも下位のコーチ養成講習会のスタッフや講師として参画していかなければならないということになる。

ここでは，JSPO・JTTAが実施している「コーチ養成講習会」の企画・立案や留意点などを示す。資

表7—1　コーチ資格の種類と養成目的

資格の種類	養成目的
スタートコーチ	地域スポーツクラブ・スポーツ少年団・学校運動部活動等において，上位資格者と協力して安全で効果的な活動を提供する方を養成する。
コーチ1	地域スポーツクラブ・スポーツ少年団・学校部活動等でのコーチングスタッフとして，基礎的な知識・技能に基づき，安全で効果的な活動を提供する指導者を養成する。クラブやサークルにおいて，初心者や子供たちを対象に卓球競技の基礎的実技指導にあたる指導者を養成する。
コーチ2	地域スポーツクラブ・スポーツ少年団・学校部活動等での監督や責任者として，安全で効果的な活動や競技力向上を目指す指導を行うとともに，コーチ1までの養成講習会講師等を務めることのできる指導者を養成する。
コーチ3	競技者育成プログラムに基づき，全国レベルの競技者の育成・指導にあたるとともに，コーチ2までの養成講習会の講師等を務めることができる指導者を養成する。
コーチ4	各カテゴリーにおけるナショナルチームやトップチームの組織強化および競技者の育成・強化にあたる指導者を養成するとともに，コーチ3までの養成講習会講師等を務めることができる指導者を養成する。

（日本卓球協会「公認卓球コーチ資格概要」より）

格更新研修会や各種指導者講習会などを実施する場合の参考にもしてほしい。

コーチ養成講習会を実施するためには，大きく分けて次の4つの準備が必要である。

- 上部団体（各都道府県スポーツ協会や日本卓球協会など）への申請
- 対象者の募集
- 講習会の実施
- 結果の報告（資格取得者や更新など）

これらの1つひとつの詳細については，養成する資格ごとに異なる部分もあるが，概ね共通しており，それぞれについて手続きや検討が必要となる。

対象者の募集までには，予算立て（補助金の有無を含む），期日の決定，会場確保，日程・内容の決定，講師依頼，スタッフの確保などが必要となる。

講習会の実施については，資格ごとにカリキュラムが決まっているため，その時間数や講義内容について講師と綿密な打ち合わせが必要である。さらに，会場の環境については，講習の効果を高める意味でも非常に重要な要素となる。例えば，講義の場合には，会場の広さ，机・椅子の数，視聴覚機器の準備，照明の調整など。実技の場合は，卓球台の設置数，ボール，カゴ，集球用網，プラクティスパートナーの準備などについてである。

2. 大会の計画と運営

ここでは，JTTAが主催または主管する各種大会や，各加盟国体およびその支部などが主催して実施する大会，あるいは新しく計画する各種の大会などにおいて，大会の運営責任者として統括すべき内容を示しておきたい。

また，その統括下の各部署における業務の一般的な実務の内容，さらに大会の統括的運営の立場から，

組合せ，タイムテーブルの作成に関する実施の大綱を示したので，大会運営の全般を円滑に進めるための参考にしてほしい。

●1…大会の計画

各種の大会の計画を立てるに当たって，以下の項目について留意する必要がある。

- 主旨（何のために）
- 主催（誰が）
- 日時（いつ）
- 会場（どこで）
- 種目（なにを）
- 試合方法（どのように）
- 予算（どのような規模で）

まず，運営全般を円滑に実施するため，主催者をはじめとする関係団体，役員などと十分に打ち合わせを行って計画しなければならない。試合方法，日程，会場設定などを具体的に決めていくには，以下のようなことを考慮する。

- 後援，協賛，スポンサーなどの確認，協力の確保
- 同時開催される他の大会の調査
- 会場までの交通の便
- 大会で必要な設備，用具の有無
- 試合は団体戦か個人戦か，トーナメント戦かリーグ戦か，開催種目の種類は何種目か
- 参加人数，年齢層の確認
- 大会参加料の適切な設定

●2…大会の組織と運営

大会を開催するに当たっては，大会準備委員会を経て実行委員会を組織し，各部署で事務の分担を決めておく。以下に具体例を示すが，大会の規模に応じて分担事務の内容や部署の名称などについて適宜アレンジを加えるとよい（図7-1）。

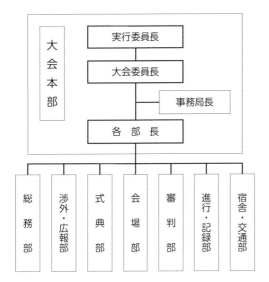

図7-1　実行委員会組織の例

1 総務部

大会要項の作成，発送，受付整理，各都道府県への競技日程および宿泊の連絡，後援依頼，広告依頼（終了後の礼状発送），大会役員・競技役員の依頼，プログラムの作成・配布，大会看板，案内用立礼，消耗用品，用具の購入，役員記章・選手記章の作成，入場券・招待状の作成，関係官公署（消防署，警察署他）への連絡，役員食事手配，関係団体への協力依頼，使用球の手配などを行う。

また，監督会議の運営や資料作成，受付・接待や会計に関わること。さらに，各部の分担や準備物品，作業の流れなどをまとめた業務マニュアルの作成が必要である。

2 渉外・広報部

大会前の準備として，インターネットによるホームページを開設し，大会要項，組合せ，タイムテーブル，諸連絡（会場までのアクセスや開場時間，練習時間など）の伝達を行う。また，大会の展望や出場選手プロフィール（出場回数，親子，兄弟姉妹，優勝回数など）などの見所も掲載して，大会を盛り上げることも重要である。

大会期間中は，速報の印刷・発行やホームページの更新，大会後は，大会記録の作成やホームページへの記録詳細などの掲載を行う。

また，メディア各社へ告知依頼や結果の報道依頼なども行い，ニュース番組で取り上げてもらえるように取材協力することも必要である。

3 式典部

開会式・閉会式・表彰式の式次第の作成，ステージ登壇者の決定・出欠確認・表示，プラカード保持者の委嘱，ブラスバンド・アトラクションなどの委嘱，選手権杯（楯）の確認，レプリカ，賞状関係の準備，国旗，国歌，JTTA旗，飾花などの用意をする。また，式典用具・用品の点検，宣誓者の決定ならびにその連絡，表彰方法など，式典内容の検討および司会者の決定，放送原稿の作成，大会期間中に場内で使用する楽曲の選定と使用許可申請などを行う。

4 会場部

競技エリア，諸室，観覧席，観客の動線を含めた会場全体のレイアウトの決定を行い，それらの表示や必要な用具などの準備を行う。また，換気，空調，照度，遮光カーテンなどに関する確認も行う。さらに，机・椅子などの配置，放送設備などの状況確認，選手席・本部席・役員席・来賓席の配置を決定，更衣室・控室・役員室・来賓室・医務室などの設定と衛生設備の点検，今日ではWi-Fi環境の準備なども必要である。

5 審判部

大会期間と会場の広さから運営に必要な卓球台の数を算定する。そして，そのために必要な審判員数を確保する。場合によっては，審判講習会を実施して新たに養成することも必要である。

また，ルールに基づいた競技エリア確保と通路の配置を含めた競技場のレイアウトを決定し，そのために必要なフェンスの確保，使用する卓球台，審判台，カウンター，カウントダウンタイマー，ストップウォッチ，ネットハイ，ラケットコントロールに

必要な計器類・その他，細かい審判用具などの準備を行う。また，大会直前（当日）には審判打合せ会議を実施して細部の確認と共通理解を図る。

組合せについては，審判長の責任であるため組合せ会議を主催して実施し，プログラム原稿を作成する。また，大会中に決勝トーナメントなどの抽選が行われる場合にはその準備と結果の作成を行う。なお，タイムテーブルの作成については，進行部との連携も必要である。

6 進行・記録部

競技の進行は大会の中核をなす部分であり，今日では大半の部分をパソコンによって行われている。しかしながら，競技役員全体の動きを円滑に行うことが，大会運営の迅速さと正確さを左右する。

その流れとしては，対戦用紙を作成（団体戦ではオーダー交換後）して審判員に伝達する。試合後に審判長の確認を受けて結果を入力して記録を作成する。その上で，進行状況を示す進行掲示板に反映させ，公式記録として整理し，記録部，記録掲示部，広報部などに伝達する。

7 宿舎・交通部

大きな大会では，宿舎の手配・連絡，宿泊人員の都道府県別確認，ホテルと会場間の輸送方法の検討なども必要である。大会役員や選手が会場への到着が遅くなると，大会運営そのものに支障を来すことになる。

3. 地域卓球クラブの形態と運営

●1…卓球クラブの形態

今日，我が国の卓球クラブの形態は多様化している。組織面から分類すると，大まかに分けても6つの形態が見られる。

①中学校，高等学校，大学などの学校部活動やサークルのチーム
②スポーツ少年団や総合型スポーツクラブ
③地域の愛好者による卓球クラブ
④民間の卓球クラブ（営利目的・非営利目的を含む）
⑤実業団連盟所属の企業卓球チーム
⑥日本リーグ所属チーム
⑦Tリーグ所属チーム

さらに，④については，企業や卓球専門店が経営するものやプロコーチが個人的に行うものなど，その対象も小中学生の強化からレディースや高齢者の個人指導，硬式，ラージボールなど多岐にわたる。

2018年に発足したTリーグ各チームは，これまでの卓球チームの枠を超えて，海外からもトップレベルの選手を招いて構成されるもので，我が国最高峰のクラブチームと言える。

この他にも，親が自分の子どもを個人的に指導している場合など実に様々な指導形態が見られる。そして，それぞれの組織の性格に応じた運営方法で実績を上げており，それらが相まって我が国の卓球界を支え，盛り上げる原動力となっている。

また，高齢社会である現代において，ラージボール卓球の普及等でも分かるように，卓球は健康の維持・増進に極めて有効であると社会的にも認知され，医療や介護の現場でも様々な形で取り入れられている。

指導者としては，このように老若男女を問わず様々なライフステージで取り組まれている卓球という素晴らしいスポーツをあらゆる角度から研究し，1人でも多くの人々に愛されるように，適切な指導を行っていかなければならない。

特に，初心者やゴールデンエイジと言われる子ど

ラージボール卓球を楽しむ高齢者たち

もたちが所属する，中学校卓球部活動，地域卓球ク
ラブ，卓球スポーツ少年団での指導は非常に重要で
あり，我が国の卓球競技力の根底をなすものと言っ
ても過言ではない。

　ここでは，その中でも最も多くのボランティアの
指導者が関わっている地域卓球クラブや卓球スポー
ツ少年団のいくつかの形態における運営や指導方法
などについて述べていきたい。

●2…地域卓球クラブの特性

■ 地域卓球クラブとは

　地域卓球クラブを構成メンバーによって分類する
と，小中学生から高齢者まで幅広いもの，小中学生，
一般，高齢者に特化されたもの，女性のみのクラブ
（レディース），などとなる。また，硬式かラージボ
ールか，またはその両方などに分かれる。そして，
それぞれのメンバー構成や志向によってもその特性
は異なっている。

　小中学生中心のクラブでは，元選手や協会の指導
者がジュニア強化という側面から競技志向で実施し
ているものが多い。今日では，JSPOの公認コーチ
資格を有している指導者が関わっているクラブも多

くなってきている。

　また，一般のクラブでは，青年・壮年層が中心と
なり地域の代表選手や全日本選手権，国民スポーツ
大会（旧国民体育大会）の代表を目指す一方で，レ
クリエーションとしても有益な活動を行っている。

　高齢者のクラブにおいては，ラージボール卓球を
行っている場合が多い。健康維持・増進のみならず
様々な大会参加等も目指して頑張り，生きがいとし
ている高齢者も非常に多い。

　女性のみのクラブはレディースと呼ばれ，硬式で
行っているものとラージボールで行っているものが
見られる。活動内容としては，競技志向，レクリエ
ーション志向，クラブの内部で分かれて活動してい
るようなものも見られる。

　また，活動時間については，高齢者・レディース
ともに，公共施設が比較的空いている昼間に活動で
きるという利点があったが，近年は定年制の延長な
どにより，日中に活動できる愛好者が減少している
とも言われている。

■ 地域卓球クラブの運営組織と会則

❶ 地域卓球クラブの運営組織

　地域の卓球クラブを運営していくには，実に多く
の手続きや準備が必要である。選手の募集，活動場

所の確保（公共体育館や学校開放施設の使用申請や調整会議への出席），所属卓球協会や上部団体への登録業務，大会の申し込み，交流試合の計画・交渉，会報の発行など多くの業務を遂行していかなければならない。今日では，ホームページをはじめとするSNSなどの活用も必要と思われる。このような業務を適正に行ってこそクラブが存続し，その目的も達成できる。したがって，このような多くのことを実践していくためには，当然のことながら機能的な組織が必要である。

競技志向のクラブにおける指導者は，日々の技術指導や練習計画等のコーチングとマネージメントに専念できるようにすべきである。また，レクリエーション志向のクラブでは，仲間同士で練習を楽しんでいる場合が多く，交流活動などを企画する幹事も必要であろう。

このように地域卓球クラブでは，規模や年齢層，競技志向かレクリエーション志向かによって違いはあるが，マネージメント，コーチング，交流活動などを分担できる運営組織を構築することが望ましい。

❷ 地域卓球クラブの会則（規約）等の作成

活動が軌道に乗り会員が多くなってくると，会員や保護者等においても多様な考え方が出てくる。そのために思わぬトラブルが発生することもある。そこで，組織づくりに加えて，様々な問題が起こらないように，また，もし起こっても対応できるように前もって会則（規約）等を作成しておくことも大切である。

●3…対象に応じた指導方法

JTTAでは，シニア（年代別），一般，ジュニア（16歳以下），カデット（14歳以下），ホープス（12歳以下），カブ（10歳以下），バンビ（8歳以下）の7つのカテゴリーに分けられており，それぞれのカテゴリーに応じた強化指導指針も打ち出されている。

特に，カデット以下の選手育成に携わる指導者は，発展性の高い初期設定を行うことが最も重要である。そのためには，基本技術の指導は言うに及ばず，運動能力（特に巧緻性や瞬発力）の開発，栄養指導，メンタルマネージメント，コミュニケーション能力の育成等，幅広い知識と指導力が必要である。

❶ 小学生への指導

小学生段階の指導としては，楽しく練習する方法が必要であり，いかにやる気を継続させるかを考えなければならない。そのためには，選手が努力したことやできたことに対して，タイミングよく褒めてあげることが大切である。また，エチケットやマナー，フェアプレー，スポーツマンシップについても指導する必要がある。特に，他の選手に対する接し方を通じて協調性や社会性を身につけさせ，精神的な成長にも配慮しなければならない。この時期は，いわゆるギャングエイジと呼ばれ，いたずらが目に余ることもあり，時には叱ることも必要であるが，人格を否定するような批判や体罰は厳禁であり，非難されるべき行為について正しく理解させて反省を促すべきである（第2章参照）。

また，指導者は一方的な教え込みだけにならないよう，選手との対話を大切にして自己表現力を育むとともに，一流選手の試合やインタビューを見聞きさせるなどして「夢」を育み，目標を大きくもつための支援を行うことが大切である。

❷ 中学生の指導

小学校高学年頃から発育・発達にばらつきが見られ，精神的にも体力的にも成長に差異が見られる。中学生の時期は，小学校低学年から卓球を始め中学校ではすでに5～6年間練習を積んできている選手や，中学校で初めて卓球部に入ったという初心者が混在する時期でもある。そのため，それぞれの段階に応じた目標設定や練習メニューを小グループ化して与えていく必要がある。

しかし，すべての練習を固定化したグループで行

うと階層化につながる危険性もあるため，柔軟な運用やグルーピングに気配りが必要である。また，チーム全体としての協調性も大切であり，リーダー養成も大きなポイントとなる。

❸ レディースへの指導

集団で指導する場合は，その集団の目的を理解しておくことが大切である。一口にレディースといっても，競技志向の高い選手から練習自体を運動として楽しむのが目的のプレーヤーまで，いろいろなレベルが存在する。また，指導時間の不公平さなどがチーム内の不和につながることもあるため，慎重な対応とコミュニケーションが重要となる。

❹ 高齢者への指導

平均寿命が80歳を超える今日，マスターズ大会出場者は非常に元気で，ラージボール大会も全国で数多く開催されている。50歳代では若者扱いされるほど普及している。

しかしながら，50歳を超えると生活習慣病などが起き始めるため，選手は自らの健康に留意し，健康診断などを受診して体調の把握と管理をしなければならない。指導者もいざというときの対応のために，ある程度の情報を知っておく必要もある（第5章参照）。卓球をすることが健康の維持・増進につなが

ることも事実であるが，大会等では，練習時よりも肉体的にも精神的にも大きな負担を伴うことが多く，思わぬ事故につながる危険性があることを知っておくべきである。

● 4…小中学生向け地域卓球クラブの 練習内容

ゴールデンエイジを預かる指導者として初めて卓球に取り組む子どもたちの指導内容やその方法において重要なことは，組織の形態が異なっても違いはない。

特に小学校低学年から中学年にかけての指導においては，発育・発達段階を理解した上で，注意深く行う必要がある。骨格や筋肉の未発達な段階では，特に神経系の発達を促すようなコーディネーショントレーニングや軽負荷の運動に重きを置き，子どもたちが遊びながら上達できるようなメニューを工夫すべきである。

また，高学年においても個人差が大きいことに配慮し，個別の練習内容を用意するなどのきめ細かな指導も必要である。練習の内容としては，概ね次のようなものが考えられる。

コーディネーショントレーニングを取り入れたウォームアップの様子

子どもたち同士による多球練習

1 基礎体力づくり

鬼ごっこや他の球技（例えばバスケットボール，サッカー）などを用いて楽しみながら行う。

2 コーディネーショントレーニング

いろいろなボールや手具，なわとび，障害物などを使ったゲーム的なものや，卓球のラケットとボールを使った遊びなどを行い，身のこなしやバランス感覚，ラケット感覚などを養う。

3 多球練習中心の技術練習

多球練習は，フォームづくり，基本技術の習得，応用技術の練習，戦術練習まで工夫次第で大変効果的な練習方法である。また，上級者にとっても有効であるため，指導者としては，その考え方や方法をぜひとも身につけておきたい。

選手3～4人のグループをつくり，子どもたち同士で球出し（送球），ボール拾いを行っているクラブも多い。

4 一球練習（ラリー練習）

多球練習で身につけた技術の安定性を高めるためには，実際に相手が打球したボールでのラリーの練習も大切である。グループ練習などで上級者に初心者の相手をさせるのも効果的である。

5 サービスの練習

卓球の試合の勝敗においては，サービス力の占める割合は非常に高い。目標物を置いて狙って当てるなど楽しませながらも，ルールに合致した効果的なサービスを身につけさせたい。

6 ゲーム練習

子どもたちは，ゲーム練習を最も楽しみにしている。練習で身につけた打球技術やサービスを試すために大切な練習である。ただし，上達するに伴って目的をもってゲーム練習に取り組むよう指導することも大切である。

また，人数が多く卓球台が少ない場合は，1ゲーム交替や時間交替制にしたり，競技力に大きな差がある場合は，得点やエリア制限などのハンディキャップ制を取り入れたりするとよい。

第 8 章

ルールとコーチング

1. ルールの基礎知識

ルールは，その競技の性格を形づくり，規範を定めるとともに，あるべき姿を示すものである。また，選手が公平・公正に競技ができることを目的とし，さらに見る側のことも考慮して，卓球を発展させるためのものでもある。あらゆる地域で，あらゆる年齢層の人々がその競技を楽しみ，技術を切磋琢磨できるのも，共通のルールが存在するからである。したがって，その競技の選手は，ルールをよく知った上で自分のプレースタイルを確立することが望まれる。

しかし，全日本選手権をはじめとする様々な大会で，残念なことにルールの理解が乏しいために自らを不利にさせてしまったり，意図しない違反行為につながってしまっている姿を目にすることがある。

指導者は，選手が練習してきた成果を大会でしっかりと発揮できるように，技術的な指導とともに自らがルールをよく知り，日常的にそれを選手に教え，ルールを知らないことで起こる不利益やトラブルから選手を守ることが必要である。

ルールは毎年多少なりとも変更があるので，指導者（および選手）は，できるだけ公認審判員資格を取得し，地域で開催される講習会等に参加するなど，最新の情報を入手して，それを日常の練習に生かすことのできる環境をつくっておいた方がよい。

本章では，ルールの知識を日頃の練習でどう生かすか，またルールを知っていることがどのように生きてくるのかを含めて，ルールとコーチング，審判の方法を述べていくこととする。

●1…日本卓球ルールと３つの冊子

日本卓球ルールは，『日本卓球ルールブック』（以下『ルールブック』）という冊子にまとめられている。その中では，「基本ルールと競技ルールの詳細説明および解釈は，審判員の手引き及びレフェリーハンドブックで公表される（日本卓球ルール2.1.2.7）」とされている。つまりルールでは規範を示すが，具体的な運用については書かれていないことが多く，それを補うため『卓球競技の審判法/審判員の手引き』（以下『審判法／審判員の手引き』）と『レフェリーハンドブック』という２冊の冊子に，ルールの意図や運用の方法が書かれている。

そこで，審判員は『ルールブック』と『審判法／審判員の手引き』の知識を身につける必要がある。また審判長は，さらに『レフェリーハンドブック』の知識を身につけて，その役割を担うこととなる。

指導者も『ルールブック』と『審判法／審判員の手引き』を読み，審判員がどんな基準でどのように

判定しているのかを知っておくことが，試合中のアドバイスや抗議の際に生きると考えられる。

●2…審判員資格取得のすすめ

指導者が審判員資格を取得することは，選手に恩恵をもたらす。具体的にまとめると，以下のようになる。

①練習環境，競技条件を大会と同様にできる。

②ルールを知っていれば起こることのない無用のトラブルから選手を守ることができる。

③抗議権を正しく行使できるようになる。抗議権は，個人戦では選手がもち，団体戦では監督がもつ。ルールの解釈を誤り理不尽な判定が下されたとき，ルールを知っていることで正しく対応できる。

④サービスやその他の違反行為そのもの，または違反になりそうな素地を，その場で指導することができる。

⑤選手たちにルールを日常の練習の中で浸透させることができる。

●3…ルールの基礎知識

ここでは，国際卓球ルールと日本卓球ルールに分けて，その基礎的な知識を簡単に説明する。

🖵 国際卓球ルール

国際卓球ルールは，基本ルール（Laws of Table Tennis）と競技ルール（Regulations for International Competitions）から成り，国際卓球連盟（ITTF）が制定する。ITTFが主催する国際大会で適用され，多くの国々で採用されている。年に一度ITTFの年次総会が行われ，ルール改定はその期間に検討され，決定される。基本ルールは，全体の3/4以上の賛成で，競技ルールは理事会の過半数の賛成で決定される。

🖵 日本卓球ルール

日本卓球ルールは，国際卓球ルールと同様に，基本ルールと競技ルールから成り，国際卓球ルールに，日本のもつ事情（公認制度の違いなど）に応じて加筆・修正が加えられている。「ルールブック」には，日本独自の規定については分かりやすく，アンダーラインが引かれている。

国際卓球ルールが改定されると，日本卓球協会（JTTA）のルール・審判委員会が改定された条文を和訳し，その適用範囲などを検討し，JTTAの理事会の承認を得て，各加盟団体に通知している。また，国内の各加盟団体（都道府県卓球協会等）は，参加者全員に徹底されるという条件のもとで，さらに一部を変更（1マッチのゲーム数，タイムアウトの適用除外，服装規定の緩和など）して運用することが可能であるとも定められている（日本卓球ルール2.1.2.5）。

基本ルールでは，用具（テーブル，ネットアセンブリ，ボール，ラケット）の規定，用語の定義，サービスの規定，競技順序，レットやポイントの規定，など卓球競技の根幹部分のルールであり，競技ルールでは，用具と競技条件，競技用服装，ラケットコントロール，広告とマーキング，幕，旗の掲示，競技役員，抗議など，大会を開催するに当たっての様々な規定で構成されている。

●4…競技役員とその役割

大会には各部門に役員が配置されるが，ここでは特に審判関係の役員（審判長，主審，副審等）の役割とその権限の範囲について述べる。

🖵 審判長

各種大会には1名の審判長が任命されるが，審判長が何らかの理由で席を離れる必要がある場合に備えて，2名ほど（会場の数，テーブル数により増員）の副審判長が任命されるのが一般的である。

審判長の役割と権限を以下にまとめる。

❶ ルール解釈上の問題の裁定と最終決定

　審判長および副審判長は競技会場に常駐し，競技がルールに基づいて適正かつ確実に実施されるように配慮し，ルール解釈上の問題に関しての唯一の権限をもつ者として，どのような問題に対しても裁定を下す役割がある。競技中に発生する事例，例えば「用具・服装の適否」「プレーの緊急中断への対応」「不正行為に対する罰則権限の行使」などに対し，一貫性をもって，最終決定をする権限を行使する。

❷ 審判員の任命

　審判長には審判員を任命する役割があり，審判員の力量を見極め，準決勝・決勝戦など重要な試合では審判員の任命に当たって，特に配慮が必要とされる。

❸ 説明会の開催

　審判長は，必要に応じて競技会の開始前に説明会を開き，新たにルールが改定された部分，問題となりそうな部分などについて，審判全員の意思統一を図るようにしなければならない。

❹ ドローの実施とタイムテーブルの作成

　ドローの実施，タイムテーブルの作成，選手の出場資格の審査等は，大会ごとに決められた役割分担によって審判長が直接関わらない場合もあるが，報告を受けるなどして責任をもつべき事項である。

❺ 競技者の管理

　競技者は，大会会場に到着した時点から会場を離れるまで審判長の管理下にある。

2 主審・副審

　各試合には主審1名と副審1名が配置される。以下にその役割と権限をまとめる。

①主審はその試合を管理する立場にあり，副審は主審を補佐する役割を担う（それぞれの権限を表8-1に記した）。

②主審あるいは副審が，それぞれの権限範囲内で行った判定は，いずれも有効となる。

③サービス判定は主審・副審で同等の権限があり，副審側からフォールトがコールされることもある。

④競技者，監督はその事実の判定を覆すことはでき

表8－1　主審・副審の権限

主審のみの権限	主審・副審が同等にもつ権限	副審のみの権限
○用具および競技条件の検査 ○ボールの選択 ○サービス，レシーブ，エンドの選択，順序の確認 ○ラリーの結果判定 ○ポイントスコアの宣告 ○促進ルールの適用 ○競技の継続性を保つ ○違反アドバイス，バッドマナーへの対応 ○（審判長から権限を委託されているとき）シャツの交換の許可 ○身体に障がいがある場合のサービス要件緩和措置 ○イエロー，レッド，タイムアウトカードの提示	○サービスの判定（フォールトおよびレット） ○サービスがネットに触れた判定（レット） ○オブストラクション（進路妨害）の判定 ○競技条件の支障がラリーに影響したとの判定 ○時間の計測	○副審に近い側のサイドに触れたか，エッジに触れたかどうかの判定 ○違反アドバイス，バッドマナーに気づいた場合の主審への報告

ない（ビデオ判定が導入されない試合）。

⑤競技者は，競技領域に到着してから離れるまで主審の管理下にある。

---

2. 競技条件のルール

●1…競技条件の基礎知識

1 競技領域

1つのコートのことを競技領域といい，幅7m，

奥行き14m，天井の高さ5m以上と定められている（図8-1）。よく使われる1.4mのフェンスでは，5枚×10枚でつくることができる。ただし，大会会場や使用するテーブル数により大会組織委員会（運営委員会）の了承のもと若干変更されることがある。

2 ネットアセンブリ

❶ ネットアセンブリとは

ネットを構成するネット・サポート・吊り紐の総称で，それぞれがネットの一部なので，そのどの部分に触れてもネットに触れたことになる。

❷ ネットの高さ

よく知られているように15.25cmで，サイドラインからサポートの外側までの距離も15.25cmと決め

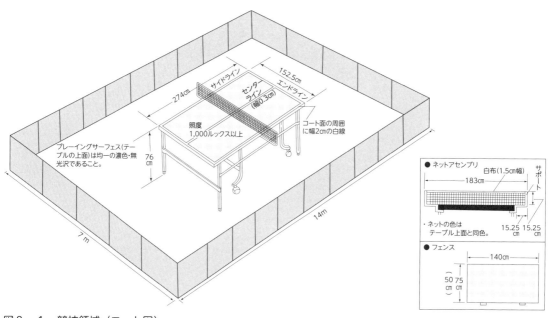

図8―1　競技領域（コート図）

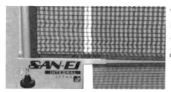

サポートがコートに正しく接している例－ネットにも不自然なゆがみがない

サポートが横に引っ張ってある悪い例－サポートと台との間に隙間が生じている

図8―2　ネットの張り方

られている。

⇒ネットの張りを調整するために，サポートをテーブルの外側に引っ張ってしまうことが厳禁なのは，このためである（図8-2）。

❸ ネットの張りの強さ

ネットの中央に100gの重りを乗せて，1cm沈む強さと定められている。

⇒ネットの張りを正確に測るには，100gの重り（テンションゲージ）が必要となる。

❸ テーブル

テーブルは，幅152.5cm，奥行き274cm，高さ76cmである。床の凹凸があるので，できる限り水平に設置する必要がある。

●2…競技条件とコーチング

❶ 練習環境と競技条件

前項で競技条件について説明したが，重要なことは，練習環境と試合会場での競技条件を同じにするということである。大会会場では，審判員がマッチごとにネットの張りの強さと高さを調整する。テーブルを設置するときには，水準器を用いてテーブルが水平かどうかを測る。

しかし，日頃練習する会場ではどうだろうか。プラスチックゲージでネットの高さを測っているチームはあるが，張りの強さを測る100gの重さのあるテンションゲージをもっているチームは少ない。審判員は，上記の2つのゲージをもっていて，それら両方を使いネットを規定の状態に保っている。多くの場合，練習場では規定より低く，張りが弱いネットで練習が行われ，試合では正規の高さと張りの強さのネットでプレーすることになる。

すると，試合の朝の練習で，普段通りにストロークしてもネットにかかってしまったり，ネットにはじかれてしまったりすることが多くなり，ショートサービスがうまく入らなかったりすることになる。

選手の中には，それらがネットの張りや高さが違うために起こるとは思わずに，自分の調子が悪いと思い込み，不安になり，力を十分発揮することができないケースもある。朝の練習で調整できる選手もいるが，そうでない選手も多いと思われる。

❷ 正しいネットの設置

先に述べたような問題が起こらないように，ここでは正しくネットを設置するための方法をまとめる。

①正しくネットを設置するには，プラスチックゲージとテンションゲージ（100g）が必要である。

②サポートをテーブルにぴったり着けて，隙間が生じないように設置する。

③サポートにネットを取り付け，きつめに張る。

④テンションゲージをネットのセンターラインのところに，ゲージの15.25cmの1cm低いところにある半円形の切り欠きを掛ける。

⑤ネットをつるしている紐を強く引き，テンションゲージの下がテーブルから浮くくらいにしてから，徐々に紐を緩め，先端がテーブルに接するところで紐を固定し，テンションゲージを外す。

⑥サポートのテーブルにのっている部分にかからないように，プラクチックゲージをネットにのせ，ゲージの下がテーブルに接するところで止まるように調整する。逆サイドも同様に高さを調整する。

❸ テーブルの傾きの解消

また，無頓着になってしまいがちなのがテーブルの傾きである。テーブルのエンド側が少し高くなっていたり低くなっていたり，片方だけが高かったり低かったりすることすることがあり，そうすると，ボールの弾む角度に影響して，予測より跳ねたり，跳ねなかったりすることがあるので，ボールの軌道の予測が狂ってしまうことになる。これも小さな水準器を用意するだけで解消できるので，試合と同じ条件を整えて練習する方がよい。

試合に臨むに当たって，以下の用具に関する事項は必ず覚えておきたいルールである。

●1…ボール

全日本選手権（ジュニア・一般）では使用されるボールは1種類だが，多くの国内大会では複数の種類のボールが用意されている。ボールは，選手が試合前に指定されたボール選択所で指定された数を選び，そのボールを試合で使用することになっており，試合コートでの選択は原則として行わない。

●2…ラケット

◼ 日本独自の公認制度

ラケットには，日本独自の公認制度があって，J.T.T.A.A.の刻印，および商標があること，または指定業者の略称とJ.T.T.A.A.の連続刻印があることのいずれかが必要となる（図8-3）。

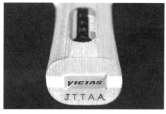

グリップエンドにJ.T.T.A.A.の刻印と商標がある。

グリップにメーカー名略称とJ.T.T.A.A.の連続刻印がある。

図8—3 公認ラケット

⇒J.T.T.A.A.の連続刻印がない外国製ラケットの使用を希望する場合は，競技領域に入場する前（競技開始1時間前までに，となっていることが多い）に審判長の許可を得ておくことが必要となる。

◻ ペンホルダーラケットの裏面

ペンホルダーラケットの裏面を打球に使用する場合は，全面にラバーを貼るか，グリップの部分を残してラバーを貼る。打球に使用しない場合も，ラバーの配色関係と同様の色にすること。

⇒明るい色のラバーを使用する場合のペンホルダーの裏側は，ラバーを貼る場合でも木質のままであっても黒に着色すること。また，黒いラバーを使用する場合は，裏側は明るい色（公認されたラバーの色）で着色する（赤を推奨）。ただし，グリップ部分は，木質やコルク質の場合は着色しなくてもよい。

●3…ラバー

◼ 公認されたラバー

ラバーは，ITTFまたはJTTAが現在公認しているものだけが使用できる。

⇒ITTFラバーリストで承認が確認されているラバーであれば，JTTA未公認でも使用が可能である。ただし，ITTFのラバーリストは，半年更新なので，現在承認されているラバーかどうか確認すること。

◻ ラバーの厚さ

ラバーの厚さには制限があり，接着した状態でツブを外向きにしたラバーは接着剤を含む全体の厚さが2.0mmを超えないこと。ツブを外向きまたは内向きにしたソフトラバーは，接着剤を含む全体が4.0mm以下となること。

⇒厚さが規定の限界に近いラバーの場合，接着剤を厚く塗ると，規定を超えることがあるので注意しなければならない。

3 ラバーの色

ラバーの色は，「無光沢で片方は黒，他方は片方の黒やボールの色とはっきり区別できる明るい色とする。（日本卓球ルール1.4.6）」

●4…ラケット，ラバーの不具合

1 使用できるラケットの本数

1試合には1本のラケットしか使用できない。

⇒ラケットを無断で取り替えた場合，失格となる。

2 スペアラケットへの交換

ラケットが使用に耐えられない程度に誤って破損が生じた場合にはスペアラケットに交換できる。

⇒故意に破損させた場合は，交換できない。また，試合中にラケットを補修するために競技を中断することもできない。

ラバーの剥がれ

ラバーの縁の破れ

台にぶつけて中央部が破れたもの

図8−4　交換と判断されるラケット

⇒ラケット本体の破損の他に，ラバーの剥がれや亀裂・破れ等もラケット交換の対象となる。図8-4には，交換と判断されるラケットのイメージを示した。

3 ラケット交換後の練習ラリー

破損したラケットを取り替えた場合，選手はプレーを再開する際，数回の練習ラリーをして用具を確認することができる。

4 ラケットの確認

競技者は，試合開始時，ラケットの交換時に相手および主審にラケットを提示し，調べさせなければならない。

5 試合中のラケットの取り扱い

競技者は休憩時間中，タイムアウト中，および中断中は，主審が許可した場合を除き，自分のラケットをテーブル上に置いておかなければならない。

⇒ラケットをベンチまで持ち帰った場合，試合再開時に主審によって再度確認が行われる。

●5…ラケットとラバーの接着行為と検査

1 ラバーの表面

ラバーの表面は平坦であること。接着剤の塗りむらも含まれる。

⇒ラバーの表面の一部が波を打ったような状態は許可されず，現在の検査ではラバー表面の凸凹が+0.2mm，−0.5mm以内と規定とされている。ラケットコントロールが実施されている国際大会や国内の主要大会では，計器によって測定チェックが行われている。

2 禁止されている接着剤

揮発性有機溶剤（VOC）を含んだ接着剤の使用は禁止されている。

3 公認された後での加工の禁止

後加工（物理的処理や化学的処理）の禁止。

⇒接着補助剤等を用いて公認されたときと異なる状

態に加工することは禁止されている。

４ 試合でのラケット検査のタイミング

通常，提出期限内に提出すれば試合前にラケット検査が行われる。試合前にITTF，JTTA公認のラケット検査器で使用不可と判断されたラケットは使用できない。審判長によって試合後まで保管される。

⇒この場合には，別のラケットで試合に臨むことができる。そのラケットは，時間があれば試合前に検査を受けることができるが，時間がなければ，試合後に検査が行われる。

５ ラケット検査の詳細

試合後に，ITTF，JTTA公認のラケット検査器で不可となった場合，その試合は負けとなる。

⇒はがれ，亀裂，摩耗，破損，平坦性などの点検は，試合前に審判員によって確認される。

⇒疑問点があると主審が判断した場合，審判長の裁定になり，競技に影響を及ぼさないと審判長が判断した場合には，使用が認められる。

⇒一枚ラバーを貼る際，ラケット生地の色や文字等が透けてラバー本来の色と判断できない場合があり，このような場合はそのラケットは使用できないので，貼付時にラバーの配色を考慮して接着する必要がある。

⇒購入したラバーのゴムとスポンジを剥がし，独自に貼り合わせて加工するのは違反行為となる。

⇒本体からラバーのはみ出しは２mm程度まで。これは多くの審判長判断の承認の目処となっている。選手は審判員に目視検査を受けるまでに，指摘を受けない範囲まで切り揃えておく必要がある（図8-5）。

⇒ラケット検査でVOC（有害有機化合物）違反は，少なくなってきているが，インターネットによる購入での違反ケースがある。製造後すぐに出荷すると，製造時に使われるVOCが抜けないうちに手元に届くのが原因と考えられるので，袋から出し，直射日光を避け，通気性のよい所に２～３日

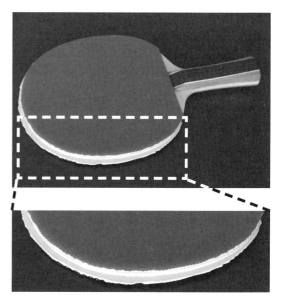

図8-5　ラバーのはみ出したラケット

程度おいてから貼り付けるようにするとよい。VOC検査のある大会では，ボランタリー検査（自主検査）を推奨する。

●6…服装

服装には，様々な規定がある。知らずにいると直前に着替えるか，その場で借りるか，買うかの選択を迫られることもあるので，よく理解しておく必要がある。

１ 競技用シャツとワッペン

競技用シャツ（ユニフォームのこと。以下シャツ）にはJTTAマーク（ワッペン）が付いていなければならない。

⇒白色が使われているシャツでも赤ワッペンがついていれば着用できる。白が使われていて，白ワッペンか黒ワッペンなら，審判長が，試合で使えるかどうかを裁定することになる。白が使われていなければ，どのワッペンでも着用できる。

⇒ワッペンは，外したり，隠したりはできない。

2 ユニフォームとボールの色

ボールと同色のユニフォームは国内，国際とも使用できない。

3 対戦者同士のシャツの色

対戦者同士が同じシャツ，または同色でよく似ていてその違いがわからない場合，またはその他合法性に問題があると主審が判断した場合，主審は審判長に判断を求め，審判長の裁定によって使用の可否が決定される。

4 審判長から着替えを要求された場合

選手は審判長に異なる色のシャツで競技することを要求された場合には従わなければならない。

⇒大会要項，大会の競技上の注意では2種類の異なる色のシャツを持参するように要求されている場合が多く，大会に参加する際には必ず確認して対応することが必要である。

⇒地の色が同じでも，互いに区別がつくものであれば認められることもあるが，大会の準決勝・決勝等では審判長が観客を考慮して着替えを求める場合があり，その場合，どちらかが着替えなければならない（ルールでは観客への配慮も要求されている）。

⇒どちらも着替えを拒否すれば，主審は，着替える側をくじ（拳）で決める。

5 団体戦出場チームの服装

団体戦に出場するチームの全競技者やダブルスの組は同じ服装で競技しなければならない。

⇒シャツは同じデザインであること。ショーツは団体戦では同色。個人戦のダブルスでは同系色までが容認される。ただし，使用可否の最終判断は大会の審判長に裁定権がある。

⇒服装規定は大会により緩和されている場合もあるので，大会要項をきちんと確認しておく必要がある。

6 トレーニングスーツの着用

トレーニングスーツ（ジャージ）は競技用服装とは認められていない。

⇒競技領域には，半袖，ショーツまたはスカートで入場することになっている。

⇒理由があって（身体的理由：例えば皮膚のケロイド等）トレーニングスーツを着用しての競技を希望する場合は，競技開始前に審判長に申し出て許可を得ておかなければならない。

7 ゼッケン

ゼッケンは，競技用シャツの背中の中央部分に着けるように決められている。

●7…競技で使用できるその他のもの

1 サポーター，リストバンド，ヘアバンド，スパッツ

サポーター，リストバンド，ヘアバンド，スパッツを使用することができる。しかし，JTTA公認用具指定業者の製品であれば，メーカーの商標・ロゴが見えてもよいことになっているが，そうでない場合は，メーカーの商標・ロゴは見えないようにして着用しなければならない。

スパッツは，ショーツ・スカートと同色が望ましいとされ，長さはショーツ・スカートから少しはみ出す程度とされている。

2 アンダーシャツ

アンダーシャツは使用することができるが，原則，肘までとし，アンダーシャツのいかなる商標・ロゴなども見えてはならない。

3 テーピング

テーピングは，それにメーカーなどの商標・ロゴなどがあってはならない。

4. サービスのルール

●1…サービスルールの基礎知識

サービスルールは，フォールトになる場合（表8-2），レットになる場合（表8-3）のように非常に細かく規定されている。これらすべてをクリアして正規のサービスを出すことは大変な苦労を要するが，これはポイントに直結するので重要なことである。

●2…サービスルールとコーチング

大会で，サービスをフォールトと判定されて，激しく動揺してしまい，そのサービスを出せなくなってしまったり，緊張して他のサービスもいつも通り出せなくなる選手を目にすることがある。これは，資格をもった審判員のもとでの試合経験が少ない選手にありがちなことである。また，正規のサービスとは，どんなものなのかを教えられていないことで起こることではないかとも考えられる。

したがって，正規のサービスは，できるだけ早い段階で教え始めた方がよい。例えば，「選手が，手のひらにボールをのせて，16cm以上投げ上げて，落ちてくるところを打球するサービスができるようになったら試合に出します。ぶっつけサービスの癖がついてしまうと直すのに苦労しますから」と言うジュニアチームの監督もいる。正規のサービスの要件を最初からすべて教えるのは難しいが，徐々に教えていき，大きな試合の前には，試合中にフォールトと宣告されて困るようなことがないようにしておく必要がある。冒頭の例のように，正規のサービスではない癖がついてしまっていると，試合中にフォールトを宣告されても容易に直すことができない選

表8－2　サービスがフォールトになる場合

○開始時に，いったん静止していない
○手のひらが開いていないのでボールが見えない
○ボールが手のひらではなく，指にのっている
○ボールの位置が開始時にエンドラインの内側にある
○投げ上げる動作中に，ボールの位置がプレーイングサーフェスから下がった
○ボールがほぼ垂直には投げ上げられなかった
○指で回転をかけた
○手のひらを離れてから16cm以上ボールが上がっていない
○打球までに何か他のものに触れてしまった（サーバーのシャツ，天井，照明・電線など）
○ボールの上昇中に打球した（ぶっつけサービス）
○ラバーが貼られていない側（裏面）で打球した
○ボールをサーバーの身体で隠した
○フリーアーム，フリーハンドをサービス開始後すぐに「ボールとネットとの空間」から移動させなかった
○エンドラインの内側で打球した
○プレーイングサーフェスより下で打球した
○サーバー側のコートに触れなかった
○レシーバー側のコートに触れなかった。
○ダブルスの際，サーバーのレフトサイドコート（左半分）に触れた
○ダブルスの際，レシーバーのレフトサイドコート（左半分）に触れた
○サーバーまたはダブルスのパートナーの身体の一部，または着用しているものでボールを隠した

表8－3　サービスがレットになる場合

○スコアがまだ正しく表示されていないのにサービスを出そうとした
○ポイントコール前にサービスが出された
○レシーバーがまだ準備できていなかった
○サービスが疑わしかった（1試合に1回のみ）
○サービスがネットに触れてから相手のコートに触れた
○ネットに触れたボールをレシーバーが進路妨害（オブストラクト）した
○ボールが相手選手の汗で濡れていた
○ダブルスのサーバーが正しい順番ではなかった
○ダブルスのレシーバーが正しい順番ではなかった
○車椅子を使用している競技者がレシーバーの場合，下記の事例はレットになる
　・レシーバーのコートに触れた後，ボールがネット方向に戻った場合
　・レシーバーのコートに止まった場合
　・シングルスでレシーバーのコートに触れた後，どちらかのサイドラインを横切った場合

手が多い。

　その対策として，大会前にサービスのチェックをするように推奨する。試合が近づいてきたら，その選手がもっているサービスの点検をしたり，大会前の練習試合などで，サービスのチェックをすると，その選手の試合中の傾向が分かるので，効果的である。なぜなら，選手自身が自分のサービスについて必ずしもきちんと把握できているとは限らないからである。投げ上げるボールの位置，投げ上げようとするときのボールの最下点の位置，投げ上げるボールの角度，投げ上げた後のフリーハンドの位置，投げ上げようとしたときに手のひらから指の方に転がっていないか，などフォールトに直結することについて，本人はあまり自覚していないことがある。それらは横から見たり，後ろから見たりすれば指摘することができる。

●3…よくあるサービスフォールトの例

　よくあるサービスでのフォールトは，どの大会でも審判員が見てすぐ分かるものが多い。

1 フリーハンドの位置

　ボールを投げ上げるときに，フリーハンドを下ろしてその反動で投げ上げるサービスをする人がいる。フリーハンドを下ろしたときにボールがプレーイングサーフェスの下になってしまうのは，見ていてすぐ分かる。

2 ボールの位置

　ボールが手のひらではなく指の上にのったまま投げ上げたり，また，最初は手のひらにボールがあるけれども投げ上げる動作に入り，投げ上げの寸前に指にのせるという場合もある。

　手のひらにボールをのせて構えたときに，ボールがテーブルの上にある状態で投げ上げる。また，構えたときにはボールがエンドラインの外にあるけれども，投げ上げの動作に入ったときに台上にボールを運んで投げ上げるという場合もある。

3 投げ上げる高さと角度

　投げ上げる高さが足りないのも見てすぐ分かる。ただし，16cm以上投げ上げるというのは，ボールがフリーハンドを離れてから16cm以上ということなので，どの時点で離れたのかをよく見て判断するように審判員は心がけている。

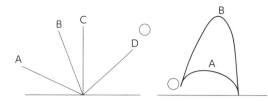

図8-6　投げ上げるボールの角度(左)と軌跡(右)
（日本卓球協会『審判法／審判員の手引き』2020改訂版）

　投げ上げの角度が斜めというのもよくあるフォールトの1つである。投げ上げる角度は，図8-6左でCとBは許容範囲内，AとDは許容範囲外，図の右でBは許容範囲内で，Aは許容範囲外となっている。

●4…紛らわしいサービス

　ボールが16cm以上，上がっているかどうか紛らわしいサービスを出したとする。それに対して，審判員は，「レット」を宣告して，そのサービスに対して注意を与える。これは，マッチに1回と定められている。同じ選手が，台上で打球したかもしれないような紛らわしいサービスを出したとしたら，審判員は，「フォールト」と宣告し，相手に1ポイント与える。どんな種類の紛らわしさも注意は1度だけで，どんな種類の紛らわしいサービスも2度目からは，「フォールト」となる。

　また，明らかに違反サービスの場合は，即「フォールト」を宣告する。1回目の違反サービスは，「レット」で，2回目から「フォールト」になるという勘違いをする場合があるが，そうではないので注意すること。

5. アドバイスのルール

●1…アドバイスルールの基礎知識

1 アドバイスルールの概要

　アドバイスルールの改定（平成9年1月1日）に伴い，「競技者は，それによって競技が遅れさえしなければ，ラリー中を除いていつでもアドバイスを受けることができる。アドバイスを与えられることを認められた者であっても，違法にアドバイスをした場合，主審はイエローカードを掲げ，これ以上そのような行為が続けば競技領域から遠ざけられることになる旨，その者に対して警告する。（日本卓球ルール2.5.1.3）」となった。ただし，「高校生以下の大会では，競技者は，ゲームとゲームの間の休息時間，あるいは認められた競技の中断時間にのみアドバイスをする受けることができるが，練習時間終了時とマッチ開始の間はアドバイスを受けることはできない。（日本卓球ルール2.5.1.3.1）」となっている。

　高校生以下の選手が一般の試合に出場する場合は，その大会に適用されるアドバイスルールに従うことになる。

2 アドバイスルール（高校生以下の大会）のまとめ

①個人戦の場合は，試合開始前に申請された1名のアドバイザーからのみアドバイスを受けることができる。
②団体戦の場合はベンチにいることを認められた誰からでもアドバイスを受けることができる。
③競技者は認められた時間のみアドバイスを受けることができる。（上記ルール2.5.1.3.1を参照）
④認められたアドバイザーや，団体戦のメンバーであっても，認められた時間以外にアドバイスを行っ

た場合，イエローカードによって警告される。

⑤個人戦では，警告を受けたアドバイザーが再び違反のアドバイスを送った場合，レッドカードで競技領域から遠ざけられ，試合終了まで復帰はできない。遠ざけられたアドバイザーに替わって別のアドバイザーがベンチに入ることもできない。

⑥団体戦では，最初の警告はベンチの全員に出されたものと見なされ，先に警告を受けた者かどうかにかかわらず，2度目の該当者が競技領域から遠ざけられる。もし遠ざけられた者が選手であれば，プレーする場合のみ競技領域に戻ることが許されるが，退場したのが監督ならば，その団体戦の間は戻ることができない。また，代わりの誰かを補充することもできない。

❸ アドバイスルールのまとめ

上記の①，②，④，⑤，⑥は共通であり，違っているのは，③だけである。「競技者は，それによって競技が遅れさえしなければ，ラリー中を除いていつでもアドバイスを受けることができる」となっている。

●2…アドバイスルールとコーチング

改定されたアドバイスルールで注意をしなければならないことがある。アドバイスを送る側は，ラリー中にアドバイスを送るとイエローカード，2回目はレッドカードで退場のペナルティーとなるが，アドバイスによって試合の進行が遅れたと判断されると，競技者が遅延行為（バッドマナー）と判断され，イエローカード，2回目はイエロー・レッドカードを提示され，1点失うことである。

また，高校生以下の大会では，従来通りのアドバイスルールとなっている。ジェスチャーによるアドバイスを含め決められた時間以外，例えば，ベンチ近くにボールが来て，取りにきた選手にアドバイスを送るなどは，イエローカードの対象となる。なお，

アドバイスルールを従来通りにしたのは，JTTAの理事会において関係各所からの要請に基づき決定されたもので，自ら考えて試合ができる選手に育てたいという意図がある。

6. バッドマナーのルール

●1…バッドマナーと罰則

相手競技者に不当な影響を与えたり，観客に不快感を与えたり，ゲームの評判を落とすような態度（表8-4）は慎まなければならない。バッドマナーを行った場合には以下のように罰則が下される。

❶ 競技者の場合

①最初のバッドマナーについてはイエローカードで警告される。

②競技者の2度目のバッドマナーの場合，相手競技者に1ポイントが与えられる。

③3度目は，相手に2ポイントが与えられる（2ポイントのうち1ポイントでゲームが終了する場合，残りの1ポイントは次のゲームに持ち越され，次のゲームは0－1から始まることになる。ただし，マッチが終了する場合は，それ以上はもち越さない）。

④合計で3ポイントのペナルティーが科せられた後，さらに違反行為が続く場合，競技は中断，審判長に報告され，失格の判断が行われる。

❷ 監督・アドバイザーの場合

①1度目の違反はイエローカードで警告される。

②2度目の違反を行った場合，レッドカードが提示され，試合が終了するまで競技領域から遠ざけられる。

表8—4　バッドマナーの例

○大声で叫ぶ
　⇒歓喜（感染症対策以外は通常問題にされない）なのか，また相手に対する威嚇・罵声なのかで対応が異なる。競技者だけでなく，団体戦の場合，ベンチに控えている競技者も対象となる。
○汚い言葉を使う
○準備ができているのにプレーを始めない，必要以上にボールをゆっくり取りにいく，ゲーム間の休憩やタイムアウトが終了してもテーブルにつかない，タオル休憩のとき汗を拭く以外の行為に時間を割く，アドバイスを聞くためにプレーを始めないなど，試合の継続性を阻害する行為（遅延行為）
○故意にボールをつぶす，ボールを蹴り出す，卓球台やフェンス等の器具を蹴る，ラケットで卓球台を叩く，ラケットを投げつける（用具に対する破壊的行為）
○ボールを競技領域外に打ち出す
○つばを吐く
○競技役員の指示を無視する
○審判員へ執拗に抗議する
○勝手にカウントを変える

表8—5　失格処分・出場資格取り消し処分になる例

○損傷のないラケットの無断交換
○ラケットの不正改造
○名前を偽っての出場
○ゲーム中の暴力行為

③ 競技者，監督，アドバイザーの重大なバッドマナーまたは重大な違反の場合

　主審は競技を中断し，審判長に報告する。審判長は，事実を確認し，レッドカードを提示して，その行為が最初でも，表8-5のような場合は，失格処分・出場資格取り消し処分になる場合もある。

④ ペナルティーの持ち越しと累積

①団体戦における個人のペナルティーは，その団体戦の間引き継がれ，累積されることに注意が必要である。団体戦の1番にダブルスがおかれている（日本卓球ルール2.10.5.4.1.1）場合を例に説明する。

・1番のダブルス（B・C）でBが1ゲーム目に遅延行為でイエローカードを出された。
・3ゲーム目で今度はCがフェンスを蹴った場合，このダブルスペアは1点失うことになる。ダブル

スのペアは，一体と見なされるからである。
・5ゲーム目でBが遅延行為を犯した場合，このペアは，2点失うことになる。
・団体戦3番のシングルスの試合を迎えるCは，ダブルスでフェンスを蹴ってペナルティーを受けているので，イエローカードを受けた状態でシングルスの試合が開始される。
・そのシングルスの試合で，Cは相手を罵倒してペナルティーを受けた場合，2つめのペナルティーとしてイエロー・レッドで1点相手に与えることになる。
・団体戦5番のシングルスで，Bはダブルスで2つのペナルティーを受けているので，その状態で試合を開始することになる。
・Bがその試合で，遅延行為を犯したとすると，イエロー・レッドで2点を相手に与えることになる。表8-6に例を示す。

●2…バッドマナーとコーチング

　バッドマナーを防ぐためには，日常の練習や試合のときから指導していくことが大切である。

表8—6　団体戦でのペナルティーの累積

試合番号	競技者	ペナルティーの対象となる行為		受けたペナルティーと試合開始時
		B選手	C選手	
1	ダブルス	遅延行為	—	イエローカード
		遅延行為	相手を罵倒	ペナルティーポイント1＋2
2	—	—	—	
3	C選手	—	フェンスを蹴る	（イエローカードで試合開始） ペナルティー1点
4	—	—	—	
5	B選手	遅延行為	—	（ペナルティー1点で試合開始） ペナルティー2点

　ある地方の試合会場で，こんなコーチの言葉に遭遇したことがある。「押されてきたら，タオル休憩のときにゆっくり時間をとって落ち着いてから始めろ」。試合に押されてくると焦ってしまって，何も考えられなくなる選手がいるので，窮余の一策なのだろうが，こんなところにもバッドマナーを生む素地があるのだと考えさせられる。もしかするとそのコーチは，遅延行為になるのだということを知らなかったのかもしれないが，その指導者に教えられた選手は，どの試合でも教えられた通りに遅延行為を重ねていき，大切な大きな大会で，いきなりイエローカードを出されてうろたえてしまうだろう。

　別の大会では，団体戦で，相手のミスをはやし立てたり，相手の選手を揶揄したり，見ていて心が痛むような行為があった。相手をリスペクトする気持ちの欠如は，上から目線の練習態度につながり，相手を嫌な気持ちにさせる。また，試合で相手を罵倒したり，威嚇したりというバッドマナーを生み，自制することができずテーブルを蹴る，ラケットをフェンスに向かって投げつけるなどの行為へと走るケースもある。

　このような傾向が出てきたときには，きちんと向き合い，早く対処する必要がある。成長過程の選手たちをどのように育てていくか，という指導者としての手腕が問われるところである。

●3…試合中のマナー

　卓球を始める年齢は，だんだん早くなる傾向にある。近年ではバンビの部に幼稚園児が参加することも珍しくない。低年齢であればあるほど，言葉というよりは習慣によって，行動を根づかせていくことになる。そこで指導者は，卓球技術を教えるとともに，試合をする上でのマナーもしっかりと日常の練習の中で教えることが大切で，もしそれを怠ると大会中に思わず普段の練習場での態度が出て，マナーに反する行為をしてしまうことがある。

　ホープス・カブ・バンビの大会で，試合中に負けてくるとボールをフェンスにぶつける，フェンスを蹴飛ばす，リードされると泣き出す，レシーブの体勢に入らない，などの態度をとる選手がいた。また，ベンチのアドバイザーにも，選手がベンチ近くにボールを拾いに行くと，ジェスチャーまたは小声でアドバイスをしたり，相手選手のサービスが上がっていないと，立ち上がって大声で主審に告げたりする人がいたこともあった。またあるときは，選手のアドバイザー同士が，お互いに相手選手のサービスに関して試合中に言い争いを始めたこともあった。

これまで述べてきたように，選手のバッドマナーには主審から注意が与えられ，次にはペナルティーが与えられ失点につながる。またベンチから2回目の違反アドバイスがあると，アドバイザーに退場処分が課せられる。ある試合ではアドバイザーが退場させられ不安に思ったのだろう，選手が泣き出して試合に入れなかったこともあった。

こうしたことは，小さな子どもに限ったことではない。小学校高学年，また一般の選手になっても，タイムをコールされてもすぐにベンチから試合コートに戻らない，負けたゲームの後にラケットをコート上に放り投げる，などの行為が見られることがある。

技術指導に加えて，卓球のルールを十分に理解して選手にマナーを教えることは，指導者の役目である。また指導者自身も，ベンチにいるときはマナーを守って，選手から信頼される冷静なアドバイザーとなるようにしたい。

7. 抗議のルール

●1…ルール上で抗議ができる場合

ルール上の抗議について，基礎知識として知っておかなければならないことは，「主審または副審等の事実の判定に対し，審判長に抗議することはできない。（日本卓球ルール2.3.3.2）」ということに加えて，「主審または副審等によるルール解釈に関して，審判長に抗議することができる。（日本卓球ルール2.3.3.4）」ことである。

サービスのジャッジやエッジボールかサイドか，ダブルスのサービスがセンターラインより右に触れたか左に触れたかなどを抗議している姿を目にする

が，これはルール上，できないことになっている。上の条文（2.3.3.2）から，審判員に事実の判定に関して抗議することはできないということである。

それでは，何に対して誰に抗議ができるのかというと，上の条文（2.3.3.4）から審判員の判定がルールの解釈を間違えている場合，審判長に抗議することができるということである。

●2…具体的なケース

例えば，ボールをのせた手の指がテーブルにかかっていたという理由で，フォールトを宣告されたケースがあった。また，ラリーが終了し，サーバーが構えたときに「ストップ」がかかり，前のラリーのサーバーが順番と違うので，前のラリーは，「レット」とするという判定があったこともある。さらに，世界選手権でも，次のようなことがあった。ダブルスの試合中，ラリーが終わり，審判員がポイントコールをした後，相手選手から，そのラリーのときのサーバーが違うというアピールが行われた。審判員はそれを認め，ポイントがサービスを間違えた側に入っていたので，そのポイントを破棄してレシーブ側に入れた。

この3つの判定は，ルールの解釈が間違っている。

最初のケースの場合，ボールがテーブルの上にあればフォールトだが，指がかかっただけでは問題ない。第2の場合，既に終了してしまったラリーについては，ポイントはそのままで，正しいサーバーのサービスで次のラリーを始めることになる。第3の例の場合，既に終了したポイントはそのままで，正しいサーバーで，次のラリーが始まる。

これが，団体戦の試合中に起こったとすれば，監督は，誰にどう抗議することになるだろうか。また，それらが個人戦のときに起こったとすれば，選手にそのすべがあるだろうか。残念ながら世界選手権での誤った訂正は，正されることなく終わった。

理想としては指導者が審判員の資格をもつことが望ましいが，審判員資格までとはいかなくてもルールに精通し，ルールの実践的な理解があると，何かあった場合にその場で指導することができるので，指導としては大変効果的である。近くに審判員資格をもった，できるだけ経験の豊かな審判員を探して，定期的にルールについて話をしてもらうと，理解が深まり，どのようなことが起こったとき，どのように行動すればよいかが，理解しやすいだろう。

●3…ビデオ判定と抗議

ITTFのルール変更に伴い，日本卓球ルールにビデオ判定がルール化された（2022年6月1日改定）。試験採用と検証を進めながら実用化に向けて動き出している。競技者が，主審を通して，ビデオ判定役員に抗議することになっていて，ビデオ判定役員の判定は最終的なものとなる。

本書の刊行時点では，自分が行った行為，自分の得点，失点に関わることに対してビデオ判定を要求することができることになっている。相手のサービスにビデオ判定を求めることはできないとされている。詳細はこれからとなるが，このビデオ判定は，抗議に関して大きな変更になる。

8. その他注意すべきルール

●1…促進ルール

促進ルールは，マッチが長時間に及ぶのを防止する目的で定められており，以下の要領で実施される。

1 促進ルールが適用される場合

ゲーム開始10分経過時点で，両方の競技者または組のポイントが合計18ポイント未満の場合，促進ルールが適用される。18ポイント以上の場合は適用されない（10対9，9対9，10対8以上の場合等）。

⇒次の場合は時間の計測が中断され，10分の経過時間には含まれない。

・破損したボールを取り替える場合や誤って破損したラケットを取り替える時間。
・競技者が負傷し，ゲームが中断した時間。
・プレー領域以外に飛び出したボールの回収に要した時間。
・タイムアウト経過時間。
・6本ごとのタオル使用のための中断時間。

2 再開時のサーバー

規定の時間になったとき，ラリー中であった場合，再開時の最初のサーバーは，そのラリーのサーバーであり，時間になったときラリー中でなかった場合，直前のラリーでレシーブした競技者が最初のサーバーで再開される。

3 サービスの交替

以降，ゲームが終了するまで，競技者はサービスを1ポイントごとに交替する。

4 13回のリターンに成功

レシーバー側が13回のリターンに成功した場合，レシーバー側に1ポイントが与えられる。

5 促進ルール適用後の残りゲーム

そのマッチの残りのゲームはすべて促進ルールで行われる。

⇒各ゲームの最初のサーバーは，通常と同じ，試合の開始時に決められた順序で行われる。

6 両方の競技者または組から要請があった場合

10分に到達する前でも，両方の競技者または組から要請があった場合，促進ルールは適用できる。もし，ゲーム開始時に両者が合意できていれば，最初から促進ルールで競技することができる。

●2…プレーの継続性

　競技は以下の場合を除き，継続的にプレーを行うことが求められている（日本卓球ルール2.4.4.1）。

1 個人戦で認められている休憩

・ゲームとゲームの間の1分以内の休憩。

・各ゲームの開始から，6ポイントごと，およびマッチの勝敗を決定する最終ゲームのエンド交替時でタオル使用のための短い休憩。

2 タイムアウト

　個人戦の1マッチにおける1分以内の「タイムアウト」を取得する場合。

3 団体戦で同じ競技者が連続して
　　試合を行う場合

　団体戦において，同じ競技者が連続して試合を行う場合，試合と試合との間に取ることのできる5分までの休憩。

⇒プレーの継続性の目的は，意図的な時間のロスを防ぐことであり，中断は最小限でなければならず，以下の行為は遅延行為として，警告の対象となる。

　・サービスの前に何回もボールをバウンドさせる。

　・なかなかサービス・レシーブの構えに入らない。

　・ダブルスパートナーとの長い相談。

　・タオルを使用するとき，汗を拭く以外の行為を行う（タオル休憩を作戦タイムとして使ってはいけない）。

4 事故による競技不能

　競技者が事故によって一時的に競技不能となった場合，審判長判断によって10分を超えない範囲の中断が認められる。

⇒転倒による負傷等，マッチ開始時に予測できなかった偶発事故に対して適用される。

5 競技領域内での出血

　競技領域内で誰かが出血したときには，治療の終了と，血が拭き取られるまで試合は再開できない。

⇒出血があったら必ず中断となるが，治療のための

中断で，休憩目的のものではない。

6 緊急中断中の練習

　正規の休憩時間帯には練習は許可されない。

⇒緊急中断の間は，審判長の許可が出た場合，審判長の指定するコートで練習することが可能である。

7 中断が許可されない場合

　以下の場合には，中断は許可されない。

　・マッチ前に存在した障害や健康状態の悪化。

　・競技の進行からくる痙攣(けいれん)や疲労による障害。

⇒競技中の痙攣に対して，競技を中断してスプレー等による治療等を行うことはできない。ゲーム間の休憩かタイムアウトしか方法はない。

⇒試合を進めている中での痙攣や疲労による障害（足がつる，筋肉痛がひどくなるなど）は，緊急中断の対象にはならない。

8 中断中（ゲーム間の休憩時，タイムアウト中
　　の場合）の居場所

　競技者は試合中に競技領域内または付近にとどまらなければならない。休憩時間，タイムアウトの際には主審の監督下において競技領域の3m以内と定められている。

⇒3m以内とは，ベンチ付近を目安としており，ゲーム間の休憩時間にベンチで休むことができる。アドバイスを受けることもできる。

⇒ラリー中にボールを追いかけフェンスを越えて競技領域外から打球することは，競技領域付近と解釈される範囲であれば認められる。

⇒特別な理由（着替えなど）と審判長が認めた場合は，競技役員が付き添うことによって競技領域から離れることができる。

●3…タイムアウト

　タイムアウトについては，以下のように定められている。

❶ タイムアウトをとることができる回数

　競技者または組は，個人戦の1マッチにおいて，1分以内のタイムアウト（競技の中断）を1回要求できる。

❷ タイムアウトの示し方

タイムアウトを要求する者は，主審に手で"T"を示す。

⇒主審が気づかない場合は，声を掛けるなどして，意思を明確に伝えること。

❸ タイムアウトを要求できる人

　タイムアウトは，個人戦では，競技者と試合前に指名されたアドバイザー，団体戦では監督と競技者が要求することができる。

⇒競技者とベンチの意思が異なっている場合，個人戦は競技者の意思が優先され，団体戦は監督の意思が優先される。ダブルスの場合，どちらかの競技者が意思表示をすれば組の意思と考える。

❹ タイムアウトを要求できるタイミング

　タイムアウトは，ゲーム中のラリーとラリーの間に要求することができる。

⇒練習終了から試合開始までの間や，ゲーム終了から開始までの間に要求することはできない。

❺ タイムアウトからの競技再開

　タイムアウトを要求した競技者または組が時間前に競技を再開することを申し出たとき，または1分を経過したとき，競技を再開する。

⇒主審がタイムアウトを確認した時点で計時が始まり，アドバイスを受ける時間が正味1分ではなく，競技を中断する時間が1分である。

⇒1分経過してもまだ選手がコートに戻っていないとき，主審から「タイム」がコールされる。これは競技開始の催促であり，それでもなおベンチから離れようとしていない場合には，遅延行為と見なされイエローカードの対象となる。

❻ 同時にタイムアウトを要求した場合

両競技者または組が同時にタイムアウトを要求した場合，一方の競技者または組が早く準備できていても，もう一方の競技者または組が準備できていなければ，規定時間までタイムアウト時間が認められる。

❼ 連続してタイムアウトを要求した場合

　タイムアウトは，ゲーム中のラリーとラリーの間に要求できる。タイムアウト終了直後にラリーを開始することなく，もう一方がタイムアウトを続けて要求した場合には，連続取得することが可能である。

❽ タイムアウトを大会で適用しない場合

　競技会を主催する団体は，事前に大会要項などで参加者に知らせることによって適用除外とすることができる。

⇒タイムアウト制の導入は主催者が選択できることになっている。

● 4…横幕，応援旗

　競技領域に掲げる旗などの規定は以下の通りとなっている。

❶ 横幕

　最大タテ1m，ヨコ4m。文字の高さ15cm以上25cm以内のクラブ名（卓球部名）を入れる。

❷ 校旗または部旗

　タテ1.5m，ヨコ2m。校章，社章またはシンボルマークを中央に入れる。さらにタテかヨコ表示のクラブ名（卓球部名）を入れる。

❸ 縦幕

原則として許可しない。

⇒大会の趣旨により，上記規定が変更される場合がある。応援旗・掲示物は組織委員会の指示に従って掲示しなければならない。

⇒掲示する場所は，大会によって決められることが多く，大会組織委員会または会場係に確認してから掲示すること。

⇒撤去については，旗は原則最終日まで掲示できる

が，横幕は，チームの試合が終わるまでとすることが多い。正式には大会組織委員会が判断することになっている。

●5…リーグ戦の記録と結果

大会によっては，予選リーグの後，決勝トーナメントという形式で行われることもあるので，基礎的な知識はもっておかなければならない。リーグ戦を戦っていて，ここで勝てばどうなるか，ここで負ければどうなるかという見通しをもって戦うことができれば，戦い方の参考になる。

◼ リーグ戦の順位の計算

リーグ戦の順位を決定する際の計算例がルールブックに示されている（『ルールブック』付録2参照）。
⇒順位決定の手順は，(1)試合得点を計算する（勝ち2点，負け1点，棄権勝ち2点，棄権負け0点），(2)順位が確定した選手を除き，同点の選手だけを抜き出す。どの段階でも同点の選手が2名のとき，勝者が上位で決定。同点が3名以上の場合，勝ち点を計算する。ここまでを繰り返す。(3)勝ち点計算で，抜き出した選手の勝ち点が全員同じなら，得失ゲーム率（勝ちゲーム／負けゲーム）を計算して順位を決める。さらに同率なら得失点率（得点／失点）で決め，さらに同率なら，くじで決める。団体戦では，得失マッチ率，得失ゲーム率，得失点率となっていく。

◼ 棄権のときの記録

棄権のときの記録の取り扱いに関してルールブックに示されている（『ルールブック』付録4参照）。

◼ 団体戦で欠員が出たとき

団体戦の出場選手に欠員が生じ，開催要項に記載された参加が認められる最低人数を満たせなくなった場合，原則として試合を行うことはできない。
⇒大会の開催主旨によって救済措置が取られることがあるので，主催者発表の大会要項を確認の上，

審判長に申し出る。
⇒リーグ戦の競技者が，マッチ終了後に何らかの理由で負けとなった場合，不戦敗（得点0）として記録される。ラケット検査等で，ルール違反があった場合に適用となる。

●6…団体戦のガイドライン

団体戦では，オーダーミスの処理が時々出て来ることがある。そのようなときに指針となるのが，「団体戦のガイドライン」である。試合中にオーダーミスに気づいた場合，オーダー交換した後で試合開始前にミスに気づいた場合，試合終了後にミスに気づいた場合，などの処理を細かく規定してある。監督をする上では，一読しておかなければならないものである（ルールブックの付録3を参照）。

●7…ラージボール卓球ルール

ラージボール卓球ルールは，レクリエーションのための卓球として普及してきたが，2018年に改革され，従来の「レクリエーションルール」を残し，新たに「競技大会ルール」を新設した。「競技大会ルール」は，日本卓球ルールに近く，いくつかの点を除いて同じになった。

◼ レクリエーションルールの特徴
❶ ボール
直径44mm，重さ2.2〜2.4g，オレンジ色。
❷ テーブルとネットの高さ
JTTA公認のテーブル，ネットの高さ17.25cm。
❸ ラケット
ラバーで使用できるのは，表ソフトラバー（ツブ高，一枚ラバーは不可）。ラケット両面にラバーを貼る場合あるいは片面だけにラバーを貼る場合でも片方は明るい色，他方は黒とする。木質部分も着色する。

④ 服装

JTTAが主催または主管する大会では，JTTA公認のシャツおよびショーツが望ましい。色はボールの色に関係なく任意。ダブルスペア，団体戦メンバーの服装の組み合わせは任意。

⑤ 競技方法

１マッチ（試合）は３ゲーム。１ゲームの勝敗は，11ポイント先取。両者のポイントスコアが10対10以降，２ポイントリードした方が勝ちとなるが，12対12になった場合は，13ポイントになった方の勝ち。

⑥ 練習および休憩時間

マッチ開始前の練習時間，ゲームとゲームとの間の休憩時間は，いずれも１分以内。

⑦ サービス

投げ上げる高さは任意（頂点が確認でき，落下するのが確認できる高さが必要）。

⑧ 促進ルール

ゲーム開始後８分経過した時点で，両者の得点合計が18ポイント未満のとき適用される。それ以前に両競技者または組から要請があった場合，その時点から促進ルールが適用される。

2 競技大会ルールとレクリエーションルールや日本卓球ルールとの主な相違点

ラージボールの基本ルールはレクリエーションルールと同じである。上記の①，②，③，⑥，⑧は同じなので，以下④，⑤，⑦，⑨についてのみ示す。

④ 服装

日本卓球ルールと同じだが，ボールの色（オレンジ）が違う。また，ダブルスのペア，団体戦のメンバーの服装の組合せは，任意である。

⑤ 競技方法

12対12で13ポイント先取方式がなく，日本卓球ルールと同じである。

⑦ サービス

サービスの構えに入り，２～３秒静止する。16cm以上投げ上げる。

⑨ タイムアウト

ルール化されていない。

9. 審判の方法

●1…審判の役割

JTTAにはルール・審判委員会があり，競技会の円滑な遂行と正しい判定と迅速かつ公平，公正な競技や審判ができるように，ルールの周知徹底，普及，公認審判員養成などを行っている。選手はルールに基づいてプレーし，審判はルールに基づき公平・公正に判定を下さなければならない。

そのため本章の最初の部分で解説した「ルールの基礎知識」「試合における関連ルール」は，選手と審判員の両者が知っておくべき不可欠な知識であり，さらに審判員は，ルールの理解と同時に，それをどのように適用して選手や観衆が納得する判定を下せるかが重要な鍵となる。

大きな大会や競技会では，必ず審判員資格を取得した公認審判員があたることになっているが，地区大会などでは公認審判員の数が不足し，相互審判や敗者審判が当たり前になってきている現状がある。それ故に，ルールを知らない，あるいは誤解しているために起こる試合中のトラブルが多く，JTTAにそのようなときの対処の仕方に関する問い合わせを受けることがある。そうした場合，何かトラブルがあったときは，審判長を呼び，裁定してもらうようにすることを勧めている。

しかし，トラブルになったときには審判長に裁定してもらえても，何の疑問もなくルールに反したことが行われてしまっては，どうすることもできないのが現状である。そのために，ここまで様々なルー

ルについて解説してきた。

以下では，相互審判や敗者審判の場合を念頭に，審判員になったとき，どんなことをすればよいかという概略を簡単に述べておきたい。これまでのルールの解説とあわせて参考にしていただきたい。

●2…審判にあたって

審判を行うに際しておさえておきたい事項は，以下の通りである。
①審判員は，大会規定やルールを熟知し，スムーズな進行と公平な判定ができることが求められる。
②各試合は主審と副審の2名が協力して行う（主審と副審の役割と権限は表8-1参照）。
③主審はその試合を管理し，競技開始から終了まで，試合を継続的に進め，判定をジェスチャー（図8-6）とコール（表8-7）で宣告する。
④副審は，主審の反対側に位置して主審を補佐し，決められた権限の範囲内で判定を下す。

●3…競技（マッチ）の開始と進め方

競技開始の手順は，以下の通りである。
①主審は競技者の氏名，所属を，対戦表をもとに点

検する。また，服装等を点検する。
②使用するラケットの公認マークや商標，ラバーを確認する。
③ジャンケンをさせ，サービスかレシーブか，エンドの選択かを決めさせる。
④競技開始前の2分間の練習をさせる。

●4…プレーの進行と判定

競技開始後のプレーの進行と判定において気を付けるべきことを以下にまとめる。
①副審の「タイム」のコールで練習を止めさせ，「ラヴ・オール」のコールでゲームを開始させる（詳しい用語は表8-7を参照）。
②主審・副審は，サービスが正しく行われ，正しいリターンでラリーされているかを常に確認する。
③サービスやラリーがレットの場合は，手を高く上げて，「レット」とコールして，もう一度やり直しをさせる。
④ポイントが決まったら，その判定を合図とポイントコールで宣告する。

サーバーを示す

レット，ストップ，タイム

ポイント，フォールト

図8—6　審判員のジェスチャー

表8－7　審判のコール

状況	コールなど
競技開始前規定の練習時間が終わったとき	「タイム」
競技を開始するとき（Aがサービスで始まる）	「○○・ヴァーサス・○○，ファーストゲイム，A トゥ サーヴ，ラヴ オール」
最初にサーバーが得点したとき（1対0）	「ワン・ラヴ」
得点が同点になったとき（2対2）	「ツー・オール」
サービスを交替するとき	ジェスチャーで示す
ゲームが終了したとき（11対9でAの勝ち）	「11-9，ゲイム トゥ A」
第2ゲームに入るとき（Bがサービス）	「セカンドゲイム，B トゥ　サーヴ，ラヴ　オール」
両者の得点が10対10になったとき	「テン・オール」※「デュース」は使わない
レットのとき	「レット」，その後得点を再コール
正規のサービス動作が行われなかったとき	「フォールト」
ボールがエッジに接触したとき	触れたエッジを指さす
ボールがサイドに接触したとき	主審はポイント，副審は手を高く上げてサイド
競技を中断するとき	「ストップ」
促進ルール導入のため競技を中断するとき	「タイム」
試合（マッチ）が終了したとき	「11-9・ゲイム・アンド・マッチ・トゥ・A」

※英語的な読み方に慣れていない場合は，従来の「バーサス」「サーブ」などでもよい（ルールブック付録1）。

●5…審判の練習

　試合で審判をつとめるには，練習が欠かせない。常にとっさの判断とそれに伴う動作，宣告の連続で，慣れていないとできないことが多い。チーム内での試合や練習試合などで，指導を受けながら経験するとすぐに上達することができる。相互審判・敗者審判の時のトラブルを避けるためにも，誰もがいつでも審判ができるようになっておくことも重要なことである。

●付録１：公認卓球コーチ資格取得の概要

※以下の内容は2023年8月現在

■公認卓球コーチ１

◇◇養成目的　　地域スポーツクラブ・スポーツ少年団・学校部活動等でのコーチングスタッフとして，基礎的な知識・技能に基づき，安全で効果的な活動を提供する指導者を養成する。クラブやサークルにおいて，初心者や子どもたちを対象に卓球競技の基礎的実技指導にあたる指導者を養成する。

◇◇役割　　　　卓球競技の基礎的な知識・技術に基づき，発育発達段階や対象者の目的に応じた適切な指導を行う。

◇◇受講条件　　（公財）日本卓球協会登録会員であり，受講年度の４月１日現在満18歳以上で，スポーツクラブ等において卓球競技の指導にあたっている者，もしくはこれから指導者になろうとする者

◇◇受講時間数　共通科目Ⅰ（45h），専門科目コーチ１（20h）

◇◇受講料　　　共通科目：15,400円（税込），リファレンスブック代：3,300円（税込）

　　　　　　　　専門科目：15,400円（税込），テキスト（『卓球基礎コーチング教本』）代　1,870円（税込）

◇◇登録料（４年間）　15,000円（初回登録時のみ別途3,300円）

◇◇更新の条件　スタートコーチ欄の記載に同じ

区分	No.	カリキュラム内容 科目		時間数 集合	その他	計
① 基礎理論	①	卓球の現状（親子・スポ少・クラブ・学校・実業団・プロ・ラージ）		1.00 h	1.00 h	2.00 h
	②	コーチの役割		0.50 h	0.00 h	0.50 h
	③	指導現場におけるハラスメント対策		1.00 h	0.50 h	1.50 h
	④	安全対策（年代別・熱中症・感染症）		1.00 h	1.00 h	2.00 h
	⑤	卓球の特性（用具とグリップを含む）		1.00 h	0.50 h	1.50 h
	⑥	ゲームとルール		1.00 h	0.50 h	1.50 h
	⑦	フェアプレイとスポーツマンシップ		1.00 h	0.00 h	1.00 h
	⑧	スポーツインテグリティ・コンプライアンスの確保		1.00 h	0.00 h	1.00 h
		小　計		7.50 h	3.50 h	11.00 h
② 卓球技術	①	トレーニングとコンディショニング		0.50 h	0.00 h	0.50 h
	②	基本姿勢（攻撃型・守備型）		0.50 h	0.00 h	0.50 h
	③	サービスとレシーブ		0.50 h	0.00 h	0.50 h
	④	フォアハンド打法		0.50 h	0.00 h	0.50 h
	⑤	バックハンド打法		0.50 h	0.00 h	0.50 h
	⑥	ツッツキ・ブロック・カット		1.00 h	0.00 h	1.00 h
	⑦	台上処理（台上の技術）		0.50 h	0.00 h	0.50 h
	⑧	初心者の練習方法（フットワーク含む）		1.00 h	0.00 h	1.00 h
		小　計		5.00 h	0.00 h	5.00 h
③ 指導演習	①	多球練習		1.00 h	0.00 h	1.00 h
	②	個人の指導・集団の指導		1.00 h	0.00 h	1.00 h
	③	対象に応じた指導法（発育発達に応じた）		1.00 h	0.00 h	1.00 h
	④	指導計画の立案・実施・評価		0.50 h	0.50 h	1.00 h
		小　計		3.50 h	0.50 h	4.00 h
				16.00 h	4.00 h	20.00 h

■公認卓球コーチ2

◇◇養成目的　地域スポーツクラブ・スポーツ少年団・学校部活動等での監督や責任者として，安全で効果的な活動や競技力向上を目指す指導を行うとともに，コーチ1までの養成講習会講師等を務めることのできる指導者を養成する。

◇◇役割　地域スポーツクラブ・スポーツ少年団・学校部活動等での企画・運営の中心として指導を行う。また，国民スポーツ大会における都道府県代表監督を務めることができる。

◇◇受講条件　(公財)日本卓球協会登録会員であり，受講年度の4月1日現在満22歳以上で，次のいずれかの条件を満たす者　①コーチ1を取得済みの者　②スタートコーチを取得して3年以上の指導経験を有する者　③国民スポーツ大会監督を務めるに足る指導力と経験を有し，都道府県協会（連盟）会長が特に推薦する者

◇◇受講時間数　共通科目Ⅱ（135h），専門科目コーチ2（40h）

◇◇受講料　共通科目：　17,600円（税込），リファレンスブック代：3,300円（税込）
　　　　　　専門科目：　15,400円（税込），テキスト代（『卓球コーチング教本 改訂版』）3,080円（税込）

◇◇登録料（4年間）　15,000円（初回登録時のみ別途3,300円）

◇◇更新の条件　スタートコーチ欄の記載に同じ

区分	No.	カリキュラム内容 科目	集合	その他	計
① 基礎理論	①	地域における卓球クラブの現状と運営上の諸問題（スポ少・クラブ・学校・実業団・プロ・ラージ等）	1.00 h	0.00 h	1.00 h
	②	コーチの役割とハラスメントの防止	1.00 h	0.00 h	1.00 h
	③	年齢に応じた安全対策（怪我・熱中症・感染症）	1.00 h	0.00 h	1.00 h
	④	スポーツ障害と応急手当	1.00 h	0.00 h	1.00 h
	⑤	国内大会の変遷と現状	1.00 h	0.00 h	1.00 h
	⑥	国民スポーツ大会（旧国体）卓球競技の現状	1.00 h	0.00 h	1.00 h
	⑦	ゲームとルール（ベンチコーチに関して）	1.00 h	1.00 h	2.00 h
	⑧	スポーツコンプライアンス・インテグリティの確保	1.00 h	1.00 h	2.00 h
	⑨	体力トレーニング	1.00 h	0.00 h	1.00 h
		小　計	9.00 h	2.00 h	11.00 h
② 卓球技術（実技含む）	①	ウォーミングアップとクールダウン（事故防止，競技力向上の観点から）	0.50 h	0.00 h	0.50 h
	②	コーディネーショントレーニング	0.50 h	0.00 h	0.50 h
	③	中級者のための基本技術（サービスとレシーブ含む）	2.00 h	0.00 h	2.00 h
	④	中級者のための応用技術（多球練習含む）	2.00 h	0.00 h	2.00 h
		小　計	5.00 h	0.00 h	5.00 h
③ 指導演習	①	個人の指導・集団の指導	1.00 h	0.00 h	1.00 h
	②	対象に応じた指導方法（年齢や目的等）	1.00 h	0.00 h	1.00 h
	③	ベンチコーチの実際（試合当日のアドバイスとタイムアウト）	1.00 h	1.00 h	2.00 h
	④	対象に応じた指導計画の立案・実施・評価	1.00 h	0.00 h	1.00 h
	⑤	関係チームにおける年間練習計画について（後日レポート提出）	0.00 h	3.00 h	3.00 h
	⑥	関係チームにおける週間練習計画について（後日レポート提出）	0.00 h	3.00 h	3.00 h
	⑦	卓球コーチ1養成講習会の企画・立案・留意点	1.00 h	1.00 h	2.00 h
	⑧	障がい者への指導	1.00 h	0.00 h	1.00 h
		小　計	6.00 h	8.00 h	14.00 h
④ 体験実習	①	大会運営の実際（※都道府県大会の運営に参加し，評価レポートを提出）	0.00 h	10.00 h	10.00 h
		小　計	0.00 h	10.00 h	10.00 h
			20.00 h	20.00 h	40.00 h

■公認卓球コーチ3

◇◇養成目的　　　　競技者育成プログラムに基づき，全国レベルの競技者の育成・指導にあたるとともに，コーチ2までの養成講習会の講師等を務めることができる指導者を養成する。

◇◇役割　　　　　　各カテゴリーのトップチームのコーチングスタッフとして，ブロックおよび全国大会レベルのプレーヤー・チームに対して競技力向上を目的としたコーチングを行う。

◇◇受講条件　　　　（公財）日本卓球協会登録会員であり，受講年度の4月1日現在満26歳以上で，次の①〜③いずれかの条件を満たす者
　　　　　　　　　　①コーチ2を取得後，4年以上の指導経験を有する者
　　　　　　　　　　②原則として，10年以上の指導経験を有し，全国大会出場選手を育成した指導者
　　　　　　　　　　③日本代表として，JTTAが派遣した世界選手権レベルの大会に出場経験がある者
　　　　　　　　　　（免除条件については別途定める）

◇◇受講時間数　　　共通科目Ⅲ（150h），専門科目コーチ3（60h）

◇◇受講料　　　　　共通科目：　22,000円（税込），リファレンスブック代：3,300円（税込）
　　　　　　　　　　専門科目：　15,400円（税込），テキスト代（『卓球コーチング教本 改訂版』）3,080円（税込）

◇◇登録料（4年間）　20,000円（初回登録時のみ別途3,300円）

◇◇更新の条件　　　スタートコーチ欄の記載に同じ

区分	No.	科目	集合	その他	計
		カリキュラム内容		**時間数**	
① 基礎理論	①	卓球界の国際的動向と最新情報	1.00 h	0.00 h	1.00 h
	②	卓球競技の歴史的発展論	1.00 h	0.00 h	1.00 h
	③	海外遠征の心得（渡航術・ホテルマネジメント・コロナ対策・海外マナー）	1.00 h	0.00 h	1.00 h
	④	卓球選手のための栄養学	2.00 h	0.00 h	2.00 h
	⑤	対象に応じた指導内容と技術指導	2.00 h	0.00 h	2.00 h
	⑥	科学的分析のコーチングへの応用	2.00 h	0.00 h	2.00 h
	⑦	卓球競技における安全対策	1.00 h	0.00 h	1.00 h
	⑧	ルール・審判法	3.00 h	0.00 h	3.00 h
	⑨	卓球競技におけるメンタルトレーニング	2.00 h	0.00 h	2.00 h
	⑩	スポーツビジョントレーニング	0.50 h	0.00 h	0.50 h
	⑪	コーディネーション・トレーニング	0.50 h	0.00 h	0.50 h
	⑫	指導環境におけるハラスメント対策	1.00 h	1.00 h	2.00 h
	⑬	スポーツコンプライアンス・インティグリティの確保	2.00 h	1.00 h	3.00 h
	⑭	フェアプレイとスポーツマンシップ	1.00 h	0.00 h	1.00 h
	⑮	コーチから選手への言葉かけ	1.00 h	0.00 h	1.00 h
		小　計	21.00 h	2.00 h	23.00 h
② 卓球技術	①	卓球競技のための専門的体力トレーニング	2.00 h	0.00 h	2.00 h
	②	応用技術1	2.00 h	0.00 h	2.00 h
	③	応用技術2	2.00 h	0.00 h	2.00 h
	④	多球練習（上級者）	2.00 h	0.00 h	2.00 h
	⑤	練習効果のための評価（上級者のための）	1.00 h	0.00 h	1.00 h
	⑥	スポーツマッサージ	1.00 h	0.00 h	1.00 h
		小　計	10.00 h	0.00 h	10.00 h
③ 指導演習	①	個人指導	1.00 h	1.00 h	2.00 h
	②	集団指導	1.00 h	1.00 h	2.00 h
	③	対象に応じた指導方法（男女ナショナルチーム報告含む）	2.00 h	1.00 h	3.00 h
	④	指導計画の企画立案（集団・個人・短期・長期）	2.00 h	2.00 h	4.00 h
	⑤	ベンチコーチの実際	1.00 h	1.00 h	2.00 h
	⑥	コーチ1・2養成講習会の企画・立案・留意点	1.00 h	1.00 h	2.00 h
	⑦	障がい者への指導	1.00 h	1.00 h	2.00 h
		小　計	9.00 h	8.00 h	17.00 h
④ 体験実習	①	国民スポーツ大会（ブロック大会・県予選会等）の実際	0.00 h	10.00 h	10.00 h
		※国民スポーツ大会関係大会（県予選会・ブロック・本大会）に出向いて運営又は見学を行い，レポートを提出			
		小　計	0.00 h	10.00 h	10.00 h
			40.00 h	20.00 h	60.00 h

●付録2：資格取得のプロセス・スケジュール

※以下の内容は2023年8月現在

■コーチ1・コーチ2

1月················日本スポーツ協会より都道府県に対して実施希望調査開始

2月················申し込み締め切り(都道府県)

3月················内示交付

4月〜5月末·····個人申し込み受付

　　　　　　　　※申し込み受付期限については6月末日の日本スポーツ協会締め切りまで，都道府県の卓球連盟（連盟）に一任する。

4月〜2月········専門講習会（都道府県卓球協会・連盟にて開催）

　　　　　　　　共通講習会（日本スポーツ協会にて開催）

　　　　　　　　専門講習会開催日程は都道府県にて決定

6月末·············合格者を日本スポーツ協会へ登録

10月················資格取得

■コーチ3

12月················日本スポーツ協会より（公財）日本卓球協会へ実施希望調査開始

2月················(公財) 日本卓球協会より都道府県競技団体に対して受講申し込み調査開始

　　　　　　　　（受講者は都道府県競技団体の推薦内容が必要）

3月················申し込み締め切り

翌年3月···········専門（(公財) 日本卓球協会にて開催)・共通講習会（日本スポーツ協会にて開催）

3月末··············合格発表

6月末··············合格者を日本スポーツ協会へ登録

10月················資格取得

引用・参考文献

第1章

・笹川スポーツ財団（2019）種目別（エクササイズ系と競技系）にみた運動・スポーツ実施状況 その1.［2023年5月8日閲覧］
（https://www.ssf.or.jp/thinktank/sports_life/column/20190123.html）
・吉田和人（監）（2019）基礎データから見た卓球. 日本卓球協会スポーツ医・科学委員会情報担当.

第2章

・菊幸一（2017）スポーツにおける体罰. よくわかるスポーツ倫理学, pp.114-115, ミネルヴァ書房.
・北原保雄編（2021）明鏡国語辞典（第三版）, 大修館書店.
・スポーツ庁（2019）スポーツ団体ガバナンスコード.
（https://www.mext.go.jp/sports/b_menu/sports/mcatetop10/list/1412105.htm）
・スポーツ庁（2019）スポーツ団体ガバナンスコード＜一般スポーツ団体向け＞の適切な周知・運用に向けて.
（https://www.mext.go.jp/sports/b_menu/choukan/detail/1421062.htm）
・日本卓球協会編（2017）勝利をめざす前に大切なことがある。（指導者用）.
・日本スポーツ協会. 処分手続・関連諸規程.
（https://www.japan-sports.or.jp/cleansport/tabid1358.html）
・日本スポーツ協会（2009）指導者のためのスポーツジャーナル　2009年冬号.
・日本スポーツ協会（2022）公認スポーツ指導者処分基準　別表（2022年5月31日付改定）.
（https://www.japan-sports.or.jp/Portals/0/data/boryoku/kyu_kitei/coa_shobun_kijun_beppyou_20220531.pdf）
・日本スポーツ協会（2022）プレーヤーの成長をサポートしながら共にスポーツを楽しむことができる存在。いま「公認スポーツ指導者」が求められるわけとは.
（https://media.japan-sports.or.jp/column/83）
・文部科学省. 学校教育法第11条に規定する児童生徒の懲戒・体罰等に関する参考事例.
（https://www.mext.go.jp/a_menu/shotou/seitoshidou/1331908.htm）
・文部科学省（2018）スポーツ団体のためのコンプライアンス・ハンドブック2018.
（https://www.mext.go.jp/sports/content/1404855_1.pdf）

学習に役立つホームページ

　日本卓球協会の啓発冊子「勝利をめざす前に大切なことがある。」は以下のアドレスよりダウンロードが可能である。指導者用と選手用の2種類がある。

https://jtta.or.jp/news/1465

第3章

・倉木常夫ほか（1995）チャンピオンを目指す卓球，p.74，不昧堂出版.
・榊原浩晃（2002）「卓球」の実技授業改善の試案—学習指導要領の改正に伴う専門科目（教科専門）の授業内容の見直しに向けて—.
　福岡教育大学附属教育実践総合センター編，ファカルティ・デベロップメント研究報告書(3)，第1分冊：pp.99-108.
・水野哲也・山本裕二編著（2008）考えて強くなるソフトテニス・トータルデザイン，p.211，大修館書店.
・日本卓球協会編（1990）卓球指導教本，大修館書店.
・日本卓球協会編（2017）卓球基礎コーチング教本，大修館書店.
・日本卓球協会．公認卓球コーチ資格概要.
・日本パラスポーツ協会．公認パラスポーツ指導者.
　(https://www.parasports.or.jp/leader/index.html)

学習に役立つホームページ

　障がいのある人の卓球について，さらに深く知るために以下のホームページが参考になる。

・日本肢体不自由者卓球協会

https://jptta.or.jp/　

・日本肢体不自由者卓球協会／パラ卓球　フィジカルトレーニング講座2021に紹介された動きの一部

https://www.youtube.com/playlist?list=PLVsvuVxiDEiHEPC9t2kIQUPKiRRtJF74x　

・日本褥瘡学会／褥瘡の予防について

https://www.jspu.org/general/prevention/　

・日本知的障がい者卓球連盟

http://jttf-fid.org/　

・日本パラスポーツ協会

https://www.parasports.or.jp/paralympic/　

・日本ろうあ者卓球協会

https://www.jdtta.com/　

・全日本ろうあ連盟／スポーツ委員会

https://www.jfd.or.jp/sc/

第5章

・Foran, B. (2001) High Performance Sports Conditioning, Human Kinetics.

・Burke, L. M. (2003) The IOC consensus on sports nutrition 2003: new guidelines for nutrition for athletes. Int. J. Sport Nutr. Exerc. Metab., 13(4): 549-552.

・Royal Canadian Golf Association: Long-Term Player Development for Golf in Canada. (Bayli and Way 2005)

・石垣尚男（1995）スポーツにおける視力矯正．日本体育学会第46回大会号．

・石垣尚男（2002）ビジュアルトレーニングの実際．スポーツビジョン（第2版），NAP.

・石垣尚男ほか（2003）スポーツと視力に関する実態調査．第14回日本臨床スポーツ医学会学術集会抄録集，Vol.11.

・石垣尚男（2005）小中学生卓球選手の競技レベルとスポーツビジョンの関係．

・厚生労働省．日本人の食事摂取基準 2020年度版．
（https://www.mhlw.go.jp/content/10904750/000586553.pdf）

・西村卓二（2005）確実に上達する卓球，実業之日本社．

・日本スポーツ協会（2019）スポーツ活動中の熱中症予防ガイドブック［第5版］．
（https://www.japan-sports.or.jp/Portals/0/data/supoken/doc/heatstroke/heatstroke_0531.pdf）

・日本スポーツ振興センター：熱中症予防のための啓発資料「熱中症を予防しよう－知って防ごう熱中症－」
（https://www.jpnsport.go.jp/anzen/Portals/0/anzen/anzen_school/H30nettyuusyouPamphlet/h30nettyuusyou_all.pdf）

・日本蘇生協議会（2021）JRC蘇生ガイドライン2020，医学書院．

・東根明人（2002）キンダーコーディネーション－子どもとスポーツの関わり，全国書籍出版．

・東根明人監修，竹内敏康ほか著（2004）コーディネーション・エクササイズ：スポーツ種目別，全国書籍出版．

学習に役立つホームページ

・日本赤十字社の講習（救命救急法）

https://www.jrc.or.jp/study/kind/emergency/

・アンチ・ドーピングのためのスポーツサプリメント製品情報公開サイト

https://www.sports-supplement-reference.jp

第6章

1 ） Bootsma, R.J., et al. (1990) Timing an attacking forehand drive in table tennis. Journal of Experimental Psychology: Human Perception and Performance, 16: pp.21-29.

2 ） Tamaki, S., et al. (2017) A shot number based approach to performance analysis in table tennis. Journal of Human Kinetics, 55: pp.7-18.

3 ） Yoshida, K., et al. (2019) Comparison of top-level world table tennis rallies in Rio and London Olympic Games. 16th ITTF SPORTS SCIENCE CONGRESS ABSTRACTS: p.73.

4 ） 稲葉優希ほか（2017）卓球男子トップ選手のフォアハンドストロークのキネティクス的分析．日本体育学会大会予稿集，68：p.155.

5 ） 稲葉優希ほか（2020）卓球の競技力向上のための科学サポート．生体の科学，71(3)：pp.216-220.

6 ） 荻村伊智朗（2002）スピードボールが最も得点打となりやすい．世界の選手に見る卓球の戦術・技術（増補改訂版），pp.14-15，卓球レポート編集部.

7 ） 城所収二ほか（2018）異なる打撃局面における一流卓球競技者のフォアハンドトップスピンストロークの特徴：初速度の大きな打球を生み出すインパクト．バイオメカニクス研究，22(4)：pp.152-166.

8 ） 城所収二ほか（2019）一流卓球競技者の肩と腰の可動性が身体移動を伴う場面におけるフォアハンドトップスピンストロークに与える影響．体育学研究，64(1)：pp.169-185.

9 ） 城所収二ほか．サポートのたね：一流卓球選手のフォアハンドトップスピンストロークにおける肩と腰の可動性について．（https://www.jpnsport.go.jp/hpsc/study/history/tabid/1579/EntryID/236/Default.aspx）［2023年6月28日参照］

10） 橘　肇（2022）手作業による記述分析：再認識されるべきその利点．スポーツパフォーマンス分析への招待，pp.78-87，ブックハウス・エイチディ.

11） 中川昭（2019）球技におけるパフォーマンスの分析．球技のコーチング学，p.111，大修館書店.

12） 日本スポーツ協会：公益財団法人日本スポーツ協会制定秩父宮記念スポーツ医・科学賞顕彰規程．（https://www.japan-sports.or.jp/Portals/0/data/somu/doc/Chichibu_hyosho（R1.12.09）.pdf）［2022年12月28日参照］

13） 吉田和人ほか（1991）DLT法による一流卓球選手の移動解析．スポーツ教育学研究，11(2)：pp.91-102.

14） 吉田和人（1999）なるほど卓球サイエンス：一流選手のすばやい動きには秘密がある．卓球王国，28：pp.80-81.

15） 吉田和人（2005）卓球競技におけるバイオメカニクス．公認スポーツ指導者 コーチ養成テキスト 卓球専門科目，pp.23-25，日本卓球協会.

16） 吉田和人（2006）誤解しやすい"動き方のアドバイス"．スポーツに取り組む人への10のメッセージ，pp.6-7，静岡大学地域スポーツ研究会.

17） 吉田和人ほか（2010）卓球一流選手における打球直前の動作修正時のスイング様式．科学研究費補助金研究成果報告書．（https://kaken.nii.ac.jp/ja/grant/KAKENHI-PROJECT-18500474/）［2023年6月28日参照］

18） 吉田和人（2012）卓球選手のすばやい反応．卓球コーチング教本DVD付，p.200，大修館書店.

19） 吉田和人ほか（2014a）卓球におけるワールドクラス選手のサービスの回転数．体育学研究，59(1)：pp.227-236.

20） 吉田和人ほか（2014b）卓球のワールドクラスの試合におけるラリーの特徴：ラリー中の打球回数に着目して．コーチング学研究，28(1)：pp.65-74.

21） 吉田和人ほか（2016）卓球サービス動作に関する指導の観点：日本ジュニア世代トップレベル選手を対象とした競技サポートから．スポーツ教育学研究，36(2)：pp.49-59.

22） 吉田和人ほか（2017）レシーバーによる球質判別の難度が高い卓球サービスに関する事例研究．日本体育学会大会予稿集，68：p.155.

23） 吉田和人ほか（2018a）映像を強化に活かす～情報戦略サポート～．2017-2018強化指導指針，pp.42-44，日本卓球協会.

24） 吉田和人ほか（2018b）卓球サービスにおけるフェイント動作：なぜ，レシーバーは球質判断を誤るのか？．科学研究費補助金研究成果報告書．（https://kaken.nii.ac.jp/ja/file/KAKENHI-PROJECT-15K01556/15K01556seika.pdf）［2023年6月28日参照］

25） 吉田和人（2019）自チームの選手および相手チームの選手の特徴の理解．球技のコーチング学，pp.222-231，大修館書店.

26) 吉田和人（2020）サービス、レシーブ、3球目などを行っている割合から見た卓球ラリーの特徴. 卓球：医・科学コラム. 日本卓球協会スポーツ医・科学委員会.
（https://jtta-shidou.jp/column/1072）［2023年6月28日参照］

学習に役立つ参考文献・ホームページ

・吉田和人（監）（2019）基礎データから見た卓球. 日本卓球協会スポーツ医・科学委員会情報担当.
https://jtta-coach.s3.ap-northeast-1.amazonaws.com/wp-content/uploads/2021/07/01220137/Tabletennis_viewed_

from_data.pdf ［2023年6月28日参照］

・吉田和人ほか（編）（2020）卓球：医・科学コラム. 日本卓球協会スポーツ医・科学委員会.

https://jtta-shidou.jp/column_cat/卓球：医・科学コラム ［2023年6月28日参照］

・静岡大学現代教育研究所：スポーツ・インテグリティ入門（卓球編）教材集について.

https://shizudaikyouken.main.jp ［2023年7月27日参照］

第7章

・日本卓球協会. 公認卓球コーチ資格概要.

第8章

・日本卓球協会（2022）日本卓球ルールブック2022.
・日本卓球協会（2020）卓球競技の審判法／審判員の手引き.
・日本卓球協会（2022）レフェリーハンドブック（令和4年度版）.

あ と が き

　このたび日本スポーツ協会の公認スポーツ指導者資格の制度が変更されたことにともない，日本卓球協会の公認卓球コーチ資格取得のための教本も，10年ぶりに内容の見直しをすることになりました。そこで，指導者養成委員会が中心となって教本プロジェクトを立ち上げ，編集作業を進めて本書の発刊に至りました。

　10年経てば，技術やルール，社会背景も大きく変化しています。本書の制作開始にあたり，委員会においては，変化に対応して修正すべき内容，継続して伝えねばならない内容，新たな事象に対し追加する必要がある内容の検証を行いました。その上で，各方面の優れた経験，指導歴のある方々にご執筆をお願いさせていただきました。

　本来スポーツは楽しいものですが，一方でスポーツの現場では事故やケガなどの問題が起こる可能性があります。また，スポーツ界では社会的問題となるような残念な出来事も発生しています。順調なことばかりではなく，予想外の事態が起きてしまった際にも，とっさに適切な判断ができるようになるには，多くの知識が必要です。知識が多いほど正しく対処することができ，リスクは減ります。この教本がその一助になれば幸いです。指導者の方には多くのことを学び続けていただきたく，「資格取得」の意義はここにあると考えます。

　日本卓球界の強化と普及発展のため，みんなが安全に卓球を楽しめるよう，質の高い指導者が多く増えることを祈念いたします。

　また，最後まで本書を完成に導いて下さいました大修館書店編集部に心から敬意を表し感謝申し上げます。

2023年8月

公益財団法人 日本卓球協会指導者養成委員会

教本プロジェクト座長

久保 陽

● 執筆・編集担当者一覧

相川　　隆	(公財)日本卓球協会指導者養成委員会委員	第5章編集担当 (プロジェクトチーム委員)
新井　卓将	前パラ卓球(肢体不自由者)日本代表監督	第3章6節
石垣　優香	JOCエリートアカデミー女子監督	第4章1節・3節・4節・5節
石垣　尚男	元(公財)日本卓球協会スポーツ医・科学委員会委員 愛知工業大学名誉教授	第5章7節
今村　邦昭	(公財)日本卓球協会指導者養成委員会副委員長	第2章4節，第4章1節・2節，第7章
小笠　博義	(公財)日本卓球協会スポーツ医・科学委員会副委員長 萩市民病院	第5章8節
葛西　順一	(公財)日本卓球協会指導者養成委員会委員長 早稲田大学	第1章2節，第2章4節，第3章1節・ 2節，第4章1節，第5章1節・2節
川北日登美	(公財)日本卓球協会指導者養成委員会委員	第2章3節，第3章3節・5節，第3章 編集担当(プロジェクトチーム委員)
吉川　和宏	前(公財)日本卓球協会指導者養成委員会委員	第4章1節
木村　典代	(公財)日本卓球協会スポーツ医・科学委員会委員 高崎健康福祉大学	第5章4節
久保　　陽	(公財)日本卓球協会指導者養成委員会委員	第1章・第2章・第8章編集担当 (プロジェクトチーム委員長)
近藤　欽司	元女子ナショナルチーム監督	第3章3節，第4章3節・4節
榊原　浩晃	(公財)日本卓球協会スポーツ医・科学委員会委員 福岡教育大学	第1章2節
澤崎　栄吾	(公財)日本卓球協会指導者養成委員会委員	第4章編集担当 (プロジェクトチーム委員)
善部　政和	前(公財)日本卓球協会ルール審判委員会委員長	第8章
竹内　　聡	(公財)日本卓球協会指導者養成委員会委員	第2章4節，第5章6節
田阪登紀夫	前(公財)日本卓球協会指導者養成委員会委員副委員長 同志社大学名誉教授	第4章1節
田勢　邦史	男子ナショナルチーム監督	第4章1節・3節・4節・5節
田中　礼人	(公財)日本卓球協会スポーツ医・科学委員会委員 ライム・パフォーマンス(株)	第5章1節・2節

西谷　恵美	(公財)日本卓球協会指導者養成委員会委員	第4章1節
長谷川敦司	元(公財)日本卓球協会ルール審判委員会委員長	第8章
長谷部　攝	前(公財)日本卓球協会指導者養成委員会委員	第4章1節
日髙　達也	男子ジュニアナショナルチーム監督	第4章1節・3節・4節・5節
星野　一朗	(公財)日本卓球協会副会長	第1章1節・2節・3節，第3章4節
前原　正浩	(公財)日本卓球協会名誉副会長	第1章3節，第2章1節
水島　禎行	(公財)日本卓球協会スポーツ医・科学委員会委員	第5章5節
宮﨑　義仁	(公財)日本卓球協会専務理事	第2章2節，第3章4節，第4章1節・2節・5節
村上　恭和	元女子ナショナルチーム監督	第4章1節・2節・5節
山本　浩之	(株)ケッズトレーナー	第5章3節
吉田　和人	(公財)日本卓球協会スポーツ医・科学委員会委員長 順天堂大学	第6章
米澤　和洋	(公財)日本卓球協会競技者育成委員会委員 (株)ATHER	第5章2節・3節
渡辺　武弘	女子ナショナルチーム監督	第4章1節・3節・4節・5節

(50音順)

●撮影・編集・実技協力者一覧

卓 球 王 国	撮影・編集協力
田部　　勝	編集協力：(公財)日本卓球協会事務局長
江尻　雄一	編集協力：(公財)日本卓球協会事務局
南波　和彦	編集協力：(公財)日本卓球協会事務局
男女ナショナルチーム選手	実技協力

卓球コーチング教本　改訂版
©Japan Table Tennis Association, 2012, 2023　　　　　　NDC783/xiv, 239p/24cm

初　版第1刷─────2012年 6 月10日
改訂版第1刷─────2023年10月20日

編　者─────公益財団法人日本卓球協会
発行者─────鈴木一行
発行所─────株式会社 大修館書店
　　　　　　〒113-8541　東京都文京区湯島2-1-1
　　　　　　電話03-3868-2651（販売部）03-3868-2297（編集部）
　　　　　　振替00190-7-40504
　　　　　　[出版情報] https://www.taishukan.co.jp

装丁─────石山智博
組版─────有限会社 秋葉正紀事務所
イラスト─────落合恵子
印刷所─────横山印刷
製本所─────牧製本

ISBN978-4-469-26970-3　Printed in Japan
Ⓡ本書のコピー，スキャン，デジタル化等の無断複製は著作権法上での例外を除き禁じられています。本書を代行業者等の第三者に依頼してスキャンやデジタル化することは，たとえ個人や家庭内の利用であっても著作権法上認められておりません。